아동문학교육

CHILDREN'S LITERATURE
EDUCATION

신애선 임경례 신애란 공저

양 성 원

머리말

'내가 인생의 불변의 법칙을 배우게 된 것은
스트라우스베르크 대학의 학창시절에서가 아니라
어머니의 무릎을 베고 듣던 옛날이야기 속에서였다'
- 괴테 -

아동문학교육은 상상력이 풍부한 영유아에게 다양한 문학적 경험을 통해 책 읽기를 즐기고 전인적인 성장을 도모하기 위한 교과목이다. 그림책을 포함한 아동문학의 본질을 이해하고 영유아가 아동문학을 풍성하게 누릴 수 있도록 교사로서의 역량을 함양하는 데 그 목적이 있다. 이를 위해 아동문학의 이해, 아동문학과 영유아 발달, 아동문학의 종류, 영유아를 위한 문학내용, 아동문학 활동의 실제에 대한 구체적인 지식과 기술을 알아본다.

이에 1부 '아동문학의 이해'에서는 문학의 개념과 구성요소, 영유아문학교육의 중요성, 아동문학의 역사에 대한 고찰을 통해 영유아문학의 본질을 이해하고 기초적 지식을 함양한다. 또한 아동문학이론과 발달을 그 내용으로 다루는 데 있어서, 아동문학교육과 영유아 발달 간의 관계를 알아보고, 문학 활동을 통해 영유아기가 문학적 감수성과 평생 독자가 되기 위한 기초를 닦는 중요한 시기임을 이해한다.

2부 '아동문학의 종류'에서는 다양한 장르의 아동문학작품을 경험하고, 문학성, 예술성, 교육성 및 영유아의 발달적 특성을 고려하여 좋은 작품을 선정하는 안목을 기른다.

3부 '영유아를 위한 문학내용'에서는 유치원과 어린이집의 국가수준 교육 · 보육과정의 의사소통영역을 기초로 감상과 이해, 표현과 창작의 영유아기 문학 활동에 대하여 구체적이고 통합적인 아동문학 활동 지도능력을 습득한다.

4부 '아동문학 활동의 실제'에서는 영유를 위한 문학의 환경구성과 교사의 역할, 영유아 문학교육 방법, 매체를 활용한 아동문학 활동과 활용 등의 내용을 다룬다.

집필진은 최근 문학교육의 동향과 연구결과 및 개정된 국가수준의 교육 · 보육과정을 반영하여 체계적인 문학교육 방법을 소개하고자 노력하였지만, 방향이나 관점, 다루어야 할 내용 등에서 담지 못한 측면이 있다. 여기에서 오는 아쉬움은 전국 각처에서 아동문학교육을 강의하는 분들의 빛이 나는 강의로 채워질 것으로 사료된다.

본 교재의 출판을 맡아 주신 양성원의 대표이사님을 비롯하여 편집관계자분과 교육현장에서 협조해 주신 원장님, 선생님들께 감사의 마음을 전한다.

2021년 8월

집필진 올림

차 례

PART 2 아동문학의 종류

PART 3 영유아를 위한 문학 내용

PART 4 아동문학 활동의 실제

1
PART

아동문학의 이해

Chapter 01

영유아문학의 기초

이 장에서는 문학의 개념과 구성요소, 영유아문학의 개념 및 중요성, 구성요소, 종류, 영유아문학의 교육에 대한 내용을 다루었다. 영유아문학이라는 단어에서 주는 묵직함이 있다. 더구나 이를 교육적인 측면에서 생각하면 더욱 그렇다. 그러나 돌이켜 생각해 보면 영유아는 상상의 나래를 펼칠 수 있는 재미있는 이야기가 담긴 책을 좋아하고 즐긴다. 뿐만 아니라 책을 통한 말놀이와 이야기 짓기를 즐긴다. 이러한 측면에서 보면 그 묵직함은 이내 가벼워진다. 그리고 묵직함이 즐거움으로 대치(代置)하게 된다.

1. 문학의 개념과 구성요소

1) 문학의 개념

학문명백과사전에서 정의하는 문학(文學, literature)은 문학 작품의 구성, 그 창작과 감상, 그리고 그것을 둘러싼 사회적 · 역사적 문맥 등에 관해 연구하는 학문을 가리킨다. 문학은 한 편의 작품을 구성하는 요소들, 예를 들어 은유, 상징, 리듬, 인물, 시점, 비극성 등의 의미와 작품 속 기능에 관해 연구한다.

또한 문학은 작가가 한 편의 작품을 생산하는 메커니즘(mechanism: 어떤 대상의 작동 원리나 구조)과 독자가 그것을 수용하는 과정에 관해서도 연구한다. 그리고 문학은 작품의 창작과 감상에서 중요한 토대가 될 뿐만 아니라 최종적으로 그 의미에 결정적 영향력을 발휘하는 사회적 · 역사적 문맥에 관해서도 종합적으로 연구한다. 이는 문학이 문학 작품에 대한 감수성 외에 사회, 역사, 정치 등에 관한 풍부한 지식 또한 필요로 함을 의미한다.

일반적으로 '문학'이라는 용어는 문학 작품뿐만 아니라 그에 대한 연구에 대해서도 포괄적으로 사용된다. 학문으로서의 문학에는 이론 연구, 장르 연구, 작품 연구, 작가 연구, 독자 연구, 문학사 연구, 문화 연구 등이 모두 포함된다. 최근에는 영화나 컴퓨터 게임의 서사, 또한 인터넷 기반 글쓰기로까지 그 영역을 확장하고 있다. 특히 게임은 놀이와 문학과 영화에서 익숙했던 의사소통 방식인 서사의 두 가지 측면을 갖고 있으며, 개별 게임에 따라 두 속성 중 하나가 특별히 강조되어 나타나기도 한다(김대희, 2019).

컴퓨터는 영화나 소설 및 연극과 같은 전통적인 서사 매체의 하나이다. 현대인의 문식 활동은 인터넷을 기반으로 하고 있고, 인터넷을 통해 접하는 텍스트는 글, 이미지, 그래프, 하이퍼링크, 동영상 등의 다양한 양식으로 구성된 복합 양식 텍스트이다. 이러한 복합 양식 텍스트의 의미 구성 방식을 이해하고, 복합 양식 텍스트를 읽고 쓰는 능력을 뜻하는 복합 양식 문식성을 갖추는 것은 현대 사회가 요구하는 필수적인 능력 중 하나가 되었다(안효주, 2017). 디지털 세상에서 출생한 디지털 원주민인 영유아 역시 인터넷 문식성과 무관하지 않다.

2) 문학의 구성요소

문학의 구성요소에는 리듬, 비극성, 상징, 시점, 은유, 인물 등이 있다. 이에 대하여 살펴보면 다음과 같다.

(1) 리듬(rhythm)

리듬은 일정한 규칙에 따라 반복되는 움직임을 이르는 말이다. 똑같은 것이 규칙적으로 되풀이될 때 느끼는 시간적인 덩어리의 연속으로 소리의 장단이나 강약 등으로 만들어진다. 문학에서는 작가가 말하고자 하는 사상이나 정서를 상상력을 발휘하여 함축적이고 운율이 있는 언어로 표현하는 문학 양식을 의미한다.

(2) 비극성(悲劇性)

문학에서 특히 전설에서 볼 수 있는 비극성은 곧 좌절된 꿈과 이상에 대한 역설적 표현이다. 이상과 당위를 지키기가 어려운 점을, 그리고 그것이 좌절되었을 때의 환멸과 비애를 전설은 포용하고 있다(두산백과).

(3) 상징(象徵, symbol)

상징은 추상적인 사물이나 관념 또는 사상을 구체적인 사물로 나타내는 일 또는 그 사물을 가리키는 것으로, 예를 들면 '비둘기'라는 구체적인 사물로 '평화'라는 추상적인 관념을 나타내는 경우가 그것이다. 두산백과에 의하면 상징의 중요한 기능으로서 다음 세 가지를 들 수 있다.

첫째, 어떤 사물을 이해시키는 작용을 한다. 즉, 잔디밭 둘레에 울타리가 쳐진 것은 '잔디밭 안에 들어가서는 안 된다'는 것을 의미한다.

둘째, 사상이나 욕구를 가리키는 작용을 한다. 즉, '배가 고프다'는 것을 표시하려면 그 내용을 정확하게 전달할 수 있는 기호(대개의 경우 언어나 몸짓)를 사용함으로써 가능하다.

셋째, 심벌을 받아들인 후에 일정한 효과를 불러일으킨다. 예를 들어, '노크하고 잠깐 기다리세요!'라는 표지판을 본 사람은 그 문을 열고 들어가기 전에 노크하고 잠시 기다리게 된다.

(4) 시점

문학 속 등장인물의 행동과 사건 등을 이야기하는 화자가 이야기를 서술하는 관점을 시점이라고 한다. 같은 인물, 사건이라 하더라도 이를 바라보고 이야기하는 화자의 위치와 서술하는 태도에 따라 화자가 서술할 수 있는 내용의 범위와 표현 방법이 달라진다. 따라서 작가가 말하고자 하는 주제를 정확하게 전달하려면 그 문학 작품에 적합한 시점을 잘 선택하여 사용해야 한다.

(5) 은유(隱喩, metaphor)

은유는 서로 전혀 다른 두 가지의 관념을 어떤 유사한 요소에 근거하여 결합시키는 비유의 방법이다. 은유는 시의 언어에서 흔히 볼 수 있지만, 인간의 사고방식과 언어 표현 자체가 은유적이라는 것은 널리 알려진 사실이다. 예를 들면, '내 마음은 잔잔한 물결'이라고 하는 진술은 은유에 해당한다.

은유는 이미 익숙해져 있는 어떤 체험이나 대상에 의해서 익숙하지 않은 체험이나 대상을 부분적으로 이해할 수 있도록 해 주는 기호체계로 규정된다. 이를 도식화하면 'A = B'라고 표시되는데, 은유의 구조에서 A는 원관념, B는 보조관념에 해당한다. '내 마음은 잔잔한 물결'이라는 표현에서 원관념에 해당하는 '마음'은 추상적이고도 관념적이다. 이를 구체화하기 위해 보조관념인 '물결'이라는 구체적인 대상을 끌어들인다(권영민, 2004).

(6) 인물

인물은 문학 속에서 사건을 이끌어 간다. 문학에서 서로 성격이 다른 인물들이 갈등을 겪고, 그 갈등은 사건으로 발전하면서 이야기가 이루어진다. 등장인물들이 갈등을 일으키고 해결해 나가면서 주제가 드러나게 된다(김미숙, 김은경, 박명화, 이영규, 장명익, 황재옥, 2010).

2. 영유아문학의 개념 및 중요성

1) 영유아문학의 개념

영유아문학은 영유아와 순수한 동심을 향유하려는 어른을 위하여 창작되는 문학(文學, literature) 양식이다. 시(詩, poetry), 소설(小說, novel), 희곡(戱曲, drama) 등과 같은 일반 문학의 양식이 형태에 따라 구분되는 것과는 달리 영유아문학은 그것을 향유하거나 수용하는 대상에 따라 생겨난 명칭이라고 할 수 있다.

영유아문학은 영유아의 발달에 적합한 내용과 형식을 구성하며 더불어 교육성, 문학성, 예술성과 같은 특성을 포함한다. 영유아문학은 동심에 호소할 수 있는 소재와 형식을 취하면서 영유아가 이해하기 쉬운 단순 명쾌한 구조 속에 교훈성과 문학성을 갖춘 특성을 지닌다(김미향, 2015). 또한 영유아문학에 있어서 예술성(藝術性)의 특성은 영유아가 이해할 수 있는 언어로 쓰인 내용이나 형식으로 영유아의 정서와 사상에 바탕을 두고, 작가의 경험과 상상에 의해 창조된다는 점에 있다.

영유아문학의 가장 큰 특질은 동심을 바탕으로 창작되어지는 문학 양식이라는 데 있다. 동심은 진실성과 순수성을 특징으로 한다. 이러한 동심을 바탕으로 창작되어지는 영유아문학이 형성되려면 다음과 같은 조건을 갖추어야 한다(유아교육학회, 1999).

첫째, 주제와 소재 등에서 이상성·환상성을 지녀야 한다.

둘째, 심미성을 고려한 교육성이 내포되어야 한다.

셋째, 형식과 내용 면에서 단순 명쾌성을 지녀야 한다.

넷째, 일반문학과 같은 예술적 형상화의 방법을 거쳐 예술적 인식과 감동을 줄 수 있어야 한다.

이렇듯 영유아문학이란 작가가 동심을 바탕으로 출생에서 만 5세까지의 영유아와, 동심을 향유하고 싶어 하는 어른을 위하여 창작한 시, 동화, 소설, 희곡 등을 총칭한 것으로 정의할 수 있다. 이에는 세계문학의 고전으로 인정받는 작품을 포함하여 교사가 읽어 주기를 통해 읽거나 혹은 어린 독자가 쉽게 읽을 수 있도록 쓴 소설·그림책·동화·우화·민요와 구전되어 온 설화(신화, 전설, 민담) 등 광범위한 작품까지 포괄한다(박싱재, 2014).

2) 영유아문학의 중요성

영유아에게 가장 영향력 있는 문화적 유산은 문학이다(김옥순, 주옥 역, 1998). 문학은 의도적인 노력으로 영유아로 하여금 존재하지 않는 것을 마치 실제 있는 것처럼 여기게 하고, 상상하게 하여 영유아가 그것에 따라가도록 하는 힘을 가지고 있다(이상금, 장영희, 2001). 그러므로 영유아문학은 교육적이어야 하며, 문학성이 있어야 한다. 또한 도덕적이어야 하며, 간결하고 단순하면서도 재미가 있어야 한다(공인숙, 김영주, 최나야, 한유진, 2018).

이러한 영유아문학에의 접근과 향유에 있어서 영유아에게 부모와 교사 같은 성인의 도움이 필요하다. 교사나 부모의 책 읽어 주기가 어떠하냐에 따라 영유아로 하여금 문학에 대한 이해와 소통에 영향을 줄 수 있다. 영유아는 문학을 통해 다른 사람의 삶을 보고 이해할 수 있으며, 영유아는 문학을 통해 삶에 대한 긍정적인 태도를 지니게 된다.

아이들은 정신을 성장시키기 위해 이야기를 필요로 한다. 이야기 속의 모험, 갈등, 예기치 않은 사건들, 해결책 모색 등은 아이들의 정신적 성장에 필요한 간접경험들이다(채인선, 2004).

영유아에게는 그들의 정신을 성장시키고 마음을 살찌우기 위해 문학이 필요하다. 영유아에게는 직접경험 못지않게 문학을 통한 간접경험도 매우 중요하다. 영유아문학을 통한 간접경험은 실제 상황에서 일어날 법한 상황에의 접근성을 보다 용이하게 하여 그에 대처할 수 있는 역량을 기르도록 이끈다. 즉, 영유아문학은 영유아를 성장·발달하게 하는 교육적 가치를 지니고 있다. 영유아문학의 교육적 가치에 대하여 살펴보면 다음과 같다(고문숙, 김수향, 임영심, 손혜숙, 2015).

첫째, 책을 읽는 즐거움을 알게 한다.

둘째, 이야기 이해능력 및 이야기 꾸미기 능력의 발달을 돕는다.

셋째, 다양한 문학적 표현 능력을 기른다.

넷째, 타 영역으로의 전이 능력을 기른다.

다섯째, 글 읽기·쓰기 능력을 기른다.

여섯째, 도덕적 가치를 알게 한다.

일곱째, 상상력을 기른다.

여덟째, 정서적 순화작용을 경험하게 한다.

아홉째, 다양한 사람들의 사는 방법을 배운다.

열째, 책을 감상하는 태도와 책을 다루는 태도를 형성하게 된다.

이러한 교육적 가치는 영유아에게 있어서 영유아문학의 중요성을 인식하게 해 준다. 이를 토대로 영유아문학의 중요성에 대하여 살펴보면 다음과 같다(정설희, 2020).

첫째, 영유아문학을 통해 영유아의 언어발달이 이루어진다. 영유아는 부모나 교사와 같은 의미 있는 사람들의 친근한 목소리로 읽게 되는 문학 작품을 통해 새로운 어휘를 접하게 되며, 풍부한 어휘들을 습득할 수 있다.

둘째, 영유아문학은 영유아에게 작품에 대한 관심과 흥미를 가질 수 있는 맥락을 제공하며, 이를 표현할 수 있는 다채로운 색상과 표현이 담긴 그림을 포함하고 있다.

셋째, 영유아문학은 영유아에게 있어서 삶에 대한 간접경험을 제공한다. 이를 통해 영유아는 자신이 속한 사회에서 통용되고 있는 가치와 지식을 습득할 수 있다.

넷째, 영유아문학을 통해 영유아는 문학 작품에 등장하는 다양한 인물들의 성격, 생각, 행동 등에 영향을 받을 수 있다.

다섯째, 영유아문학을 통해 영유아는 즐거움을 가지게 된다. 또한 마음껏 상상의 세계를 펼치는 과정에서 꿈과 희망을 갖게 된다.

이처럼 영유아문학은 영유아로 하여금 언어를 이해하는 능력을 키우고, 다양한 정서와 감정의 세계를 간접체험하게 한다. 이를 통해 영유아는 나눔, 배려, 존중, 질서, 협력, 효 등과 같은 인성적인 측면이 길러진다. 또한 영유아의 상상력과 창의성을 향상시키며, 영유아 자신과 타인의 삶에 대해 이해할 수 있도록 한다. 그러므로 영유아문학은 매우 중요하다.

3. 영유아문학의 구성요소

영유아문학의 구성요소에는 관점, 등장인물, 문체, 배경, 플롯 등이 있다. 이에 대하여 살펴보면 다음과 같다.

(1) 관점

관점은 사물을 관찰하거나 고찰할 때, 그것을 바라보는 방향이나 생각하는 입장을 의미한다. 즉, 작가의 사물이나 현상에 대하여 생각하는 태도나 방향을 말하며, 작가의 관점을 파악하려면 글의 내용과 표현, 제목 등을 살펴보아야 한다.

(2) 등장인물

문학 작품에 나오는 인물을 등장인물이라고 한다. 특히 문학 작품에서 사건을 주도하는 인물을 주인공이라고 한다. 주인공을 비롯한 등장인물이 문학 작품에서 경험하는 세계에 선악의 개념이 반영되기도 하며, 이를 영유아가 동일시하며 공감하게 된다. 의인화된 동물의 연관된 이미지로 등장인물의 감정과 성격이 묘사되며, 이는 어린 독자인 영유아에게 기억되면서 영향을 준다.

(3) 문체

문장을 통해 드러나는 작가의 개성이나 특징을 문체라고 한다. 영유아는 문체를 통해 문학 작품의 내용을 이해할 수 있다. 문체는 작가의 개인적 역량이기도 하지만 사회적으로 보편화된 세계관의 문제와도 밀접하게 관련이 있어서, 시대에 따라 문체도 변모하여 왔다. 문학에서 수사적 기능을 중시하는 입장에서는 문체를 내용이라고 본다. 반면 경험적 가치를 우선시하는 입장에서는 문체를 단순한 형식이라고 한다(문학용어사전).

(4) 배경

문학 작품에서 어떠한 사물이나 사건, 생각 등의 배후에 숨겨진 사정을 배경이라고 한다. 문학 작품에서 이야기의 성분을 구성하는 공간적, 시간적 상황을 가리키는 것으로, 배경은 이야기를 구성하는 데 있어서 필수적이며, 이야기의 심미적 양상을 좌우하는 결정적 요건이다. 이렇듯 배경은 가시적인 상상의 공간을 영유아에게 제시함으로써 작품의 의미를 심화시키거나 확대하기도 한다.

(5) 주제

문학 작품에 나타나는 중심 사상을 주제라고 한다. 주제는 글의 내용을 통합하는 중심 의미이며, 그 글이 설명하는 세상이나 삶의 일반화라고 할 수 있다. 즉, 주제는 문학 작품의 중심 내용이고 사상이며, 이를 통해 영유아는 감동과 즐거움을 느끼게 된다.

(6) 플롯

문학 작품에서 사건을 인과 관계에 따라 필연성 있게 엮는 방식을 플롯(plot, 구성)이라고 한다. 스토리는 이야기 줄거리 자체로서 사건의 전개만을 의미하나, 플롯은 사건이 전개되거나 반전되는 양상을 의미한다. 그러므로 플롯은 단순한 줄거리가 아닌 인과 관계의 완결이며, 발단, 전개, 위기, 절정, 결말의 다섯 단계를 지닌다.

4. 영유아문학의 종류

영유아문학은 문학적이고 예술적인 두 가지를 다 지니고 있다(김현희, 박상희, 2008). 그러하기에 영유아문학의 종류는 장르가 명확하지 않고 쉽게 구분하기 어렵다. 그러나 이를 구분해 보면 크게 전승문학과 창작문학 그리고 산문과 운문으로 나누어 볼 수 있다.

〈표 1-1〉 영유아문학의 종류

<table>
<tr><th></th><th colspan="2">산문(prose)</th><th>운문(verse)</th><th rowspan="6">그림책</th></tr>
<tr><td>전승문학</td><td colspan="2">• 전래동화
• 민담
• 신화 및 전설
• 우화</td><td>전래동요</td></tr>
<tr><td rowspan="4">창작문학</td><td>환상문학</td><td>환상동화
공상과학동화</td><td rowspan="4">동요
동시</td></tr>
<tr><td>사실 문학</td><td>사실 동화
역사동화
전기</td></tr>
<tr><td>동극</td><td>극본</td></tr>
<tr><td>논픽션(nonfiction)</td><td>정보책</td></tr>
</table>

출처: 김현희, 박상희(2008) 재구성.

아리스토텔레스(Aristoteles, Aristotle, BC 384~BC 322)는 『시학』에서 문학의 양식을 운문류의 서정양식, 소설류의 서사양식, 희곡류의 극양식 등 세 갈래로 나누었다. 이와 같은 분류는 전통적으로 널리 통용되어 오고 있는데, 오늘날에는 거기에 수필이나 비평과 같은 글을 지칭하는 주제양식(교술양식)을 넣어 4분법으로 분류하기도 한다. 일반적으로 문학의 장르를 가장 단순하게 분류하는 방법은 운문류와 산문류로 나누는 2분법이다.

1) 운문류

영유아문학의 운문적 갈래로는 동요시, 동요, 동시조로 나눌 수 있다. 동요시는 정형률에 충실하고 리듬과 음악성을 중요시하며, 동시는 동요에서 강조되는 정형률의 틀에 제약을 받지 않고 자유롭게 쓰는 시를 말한다. 동시조는 한국 고유의 정형시인 시조를 어린이들의 눈높이에 맞게 창작한 것을 의미한다.

2) 산문류

영유아문학의 산문적 갈래에는 옛이야기, 동화, 극본, 개작 동화(재화) 등이 있다. 옛이야기에는 신화, 설화, 전설, 전래동화 등이 있으며, 동화에는 환상성을 특질로 하며 예술성을 강조한 순수동화(본격동화)와 생활 속에서 소재를 취하는 생활동화(사실동화)가 있다. 개작 동화(재화)는 설화나 세계 명작 작품 중에서 영유아가 이해하기 쉽도록 재구성한 글을 개작 동화 또는 재화(再話)라고 한다. 극본은 영유아를 대상으로 한 공연을 위하여 쓰인 대본을 말하며, 정보책(情報冊)은 특정 독자를 대상으로, 세분화된 정보를 엮은 책으로, 영유아문학에서의 정보책은 영유아를 대상으로 영유아가 알아야 하거나, 알고 싶어 하는 정보를 제공하는 책을 말한다.

3) 그림책

영유아문학의 대부분은 그림책이라 할 수 있다. 영유아문학에 있어서 그림책은 독자적인 위치를 차지한다. 그림책은 영유아문학에서 다루어지는 모든 장르를 포함하여 표현할 수 있는 독특한 장르이다(김현희, 박상희, 2008). 그림책은 글이 있는 것과 글이 없는 것이 있다.

글이 있는 그림책에서의 그림은 글의 의미를 명료하게 한다. 글의 이해는 주관적이며 그림이 주관을 객관적으로 표현한다. 글이 있는 그림책은 다음과 같이 나눌 수 있다.

첫째, 글이 주요하게 있다가 사라진 후 다시 나타나는 경우이다. 이에 대한 예로는 모리스 샌닥 저, 강무홍 역(2002)의 『괴물들이 사는 나라』를 들 수 있다.

둘째, 글이 최소한으로 존재하는 경우가 있다. 데이비드 위즈너의 『이상한 화요일』이 그 예이다.

셋째, 처음과 끝부분에만 글이 있는 경우이다. 이에 대한 예로는 니콜라우스 하이델바흐 저, 김경연 역(2003)의 『브루노를 위한 책』을 들 수 있다.

넷째, 글이 있으나 그림책 전개에 큰 의미가 없는 그림책이 있다. 카슨 엘리스 저, 김지은 역(2017)의 『홀라홀라 추추추』가 그 예이다.

글 없는 그림책은 말 그대로 글이 없고 그림만으로 스토리를 전개한다. 글 없는 그림책은 쉽게 행동을 묘사할 수 있지만, 그만큼 감정이나 의미를 쉽게 소통할 수 없다. 이러한 측면에서 글 없는 그림책은 글이 있는 그림책과 큰 차이점을 지닌다(김상욱 역, 2011).

글 없는 그림책은 그림으로만 이야기가 전개되기에 부모나 교사가 읽어 주는 것이 중요하다. 그 이유는 주인공이나 등장인물의 감정이나 의미를 영유아에게 이야기하고 소통해야 하기 때문이다. 이러한 과정을 거치면서 영유아는 그림을 통해 이야기를 생각하게 되고, 자신만의 이야기를 만들어 내기도 한다.

(1) 그림

책에서의 그림이 등장하기 시작한 것은 1658년 코메니우스(Comenius)의 『세계도회』에서였다. 이후에 나온 그림책은 동화나 옛이야기에 그림을 그린 형태였다. 그러나 점차로 그림은 이야기를 전개하거나 문장에 없는 장면을 표현하는 역할을 하게 되었다. 화가가 글과 그림 모두를 창작하면서 글과 그림의 관계도 달라졌다. 이는 곧 그림책이 독특한 예술의 종류로 발전하는 계기가 되었다(김미향, 2015).

그림책에서의 그림은 내용이나 중요한 메시지의 전달에 영향을 준다. 그림은 또한 책의 본문 내용과 통합성을 이루며 주제를 나타내므로 중요하다. 영유아는 그림책을 마주하면서 책이 주는 물리적 인상에 반응한다(전진영, 2021). 따라서 그림책에 나타나는 모양이나 색, 그리고 선과 질감, 책의 크기와 형태, 재질, 여백, 글자 등이 영유아가 그림책의 내용을 이해하고 소통하는 데 있어서 영향을 준다.

특히 영유아에게 있어서 책의 크기와 형태의 다양성으로 인한 물리적 인상이 크게 작용한다고 볼 수 있다. 책의 크기에는 보리(1994)의 『개미는 이렇게 살아요』와 같은 15.6cm×20.4cm의 책이 있는가 하면, 29.5cm×40cm 크기인 한솔교육(1999)의 『엄마 아빠 결혼사진에는 왜 내가 없죠?』와 같은 스케치북만한 크기의 책이 있다. 이에 더하여 4m의 긴 종이 위에 마을과 사람들의 모습을 연속적으로 그려 놓은 로트라우트 수잔네 베르너(2007)의 『수잔네의 봄』과 같은 그림책도 있다.

큰 책은 영유아로 하여금 역동적이고 자유분방한 이야기를, 작은 책은 섬세한 이야기를 기대하게 된다. 그림책은 가로가 더 긴데 반해 사람이나 동물의 모습은 세로가 더 길다. 그래서 가로가 긴 책들 속에서 인물이 차지하는 장소에 대한 정보를 배경으로 채운다. 그림 작가들이 표현한 배경을 통해 영유아는 인물에 관해 좀 더 알게 된다.

또한 영유아에게 있어서 글자에 대한 물리적 인상 역시 크게 작용한다. 글자들은 의미와 상관없이 시각적으로 드러나는 양상이기도 하며, 글꼴의 크기가 영유아에게 정보를 나타내기도 한다. 글의 배치는 책 전체와 화면 전체에 영향을 준다. 예를 들면, 모리스 샌닥 저 강무홍 역(2002)의 『괴물들이 사는 나라』에서처럼 말이다. 이 책에서 쓰인 글자를 보면, 글자의 양이나 글자가 차지하는 공간이 가져오는 긴박감이나 안도감이 독자인 영유아의 정서에 영향을 준다. 이렇듯 글자 자체를 시각적 이미지의 일부로 보고, 그림 속에 배치(김상욱 역, 2011)하는 것도 영유아에게 흥미를 줄 수 있으며, 여기에서 오는 친근감은 글자, 더 나아가 문학에의 접근성을 높일 수 있다.

(2) 놀이

영유아는 그림책을 통해 놀이를 진행할 수 있다. 독자인 영유아를 놀이 상대로 초대하는 그림책이 있다. 영유아는 그림책과 놀이를 통하여 직접적인 소통을 할 수 있다. 이는 영유아로 하여금 책과의 거리를 가깝게 하며, 재미와 더불어서 친밀감을 느끼게 한다.

① 까꿍놀이

까꿍놀이를 진행할 수 있는 그림책은 영아를 대상으로 동물들이 얼굴을 가리다가 까꿍하고 얼굴을 보여 준다. 까꿍놀이를 통해 등장인물과 영아와의 거리가 더욱 친밀해지며, 영아가 경험하는 즐거움이 커짐으로 인해 적극적인 상호작용이 일어난다(박은영, 2014). 까꿍놀이를 진행할 수 있는 그림책으로는 최숙희의 『열두 띠 동물 까꿍놀이』, 유문조의 『뭐하니』 등이 있다.

열두 띠 동물 까꿍놀이(최숙희 글 · 그림/
보림, 2003)

뭐하니(유문조 글/최민호 그림/
길벗어린이, 2001)

② 숨바꼭질놀이

그림책을 통한 숨바꼭질놀이는 영유아가 술래가 되어 숨어 있는 대상을 찾아내는 방식으로 전개가 되는 놀이로, 그림책과 영유아 사이에 적극적인 상호작용이 이루어진다. 숨바꼭질놀이를 진행할 수 있는 그림책으로는 문승연의 『찾았다!』, 김재홍의 『동강의 아이들』, 그레엄 베이스의 『물웅덩이』, 살리나윤의 『찾았다!』, 퀜틴 블레이크의 『앵무새 열 마리』, 크리스 호른의 『엄마를 잠깐 잃어버렸어요』, 마틴 핸드포드의 『월리를 찾아라!』를 예로 들 수 있다.

금붕어가 달아나네(고미 타로 글 · 그림/
엄기원 역/한림출판사, 2003)

앵무새 열 마리(퀜틴 블레이크 글 · 그림/
장혜린 역/시공주니어, 1999)

③ 말놀이

말놀이란 두 사람 이상이 언어적 상호작용을 통해 즐거움을 느끼는 놀이로, 이에는 규칙성과 흥미성이 포함된다. 영유아는 이러한 말놀이를 통해 말의 의미를 탐색하고 알아간다(황인미, 2014).

규칙성과 흥미성이 포함된 예

하나 하면 할머니가 호박을 이고서 잘잘잘
둘 하면 두더지가 땅굴을 판다고 잘잘잘
셋 하면 생선장수 생선을 사라고 잘잘잘
넷 하면 네 쌍둥이 나팔을 분다고 잘잘잘
다섯 하면 다람쥐가 도토리를 나른다고 잘잘잘
여섯 하면 여우들이 연날리기 한다고 잘잘잘
일곱 하면 이발사가 머리를 깍는다고 잘잘잘
여덟 하면 영감님이 염소를 끌고서 잘잘잘
아홉 하면 아이들이 윷놀이를 한다고 잘잘잘
열 하면 여럿이서 여행을 한다고 잘잘잘

말놀이는 말을 풀거나 엮기 혹은 말을 잇는 방식으로 놀이가 된다. 말 풀이는 성별, 숫자, 월별, 요일, 한글 등과 같이 틀이 잡혀 있는 것을 그 순서에 따라 말을 구성해가는 놀이이다.

한글풀이의 예

가갸 가다가 거겨 걸어서 고교 고기 잡아 구규 국 끓여서
나냐 나하고 너녀 너하고 노뇨 노나 먹자

말 엮기는 특정한 언어 요소를 기준으로 하여 그 기준에 맞게 언어 요소가 되풀이 되도록 엮는 놀이를 말한다. 이와 같이 말 풀이와 말 엮기와 같은 그림책은 동일한

언어 요소가 규칙성을 지녀 생동감을 준다.

말 엮기의 예

맛있으면 바나나, 바나나는 길어, 길으면 기차, 기차는 빨라, 빠르면 비행기, 비행기는 높아, 높으면 백두산

말 잇기는 앞 문장을 사용하여 뒷 문장을 이어 나가는 놀이를 뜻한다. 말 잇기는 범주를 넓게 잡아서 진행할 수도 있고, '문구류'에서와 같이 특정한 주제를 정해서 진행할 수도 있다. 이때 주제를 벗어나 말한다든지 더 이상 생각해 내지 못하면 시정하거나 다른 주제로 바꿔 진행할 수 있다.

말 잇기의 예

별님반에는 책상도 있고, 별님반에는 책상도 있고 의자도 있고, 별님반에는 책상도 있고 의자도 있고 인형도 있고, 별님반에는 책상도 있고 의자도 있고 인형도 있고 친구도 있고, 별님반에는 책상도 있고 의자도 있고 인형도 있고 친구도 있고 선생님도 있고

말놀이를 진행할 수 있는 그림책으로는 권윤덕의 『시리동동 거미동동』, 이억배의 『잘잘잘 123』 등이 있다. 『시리동동 거미동동』은 까만 돌담의 거미에서 출발하여 토끼, 까마귀, 하늘, 바다 등으로 이어지는 말 잇기 놀이로 영유아의 흥미를 불러일으킨다. 『잘잘잘 123』은 숫자 말 풀이 놀이로 숫자와 떠올리는 말 풀이의 모음과 자음이 비슷하여 쉽게 떠올릴 수 있다. 하나는 '할머니', 둘은 '두더지', 셋은 '생선장수', 넷은 '네 쌍둥이', 다섯은 '다람쥐', 여섯은 '여우', 일곱은 '이발사', 여덟은 '영감님', 아홉은 '아이들', 열은 '여럿이서'의 경우에서와 같이 말이다. 그래서 영유아는 숫자라는 기호에 다가가기가 보다 용이하다.

시리동동 거미동동(권윤덕 글 · 그림/창비, 2003)

잘잘잘 123(이억배 글 · 그림/사계절, 2008)

④ 수수께끼

수수께끼는 사물의 본질이나 속성을 빗대거나 비유하여 그것이 무엇인지를 알아맞히는 놀이이다. 수수께끼 놀이로 전개할 수 있는 그림책은 영유아에게 답을 찾아가는 즐거움을 준다. 예를 들면, 마에다 마리의 『모자가 빼꼼』과 아라카와 미츠루의 『무슨 구멍일까?』, 데이비드 워커의 『누구일까?』, 정순희의 『누구야?』 등이 있다.

모자가 빼꼼(마에다 마리 글 · 그림/
박은덕 역/보림, 2011)

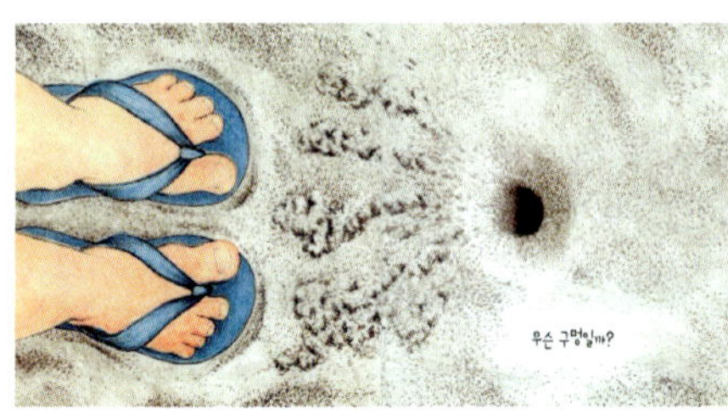

무슨 구멍일까?(아라카와 미츠루 글 · 그림/
정영원 역/비룡소, 2017)

⑤ 물구나무서기

그림책에 있어서 물구나무서기 놀이는 영유아로 하여금 문장이나 그림을 거꾸로 뒤집었을 때 또 다른 재미를 경험하게 한다. 이러한 놀이가 가능한 그림책은 어떤 방향으로 보든지 이야기가 성립된다. 이처럼 물구나무 시켜서 보는 것은 다양한 관점으로 보기를 하는 것이며, 익숙한 관점이 아닌 새로운 시각으로 보는 관점을 가질 수 있다. 물구나무서기 놀이를 진행할 수 있는 그림책으로는 미리암 프레슬러의 『똑바로 보기 거꾸로 보기』가 있다.

똑바로 보기 거꾸로 보기(미리암 프레슬러 글 · 율리안 유짐 그림/고맹임 역/키득키득, 2008)

⑥ 그림자놀이

그림자놀이는 커튼을 내리거나 소등을 통해 주위를 어둡게 한 뒤, 그림책에 있는 팝업 형태의 그림을 세워 전등이나 휴대폰에 있는 불빛을 비추면 그림자가 만들어지는 입체그림책으로 하는 놀이이다. 책을 읽어 가는 중에 그림자놀이를 통해 영유아는 마치 공연을 하듯 놀이를 진행할 수 있다. 그림자놀이를 할 수 있는 그림책에는 나탈리 디테클레의 『사라진 공주를 찾아서』, 리처드 파울러의 『불을 꺼 봐요!』, 최숙희의 『누구의 그림자일까?』 등이 있다.

사라진 공주를 찾아서(나탈리 디테클레 글 · 그림/이주희 역/미세기, 2007)

불을 꺼 봐요!(리처드 파울러 글/서남희 역/보림, 2007)

5. 영유아 문학교육

영유아문학에 있어서 교육의 원천은 '문화'이다. 즉, 영유아가 속한 사회의 가치규범, 경제, 사회 구조, 언어, 역사, 정치 등 작품세계에 공유된 가치를 다루는 것이다(김미향, 2015). 따라서 문학교육은 문학 작품에 대한 영유아의 태도의 변화와 함께, 이해력의 증진이 우선시된다. 이에 문학적 상상력에 기초하여 의미와 경험을 재구성하는 것이 포함되어 진행되어야 한다.

영유아교육기관에서 이루어지는 영유아를 위한 문학교육의 당위성에 대하여 살펴보면 다음과 같다(Carter & Long. 1991).

첫째, 문학은 문화 양식으로 지혜의 보고(寶庫)이다. 그러므로 문학은 인류의 문화유산 가운데 가장 좋은 것이다.

둘째, 문학은 언어 양식으로서 언어를 가장 오묘하고 창의적으로 구사한다. 따라서 영유아는 아주 이른 시기부터 언어에 노출됨으로써, 문학 언어를 매개로 스스로 훌륭하게 언어를 구사할 수 있는 방법을 터득할 수 있다.

셋째, 문학은 개인 성장 양식이다. 문학을 즐김으로써 영유아는 감수성을 기르며, 통찰력을 키우고 자아성장을 이루게 된다. 이는 문학을 통해 영유아의 언어 능력뿐만 아니라 개인의 자아성장 및 사회 문화적인 발전을 가져올 수 있음을 의미한다.

영유아 교육기관에서 이루어지는 문학교육의 내용에는 문학적 태도, 문학적 이해와 감상, 문학 작품 창작, 문학 비평 등이 있다. 문학교육의 내용 중 하나인 문학적 태도는 영유아로 하여금 문학 작품에 관심을 가지는 것을 비롯하여 책을 소중히 다루는 것과 같은 태도를 의미한다. 문학적 이해와 감상은 언어의 특성, 문학 작품의 구성 요소를 아는 것과, 다양한 종류의 문학 작품을 감상함에 있어서 다양한 매체와 기법을 활용하는 것을 말한다. 문학 작품의 창작은 문학 작품의 일부 요소를 바꾸어 이야기를 짓거나 다음에 이어질 내용을 상상하여 새로운 이야기 짓기를 할 수 있으며, 이야기를 동시로 써 보는 것과 같이 문학 작품을 다른 갈래로 재구성하는 것을 뜻한다. 문학 비평은 등장인물의 관점에서 생각해 보거나 문학 작품의 그림, 내용, 등장인물, 배경, 주제 등을 생각해 보는 것을 가리킨다. 교사는 이러한 내용을 다룸에 있어서 영유아로 하여금 자연스럽게 문학적 감수성과 문학에의 흥미를 지닐 수 있도록 문학교육이 진행되어야 함을 염두에 두어야 한다.

토론 및 토의

영유아문학은 교육성, 문학성, 예술성과 같은 특성을 포함한다. 영유아에게 문학교육을 진행할 때 문학성과 예술성이 지켜질 수 있다/아니다. 이에 대하여 논의하시오.

Chapter 02

아동문학의 역사

이 장에서는 아동문학의 역사를 국내와 국외로 나누고, 이를 시기별로 간략하게 살펴보았다. 아동문학의 역사의 흐름을 보면 만 6~12세의 어린이 혹은 「아동복지법」상 만 18세 미만의 소녀와 소년을 대상으로 하여 아동문학이라는 용어가 주로 사용되고 있다. 2013년 출간된 노운서, 노명희, 김명화, 백미열의 아동문학 책에서는 유아문학(0~만 6세), 아동문학(만 7~11세), 청소년 소녀문학(만 12~18세)으로 구분하고 있다. 이에 본장에서는 역사의 흐름에 따라 해당 명칭을 사용하되, 만 6~12세의 어린이 독자를 대상으로 할 경우에는 아동문학을, 출생에서 만 5세까지의 영유아를 대상으로 하는 문학에는 영유아문학이라는 용어를 사용하였다.

1. 국내

1) 영유아문학의 변천 과정

우리나라의 영유아를 위한 문학의 기원은 「단군신화」·「단동십훈」·「구지가」·「서동요」·「자장가」 등에서 찾을 수 있다. 조선 초에는 전래설화의 소설화 경향에 따라 「콩쥐팥쥐」, 「흥부전」 등이 소설로 재구성되었고, 조선 말에는 「녹두요」·「파랑새요」 등의 시대적 상황이나 정치적 징후 따위를 암시하는 민요와 같은 참요적(讖謠的) 전래동요가 있었다.

구지가(龜旨歌)

거북아 거북아(龜何龜何)
머리를 내놓아라(首其現也)
만일 내놓지 않는다면(若不現也)
구워서 먹으리(燔灼而喫也)

파랑새요

새야새야 파랑새야 녹두밭에 앉지마라
녹두꽃이 떨어지면 청포장사 울고간다.

(1) 1910년대

어린이를 위한 문학이 독립적으로 발전하기 시작한 것은 근대에 들어서부터이며, 이는 최남선(1890~1957)으로부터 시작되었다. 그에 의해 1908년 11월 창간되어 1911년 5월 통권 23호로 종간된 『소년』 잡지가 대표적이며, 또한 최남선이 주관하고 이광수가 편집에 관여한 1913년 1월 창간, 1915년 1월 종간된 『새별』은 문예란을 충실히 만든 잡지다. 1913년 1월에 창간된 『붉은 저고리』와 『아이들보이』는 어린이의 오락과 지식 향상을 위주로 편집되었는데, 이러한 잡지들이 간행되면서 아동문학의 토대가 마련되기 시작하였다.

(2) 1920년대

1920년대 이후부터 유치원의 설립이 급성장하게 되었으며, 많은 유치원이 교회 내에서 설치되어 선교사들에 의해 운영되었다. 이처럼 교회에 유치원이 설립되게 된 가장 큰 원인은 1912년 3월에 발표된 일본의 「개정사립학교규칙」 때문이었다. 개정되어 발표된 내용 중에 "모든 사립학교에 종교교육을 금지한다."는 내용이 포함됨으로써 학교 내에서 이루어졌던 종교교육이 현실적으로 어렵게 되었다.

따라서 기독교 입장에서는 종교교육을 위한 또 다른 교육기관을 설립해야 했다. 하지만 재정적으로 어려운 현실이었기에 그 방안으로 교회 내에 유치원이 설립되게 되었다. 유치원에서는 종교교육에 대한 제재가 없었으므로 민족교육의 실천으로 우리말과 글로 된 동요와 동화를 자유롭게 가르치고 부를 수 있었다. 이러한 까닭으로 자연스럽게 유아를 대상으로 한 문학이 창작되기 시작하였다(박인경, 2021).

어린이를 위한 문학에서 중요한 인물 중의 하나는 방정환(1899~1931)이다. 방정환은 17세기 문헌에서부터 사용했었고, 1908년 최남선의 『소년』, 1913년 『붉은 저고리』, 1914년 『청춘』, 『새별』 등의 잡지에서 사용해 왔던 '어린이'라는 명칭을 보편화하는 데 공헌하였다(조은숙, 2009). 방정환은 일본 유학중에 동화집 1922년 『사랑의 선물』을 펴냈고, 고국에 돌아와 1923년에 『어린이』라는 잡지를 간행하여 어린이를 위한 문학의 발전에 크게 기여했다. 이에 힘입어 1923년 『신소년』, 1925년 『새벗』, 1926년 『아이생활』과 『별나라』 등의 어린이를 위한 잡지가 창간되었다. 창작동화는 마해송의 「바위나리와 아기별」을 시작으로 고한승, 방정환, 이정호, 정인섭, 진장섭 등을 통해 창작활동이 활발하게 전개되었다.

사랑의 선물(김혜영 그림/방정환 역/우리교육, 2003)

바위나리와 아기별(마해송 글/정유정 그림/길벗어린이, 1998)

동극은 1923년 색동회의 창립이후부터 시작되었다. 1923년 1월 14일에 이루어진 독일의 동극 「한네제의 죽음」과 「별주부전」의 공연이 우리나라 동극의 효시라고 할 수 있다. 방정환의 동극 「토끼의 재판」이 『어린이』라는 잡지를 통해 발표되었으며, 1925년 마해송이 「장님과 코끼리」를, 정인섭은 1926년부터 동극을 전문적으로 발표하였다. 1920년대에는 동극이 활발하게 발표되었으나, 1927년 조선총독부가 어린이날을 금지시킴과 동시에 탄압을 가하자 동극은 이내 활기를 띠지 못하고 수그러들었다.

1920년대를 접어서 황금기를 누린 것은 동요이다. 이 시기의 동요작가로는 강소천, 박영종, 윤복진, 윤석중, 이헌구, 임원호, 정지용 등이 있다. 1925년을 전후해서 나온 창작동요에는 방정환의 「형제별」, 윤극영의 「반달」, 한정동의 「따오기」, 이원수의 「고향의 봄」, 윤석중의 「오뚜기」, 서덕출의 「봄편지」 등이 있다(다음백과).

형제별

날 저무는 하늘에 별이 삼형제
반짝반짝 정답게 지내이더니
웬일인지 별 하나 보이지 않고
남은 별이 둘이서 눈물 흘린다.

반달

푸른 하늘 은하수 하얀 쪽배엔
계수나무 한 나무 토끼 한 마리
돛대도 아니 달고 삿대도 없이
가기도 잘도 간다 서쪽 나라로

(3) 1930년대

1930년대는 프로아동문학의 시대가 열렸다(이재철, 1996). 카프적 색채가 담긴 『별나라』, 『신소년』은 프로문학을 추구하던 작가들이 주요 필진이었다. 이는 프롤레타리아 문학인들이 중심이 되어 예술성보다는 정치성 짙은 문학을 추구한 것을 말한다. 문학잡지인 『어린이』 역시 1930년대 초반에 들어서는 계급주의적 성향을 지닌 작품들을 상당수 게재하였다. 카프의 공격적이고 적극적인 어린이상과 천사적 어린이관에 대한 지양은 1930년대 중반으로 넘어가면서 이루어진다. 이로 인해 현실적이며 대중적인 어린이의 모습이 제시되면서 생활동화가 주로 등장하게 되었으며, 어린이를 대상으로 한 창작동화들이 등장한다.

1930년대에 들어와서는 아동문학에 대한 이론적 논쟁이 대두되었는데, 김태오, 윤석중, 송남헌 등은 동심 제일주의의 입장에서, 박영희, 송완순 등은 계급주의 입장에서 비평을 했다. 그러나 체계적인 아동문학의 발전은 이루지 못하고, 단지 장르 구분의 기초를 제공하고 문화운동으로서의 아동문학활동에 그쳤을 뿐이다. 전자에 속하는 작가로는 마해송, 윤석중, 강소천 등이 있었고, 후자를 따르는 작가로는 송영, 이주홍 등이 있었으며, 양자가 드러내는 한계를 극복하기 위해 애쓴 작가로는 현덕이 있다.

아동문학이라는 용어가 통용된 지 20년이 지난 1933년 『학등』에 아동문학교육이라는 용어가 처음 나타난다(박영기, 2008). 이렇듯 1930년대 중반에 이르면 아동문학에서의 교육성을 배재할 수 없으므로 교양과 계몽적인 측면이 계속해서 나타난다.

동시 부분에서는 1932년 4월 6일 동아일보에 개재된 황순원의 「봄이 왓다고」를 들 수 있다. 이 시는 반계몽주의적이며 반계급주의적인 입장에서 미적인 관심을 나타냈다(강정구, 김종회, 2016). 황순원은 동요와 동시 48편 중에서 미에 대한 열정에 주목한 문학 작품을 통해 순수문학을 지향했다.

동요 부분에서는 주요 소재로 사물이나 인물, 가족, 시대상 등이 나타났다. 작가는 감정이입을 통해 어린이에게 메시지를 자연스럽게 전달하였다. 또한 이 시기에는 계몽적인 내용보다 어린의 정서를 담은 작품이 주를 이루었다. 이는 동요의 자리매김과 발전을 의미한다(정혜원, 2012). 1930년대의 창작 동요로는 1932년 백남석의 「가을」, 1933년 김영수의 「여름」, 목일신의 「자전거」, 이동찬의 「개구리」, 최옥란의 「햇볕은 쨍쨍」, 1936년 윤석중의 「산바람 강바람」, 1938년 이일래의 「산토기」 등이 있다.

동화 부분에서는 그 명칭부터 다양하게 나타나고 있다. 이를테면 동화, 구연동화, 애기동화, 유년동화, 소년동화, 소녀동화, 세계명작동화, 역사동화, 전래동화, 전설동화, 중국동화, 중국모험동화, 창작동화, 탐정동화 등이 그것이다. 1930년대에는 1910년대나 1920년대에 비해서 동화의 제자리를 찾았다고 할 수 있으며, 현대 동화가 갖는 특징과 요소를 살려서 창작되었다. 이는 어린이에 대한 인식이 그 이전보다 달라졌음을 의미한다. 즉, 어린이 독자들이 다양한 내용의 동화를 통해 즐거운 문학적 경험을 향유할 수 있었음을 뜻한다.

동극 부분에서는 유아를 대상으로 나온 정인섭의 「옷뚝이」와 「맹꽁이」를 들 수 있다. 동극은 독서로 마치는 것이 아니라 직접 공연을 해 봄으로써 성취감을 맛볼 수 있으며, 즐거움을 한층 더 즐길 수 있다.

봄이 왓다고
–황순원–

산골작 쌓인눈
봄이 왓다고
쪼르르 물방울
흘려 놧어요

산토끼
–이일래–

산토끼 토끼야 어데로 가느냐
깡충깡충 뛰면서 어데로 가느냐
산고개 고개를 나혼자 넘어서
토실토실 알밤을 주워서 올 테야.

(4) 1940년대

8 · 15 해방 후 어린이신문을 통해 문학 작품이 실렸다. 해방 이후 방정환의 애제자로 알려졌던 윤석중은 남한 아동문학계의 실질적인 권력으로 자리를 잡았으며, 동시와 동요 분야에서는 근대 아동문학의 선구자였다(이충일, 2015). 광복 전『별나라』,『신소년』의 동인으로 활동하던 박세영, 박아지, 송완순, 송영, 신고송, 이동규, 이주홍 등이 아동문학의 주류로 활동했다.

1940년대 전반기에는 태평양전쟁과 일제의 탄압으로 동요가 발표되지 못했으나, 해방 후에는 교재를 중심으로 동요가 보급되었다. 이 시기의 창작동요로는 1945년 윤석중의「새나라의 어린이」, 1947년「기차길 옆」, 안석주의「우리의 소원」, 1948년 윤석중의「나란히 나란히」,「어린이날 노래」, 윤춘병의「어머님 은혜」, 권오순의「구슬비」, 서덕출의「눈꽃송이」등이 있다. 1946년에는 동극의 영역이「똘똘이의 모험」과 같은 방송극으로 확대되었다. 또한 동극을 교과과정에서 다루기 시작하였다. 6.25전쟁 후에도 동극집의 발간과 공연이 이루어졌다.

(5) 1950년대

1950년대는 남북분단과 6.25전쟁을 거치면서 자유민주주의는 반공주의를 동반했고, 문학은 이에 순응했다. 이 시기의 아동문학의 특징은 대중적인 성격이 강한 작품들이 창작되었다는 점이다. 1950년대 남한의 아동문학은 전쟁 전부터 활약했던 작가들에 의해 명맥이 유지되었다. 남북분단과 6.25전쟁 이후 1950년대 아동문학의 중심을 이끌어 온 작가는 강소천, 김영일, 마해송, 이원수, 윤석중이다.

마해송은 그의 민족주의자로서의 길을 걸어왔다는 자부심이 드러난「토끼와 원숭이」,「떡배 단배」등 일본에 대한 저항의식을 고취하는 내용의 작품을 발표했던 해방 전과는 달리 적극적인 반공주의자로 방향을 바꾸게 된다(이충일, 2015).

동요 부분에서는 6.25 전쟁 이후로 KBS의 계몽 운동을 중심으로 새로운 동요가 창작되었다. 이 시기의 창작동요로는 1953년 어효선의「꽃밭에서」, 김영일의「구두 발자국」, 1954년 유치환의「메아리」가 있다. 또한 1955년 강소천의「꼬마 눈사람」, 박홍근의「나뭇잎배」, 1956년 윤석중의「고향 땅」, 박목월의「노래는 즐겁다」, 어효선의「파란 마음 하얀 마음」, 1958년 박경종의「초록바다」, 1959년 윤석중의「무궁화 행진곡」등이 어린이들에게 불렸다.

(6) 1960년대

1961년 박정희 대통령이 이끄는 정부는 무실적 출판사의 등록을 취소시켰고, 출판사 등록 규정도 새로이 마련하였다. 1960년대 출판의 특징은 전집출판이 보편화되었다는 점이다. 1969년 당시 발행된 어린이 도서 278종 중 단행본은 32종이었음을 볼 때, 전집 출판과 단행본 출판의 불균형이 있었음을 알 수 있다.

아동도서의 선정에도 정부의 적극적인 개입이 있었다. 1961년 문교부 산하에 '우량아동도서선정위원회'를 발족하여 교과용 도서 및 참고서를 제외한 아동도서 가운데 우량도서를 골라내 '교육부 선정 우량도서'라는 표시를 붙였다. 정부 주도로 국민학교(지금의 초등학교) 학급도서 설치운동이 전개되고, 1963년에는「도서관법」이 공포되었다(이현주, 2002). 이러한 일련의 과정을 통해 아동문학의 연구가 활성화되었다.

1962년에는 아동문학 잡지『아동문학』이 출간되면서 아동문학에 새로운 관심이 모아지게 되었다. 1966년에는 이원수의『아동문학입문』이 1967년에는 이재철의『아동문학개론』이 출간되었다. 동요 부분에서는 1960년대부터 동요가 음악에 예속되었다는 평가가 있었다.

(7) 1970년대

1970년대에는 강소천을 중심으로 한 순수주의 아동문학과 이원수를 중심으로 한 리얼리즘 아동문학이 대두되었고, 이 과정에서 리얼리즘 아동문학의 중심인물로 이오덕이 부상했다. 이오덕은 이원수의 리얼리즘 아동문학을 계승하여 제도권의 아동문학에 도전하였다.

이러한 환경에서 출판계에는 단행본들이 출판되기 시작했다. 이 시기에는 전집으로 출판되던 세계명작들을 단행본으로 출판하였으며, 이때 리얼리즘 아동문학을 대표하던 이원수의 초등학교 5~6학년 아동을 독자로 한 『꼬마 옥이』가 출간되었다.

이 시기에는 아폴로 우주선의 달 착륙을 기념한 윤석중의 「앞으로」 동요가 어린이들 사이에서 많이 불렸다. 동화로는 유아가 독자인 권정생의 「강아지똥」이 있다. 권정생은 「강아지똥」을 1969년에 월간 『기독교교육』에서 발표를 했고, 이를 통해 제1회 아동문학상을 받았다. 1974년 세종문화사에서 이를 동화책으로 발간하였다.

꼬마 옥이(이원수 글/이만익 그림/창비, 2001)

강아지똥(권정생 글/정승각 그림/길벗어린이, 1996)

또한 1978년 『한국현대아동문학사』, 1989년 『세계아동문학사전』이 출간되었다. 1977년 이오덕의 『시정신과 유희정신』이 출간되었으며, 이러한 일련의 과정를 통해 이오덕은 교육현장에서의 체험을 바탕으로 글쓰기교육과 더불어 문학의 나아갈 길을 제시하였다. 뒤를 이어 1979년 유경환의 『한국현대동시론』이 출간되었다.

동극 부분에서는 박병두, 박홍근, 박홍민, 윤석중, 이석현, 이원수, 주태익, 한낙원 등이 동극집을 냈으며, TV에서는 어린이를 위한 동극이 매일 방영되었고, 인형극과 영화제작이 이루어졌다. 이에 더하여 기성극단의 동극 공연은 어린이의 큰 호응을 얻었다.

(8) 1980년대

1980년대에 들어서 정부의 민주화운동에 대한 탄압으로 아동도서에 대한 검열이 한층 더 엄격해졌다. 1982년 4월 문교부에서 '학교 도서 생활화 방안'을 추진하면서 초 · 중 · 고등학교별로 권장 도서를 선정, 예시하였다(이현주, 2002). 이재철은 아동문학의 이론, 한국 아동문학사, 세계 아동문학사를 실은 『세계 아동문학 사전』을 출판하였다. 이를 통해 순수 아동문학의 후학을 위한 학문적 기초가 마련되었다.

이 시기의 특징은 대형서점이 등장하고 아동서적 코너가 마련되어 아동문학에 대한 출판물의 성장이 유리해졌다는 점이다. 이러한 환경에서 1985년 출판된 최승한의 『5학년 3반 청개구리』는 베스트셀러가 되고, 이내 영화화되었다. 이에 힘입어 국내 최초로 1989년부터 한국 작가의 창작동화와 동시만을 실은 '현암아동문고'가 출간되었다.

또한 1980년대 이후로는 각 방송국에서 동요를 공모하여 동요 창작에 활기를 띠었다. 1981년 『어린이를 위한 문학』이 출간되었으며, 1986년에는 김요섭의 『현대동화의 환상적 탐험』이 출간되었다.

(9) 1990년대

1990년대에도 해방이후의 아동문학이 그랬던 것처럼 아동문학은 정부의 교육 및 출판정책의 변화에 지대한 영향을 받았다. 교육과정의 개정이나 인터넷의 대중적인 보급은 아동문학의 성장에 유리한 조건이 되었다. 1993년 정부차원에서 '책의 해'로 정하여 독서 운동이 펼쳐지고, 이에 따라 독서가 활성화되면서 1994년에는 신간 발행이 정점에 도달했다. 다양한 아동 도서 중 문학이 단연 우위를 차지했다(김은하, 2003).

1990년대 이후 아동문학은 작가와 비평가를 중심으로 운영되던 시기와는 다른 면

모가 나타났다. 아동문학의 시장이 팽창하고 리얼리즘 아동문학이 본격적으로 대두되었으며, 1990년 중반부터 나타나기 시작한 젊은 작가군의 활동이 왕성하게 이루어졌다. 이러한 흐름에서 1996년 최명표의 『균형감각의 비평정신』, 1998년 박상재의 『한국 창작동화의 환상성 연구』, 1999년 『동심의 숲에서 길 찾기』 등이 연이어 출간되어 아동문학 연구에 많은 도움을 주었다.

(10) 2000년대

2000년대에는 리얼리즘 아동문학의 작가인 2001년 원종찬의 『아동문학과 비평정신』 등이 출간되어 아동문학 연구에 많은 도움을 주었다. 이를 이어 2002년 이오덕의 『어린이책 이야기』가 출간되었다. 순수주의 아동문학의 작가인 최지훈은 2001년 『어린이를 위한 문학』을 출간했으며, 김자연은 2000년에 『한국 아동문학연구』와 『아동문학 이해와 창작의 실제』를, 2003년 김현숙은 『두 코드를 가진 문학 읽기』를 펴냈다.

2000년대에 접어들어 아동문학의 시장규모는 매일경제 2002년 12월 23일자 보도에 의하면 3천억 대에 이르게 되어, 일반문학, 사회과학, 역사, 철학 등의 분야 중에서 최고의 상승률을 보였다. 특히 아동문학 내에서도 영유아들을 위한 그림책의 출판규모가 꾸준하게 성장하였으며(한국출판문화산업진흥원, 2016), 자연스럽게 영유아문학의 독자층으로 영유아들이 주목받게 되었다. 이러한 변화의 가장 큰 요인은 가정이나 영유아 교육기관에서 영유아들의 독서교육에 관심을 갖고 영유아들에게 '그림책 읽어 주기'를 진행한 점에 있었다.

영유아를 위한 문학은 영유아, 그리고 부모나 교사와 같은 성인 독자가 공존하는 이중 독자 구조를 지닌다. 그러하기에 영유아를 위한 문학에는 어른들이 영유아의 바른 성장을 위해 글을 읽어 주려는 목적과 결부되어 교육적 의도가 뚜렷하게 내재되어 있다(박인경, 2021).

2) 어린이문학상

어린이문학상은 어린이가 스스로 좋은 책을 선택하여 읽고, 이를 통해 독서의 중요성을 인식하며, 평생 독자로서의 삶을 영위하는 데 그 수상의 의미가 있다. 국내의 경우 1965년 '소천문학상'을 시작으로 1968년 '세종아동문학상', 1969년 '한정동 아동문학상', 1973년 '윤석중문학상', 1990년 '박홍근문학상', 1991년 '방정환문학상' 등과 같은 아동문학상이 설립되었다. 이는 주로 동화, 동시, 동요 부문에 대한 상이었다.

1990년대 이후에는 동화, 동시, 동요 부문 이외에 그림책이 새롭게 추가되었으며, 상을 수여하는 기관이나 출판사, 협회가 많아졌으며, 이에 대한 인지도 또한 높다. 예를 들면, 유아를 대상으로 한 작가와 작품에는 '문학동네어린이문학상'을 수상한 2000년 양혜원의 「꼴찌로 태어난 토마토」가 있다. 황금도깨비상에는 또한 영유아를 독자로 하여 2008년 수상작인 박경효의 「입이 똥꼬에게」, 2010년 김진철의 「진짜 나무가 된다면」, 2011년 한자영의 「비야, 안녕」, 2017년 전금자의 「사소한 소원만 들어주는 두꺼비」 등이 있다.

꼴찌로 태어난 토마토(양혜원 글/박현자 그림/문학동네, 2000)

비야 안녕(한자영 글 · 그림/비룡소, 2011)

(1) 소천아동문학상

소천아동문학상은 1930년대 이후 30여 년을 아동문학가의 길을 걸은 강소천의 공적을 기리며, 아동문학의 발전을 위하여 1965년도에 설립되었다. 소천아동문학상은 매년 당해 연도에 가장 우수한 작품을 쓴 작가 1인을 선정하여 시상하는 본상과 원고를 응모한 아동문학 지망자 1인을 선정하여 시상하는 신인상 두 가지 분야로 나뉘어 있다. 작품은 본상의 경우 아동문학 작품과 작품집 중에서 추천 위원들이 추천한 작품으로 하며, 등단 10년 이상의 작가를 원칙으로 한다. 신인상의 경우 미발표 장편 동화를 심사 대상으로 하며, 등단 경력이 없는 신인과 등단 10년 이내의 작가를 원칙으로 한다.

이에는 초등학교 1~2학년 아동이 독자인 1986년 수상작 김원석의 「고추먹고 맴맴」, 2003년 송재찬의 「하얀 야생마」, 2005년 수상작 손동연의 동시집인 「참 좋은 짝」, 2006년 배익천의 「오이밭이 된 손수건」 등이 있다. 또한 초등학교 3~4학년 아동이 대상인 2010년 수상작으로 권영상의 동시집인 「구방아 목욕가자」가 있으며, 2019년 소중애의 창작동화인 「요코할바는 내 제자」가 있다. 이에 더하여 초등학교 5~6학년 아동이 읽을 수 있는 동화인 1995년 수상작 조장희의 「괭이씨 미요」, 1973년 수상작 권용철의 「들장미 언덕」을 비롯하여 여러 작품이 있다.

고추먹고 맴맴(김원석 글/정승희 그림/처음주니어, 2008)

참 좋은 짝(손동연 저/푸른책들, 2004)

(2) 세종아동문학상

세종아동문학상은 『소년한국일보』에서 1968년에 제정한 문학상으로 전년도 8월 1일부터 그해 7월 31일 사이에 발표된 동화, 시, 소설, 희곡 중에 우수한 작품을 낸 작가의 작품을 가려내어 그해 10월에 상을 수여한다. 1968년 제1회 수상작은 이종기의 「잃어버린 잔치」 외 2편을 시작으로, 유아를 독자로 하는 1982년 수상작 조장희의 「엄마 참나무와 아기 도토리」가 있다. 또한 1983년 수상작에는 문삼석의 「이슬」, 1995년 수상작 박숙희의 「새를 기다리는 나무」 등이 있으며, 초등학교 3~4학년인 아동을 대상으로 한 2002년 수상작인 이규희의 「난 이제부터 남자다」가 있다.

새를 기다리는 나무(박숙희 저/생활성서사, 2003)

난 이제부터 남자다(이규희 글/이영림 그림/밝은미래, 2014)

(3) 한정동아동문학상

한정동아동문학상은 아동문학가 한정동이 20년 동안 모은 고료 50만 원을 기금으로 하여 1969년에 시작하였다. 이 상은 한정동아동문학상 운영위원회에서 관리하며, 매년 5월경에 동요, 동시, 동화 부문의 작품에 시상한다. 제1회 수상자는 박경술의 동요 「우리는 귀염둥이」이며, 초등학교 1~6학년인 아동을 독자로 하는 2005년 수상작 강원희의 동시집 「바람이 찍은 발자국」이 있다. 또한 초등학교 5~6학년인 아동이 읽을 수 있는 2006년 수상작 박상률의 동화집 「어른들만 사는 나라」가 있다.

바람이 찍은 발자국(강원희 글/황헌만 사진/솔출판사, 2005)

어른들만 사는 나라(박상률 저/시공주니어, 2000)

(4) 윤석중문학상

윤석중문학상은 1973년에는 '새싹 문학상'이라는 이름으로 시작하였다. 1994년도까지 사용했다가 다시 '윤석중문학상'이라는 이름으로 2005년부터 수여되었다. 2017년까지는 매년 수상작을 선정하였으나, 2018년에 수상 규정을 변경하며 격년제로 바뀌었다. 시, 소설, 희곡, 평론 등 아동문학의 전 부문을 대상으로 하며, 작품은 심사일을 기준으로 2년 이내에 출간된 작품집으로 한다. 수상작에는 초등학교 1~2학년인 아동이 독자인 2009년 신형건의 「콜라 마시는 북극곰」이 있으며, 초등학교 3~4학년인 아동이 독자인 2014년 홍종의의 「홍원창 어린 배꾼」, 2017년 이창건의 「사과나무의 우화」 등이 있다.

콜라 마시는 북극곰(신형건 글/이영림 그림/푸른책들, 2009)

사과나무의 우화(이창건 글/강태연 그림/섬아이, 2017)

(5) 방정환문학상

방정환문학상은 아동문학가인 이재철이 제정하여 1991년도에 설립되었으며, 한국아동문학연구센터와 아동문학평론사가 공동으로 주관하는 문학상이다. 1991년 수상작 권용철의 「하늘이 보내준 여행」, 초등학교 5~6학년 아동이 독자인 1994년 이준연의 「무지개를 만드는 천사」 등이 있다. 또한 2006년 수상작인 서향숙의 「연못에 놀러 온 빗방울」, 2014년 최명란의 동시집 「해바라기야!」, 2015년 송재진의 동시조집 「아빠 무릎에 앉는 햇살」, 2017년 추필숙의 「일기장 유령」은 독자층이 초등학교 3~4학년인 아동이다.

해바라기야!(최명란 글/정은영 그림/창비, 2014)

아빠 무릎에 앉는 햇살(송재진 글/김세영 그림/아동문학평론, 2015)

2. 국외

1) 영유아문학의 변천 과정

(1) 17세기

'아동'은 17세기를 전후로 서구사회에서 부르주아 계급의 세대 계승과 자기유지 본능으로 말미암아 발견되고 강화된 개념이다(문지영 역, 2003). 아동이라고 불리는 이 시기는 인간의 생애에서 그에게 예정된 신분 역할을 습득하는 기간이었다. 영아가 젖을 뗀 뒤 성인의 식사를 할 수 있게 되면 바로 신분 역할 훈련이 시작되었다. 즉, 아동은 '작은 어른'일 뿐이었다. 이는 계급의 차이를 막론하고 사회 전체적인 흐름이었으므로 귀족이든 천민이든 한 인간의 생애에는 계급에 부여된 한 가지 생활양식만 처음부터 존재했나(권나무, 2019).

이러한 시대적 흐름에서 인쇄되어 나온 최초의 영유아를 위한 문학 작품이 있다. 이것은 바로 모라비아의 교육자 코메니우스가 1658년 어린이용 교재로 만든 『세계도회(그림의 세계, Orbis Sensualim Pictus)』였다. 최초의 어린이용 그림책이기도 한 이 책에는 영유아가 어른의 축소판이 아니기 때문에 특별한 종류의 책을 읽어야 한다는 새로운 통찰이 구체적으로 나타나 있다.

뒤를 이은 이 시기의 작가와 작품으로는 장드라 퐁텐이 1668~1695년에 발표한 『우화시집(Fables)』이 있다. 특히 루이 14세의 여섯 살 된 손자에게 헌정된 『우화 선집(Fables Choisies)』에는 124개의 매우 뛰어난 우화 작품이 실려 있다. 이 시기에 동화라는 새로운 장르의 기초를 구축한 프랑스의 동화 작가인 샤를 페로가 있다. 샤를 페로는 푸른 수염, 신데렐라, 빨간 모자, 잠자는 숲속의 공주, 장화를 신은 고양이 등과 같이 입에서 입으로 전해지던 이야기를 정리하여 1697년 『과거 이야기 혹은 역사: 어미 거위의 이야기』라는 책을 출판하였다.

라퐁텐우화(장드라 퐁텐 저/붉은여우 역/넥서스, 2013)

어미 거위 이야기(샤를 페로 저/류경아 역/부북스, 2014)

(2) 18세기

영유아를 위한 문학은 18세기 후반에야 다른 장르와 뚜렷이 구별되는 독자적인 형태로 등장했기 때문에 비교적 최근의 문학이라 할 수 있다. 문학이 이렇게 늦게 발달한 이유는 경제적·사회적 요인에서 찾을 수 있다.

근대 이전에는 어린이를 단순히 어른을 축소시켜 놓은 작은 존재로 생각하는 경향이 널리 퍼져 있었으므로 어린이만의 독특한 요구와 이해 수준에 맞는 문학이 필요하다고 생각하지 않았다. 또한 인쇄술 발명 이전에는 책을 만드는 데 돈과 시간이 너무 많이 들어 가르치는 것 이외의 다른 목적을 위해 책을 만들 여유가 없었다. 그리고 어린이만을 위한 문학 작품을 창작·배포하는 일이 경제적으로 합당할 만큼 큰 시장이 형성되려면 많은 사람이 글을 읽고 쓸 줄 알아야 하며 집단교육이 널리 보급되어 있어야 했기 때문이기도 했다.

이 시기에 활동한 작가와 작품으로는 1719년 대니얼 디포의 장편소설 「로빈슨 크루소」, 1726년 조나단 스위프트의 소설 「걸리버 여행기(Gulliver's Travels)」 등이 있다. 또한 최초로 어린이를 위한 소설인 「작고 멋진 구두 한 켤레 이야기(The History of Little Goody Two-Shoes)」는 1765년에 나왔다. 가장 오래 되고 지속적인 인기를 누리고 있는 문학의 고전 가운데 하나는 『엄마 거위(Mother Goose)』라는 자장가집으로, 최초의 영어판이 1791년에 출판되었다.

로빈슨크루소(대니얼 디포 글/N. C. 와이어스 그림/김석희 역/비룡소, 2019)

엄마 거위(라이먼 프랭크 바움 저/유페이퍼, 2016)

18세기 영국 런던의 서적상 뉴베리는 우수한 필진과 책의 표지나 도안으로 잘 꾸며진 고급의 장정(裝幀)으로 어린이 책을 내놓아도 시장에서 충분히 통할 가능성이 있다는 것을 간파했다. 그도 그럴 것이 산업혁명 이후에는 부르주아 계급의 발언권이 획기적으로 증대된 시기였다. 당시 영국 사회에서는 귀족의 생활양식을 답습하지 않고 무산계급과도 선을 긋는 새로운 유형, '신사'라고 불리는 이상적인 인간상이 등장했다. 부르주아 계급인 이들이 자녀에게 심어 주고 싶은 덕목의 인간형은 신앙심이 깊고 예의 바르며, 근면하고 너그러우면서도 투쟁할 수 있는 유형의 인간이었다. 그것은 그대로 부르주아 자녀들에게 전해지는 아동문학 작품, 이른바 모험소설 속의 인물상이 되었다(권나무, 2019).

독일과 프랑스의 아동문학은 부르주아 산업자본이 자국의 민담 전통과 결합했다는 특징이 있다. 이러한 상황에서 창조된 근대 시민적 이상형을 자녀들에게 심어 주기 위해 아동문학을 읽혔다.

(3) 19세기

영유아를 위한 문학은 이처럼 미미하게 출발했지만 19세기에 특히 영국과 미국에서 꽃을 피워 걸음마하는 영아에서부터 청소년을 위한 풍부하고 복잡한 장르로 발전했다. 19세기의 영유아문학은 영유아의 흥미와 상상력을 자극하는 데 초점을 두었다. 이 시기에 활동한 문학 작가로는 독일의 야콥과 빌헬름 그림 형제와, 덴마크의 안데르센, 영국의 루이스 캐럴, 프랑스의 쥘 베른, 미국의 마크 트웨인 등이 있다.

독일의 야콥과 빌헬름 그림 형제는 1816~1818년에 민족 설화를 문학의 형태로 집대성하여 『어린이와 가정의 이야기: 그림동화』와 『독일 전설집』을 출간하였다. 안데르센은 그의 나이 30세가 되던 해인 1835년부터 동화를 쓰기 시작했으며, 그의 이름을 알린 작품은 1843년에 발표한 「미운 오리 새끼」이다. 루이스 캐럴(필명, 본명: 찰스 럿위지 도지슨)은 영국의 작가로, 그의 유명한 문학 작품으로는 1865년에 출판된 「이상한 나라의 앨리스(Alice's Adventures in Wonderland)」가 있다. 프랑스의 쥘 베른은 80여 편의 과학과 모험을 주제로 한 소설을 남겼다. 미국의 마크 트웨인(필명, 본명: 새뮤얼 랭혼 클레멘스)은 1884년에 쓴 「허클베리 핀의 모험(The Adventures of Huckleberry Finn)」이라는 동화로 유명하다.

이들 작가와 작품 이외에도 이 시기에 유명한 작가와 작품으로 1883년 로버트 루이스 스티븐슨의 「보물섬(Treasure Island)」이 있다. 삽화는 19세기에 어린이 도서의 주요부분이 되었으며, 어린이 독자가 이야기에 흥미를 갖고 등장인물과 행동을 시각적으로 마음속에 그리는 것을 돕기 위해 사용되었다.

미운 오리 새끼(안데르센 저/정주현 그림/웅진주니어, 2005)

이상한 나라의 엘리스(루이스 캐롤 글/존 테니얼 그림/손영미 역/시공주니어, 2001)

(4) 20세기

영유아에 대한 이해와 존중이 좀 더 확대된 20세기는 영유아를 위한 문학의 창작과 그의 보급이 활성화되었다. 이 시기에는 제1, 2차 세계대전을 겪으면서 환상 요소가 담긴, 현실의 어려움을 이겨 나가는 위로와 희망을 가질 수 있는 문학이 필요했다. 또한 글로벌 시대로 인하여 다문화, 인종차별, 성차별 등의 주제가 문학을 통해 다루어졌다. 이에 더하여 환경오염이나 이혼, 재혼, 조손가정에서의 삶을 주제로 한 내용을 싣게 되었다. 이 시기의 두드러진 변화는 이전에 동화의 삽화로 영유아문학의 부수적인 역할을 해 오던 그림의 중요성이 강조됨으로 인해 영유아문학에서의 그림책이 중요한 위치를 차지하게 되었다는 점이다.

어린이를 위한 최초의 근대적 그림책은 1901년 비어트릭스 포터의 『토끼 피터의 이야기(The Tale of Peter Rabbit)』였다. 1928년 유아 독자를 위한 완다 가그의 『백만 마리 고양이(Millions of Cats)』는 그림이 부수적인 역할에 머물지 않고 본격적으로 이야기를 전달하게 된 그림책이다. 1937년 버지니아 리 버튼의 『말괄량이 기관차 치치(Choo Choo)』는 그녀가 글을 쓰고 그림을 그리면서 글과 그림을 조화롭게 배치했으며, 본문 내용에 따라 글자의 모양과 크기를 조절하였다. 유아가 독자인 1963년 모리스 샌닥의 『괴물들이 사는 나라』는 신비한 모험 세계를 그림으로 잘 표현하였으며, 그림이 글보다 더 주도적이다.

백만 마리 고양이(완다 가그 글 · 그림/강무환 역/시공주니어, 2009)

말괄량이 기관차 치치(버지니아 리 버튼 글 · 그림/홍연미 역/시공주니어, 2010)

2) 어린이문학상

국외의 이름이 알려진 어린이문학상에 참여하는 심사위원은 어린이를 위한 문학과 관련된 직업을 가지고 있다. 심사위원은 전문 사서, 작가, 교수, 편집자, 평론가 등의 전문가로 구성되었으며, 대부분 홈페이지를 통해 이름과 소속 기관 등을 밝히고 있다. 이는 곧 심사 결과에 대한 신뢰와 어린이문학상의 권위와도 관계가 깊음을 의미한다. 또한 한 권의 책이 한 개의 상만이 아닌 여러 개의 저명한 상을 수상하기도 한다. 예를 들면, 모리스 샌닥의 「괴물들이 사는 나라」는 1964년 칼데콧상과 1970년 안데르센상을 수상하였으며, 존 클라센의 「이건 내 모자가 아니야」는 2013년 칼데콧상과 2014년 케이트그린어웨이상을 수상하였다.

(1) 뉴베리 상

미국의 어린이도서관협회(ALSC, Association for library Service to Children)는 미국 내 도서관을 네트워크로 연결하여 어린이에게 질 높은 서비스 제공을 목적으로 한다. 이 협회에서 주관하는 문학상 중에서 잘 알려진 상이 '뉴베리 상(Newbery Medal)'이다. 이 상은 1921년 프레드릭 멜처(Frederic G. Melcher)가 제의했으며, 18세기 어린이용 도서 '어린이를 위한 놀이책(A Play-Book for Children)'을 처음 출판한 존 뉴베리(John Newbery)의 이름을 따서 지어졌다.

1922년부터 수여된 뉴베리 상은 세계에서 가장 오래된 어린이 문학상으로 전년도에 출간된 작품을 기준으로 하며, 1년간의 심사를 통해 가장 우수한 문학 작품에 수여된다. 수상 기준은 주제, 표현력, 캐릭터 묘사, 스타일 등이다. 이에 해당되는 작품은 미국에서 영어로 출판된 14세 이하의 어린이를 대상으로 하는 문학 작품이며, 수상할 수 있는 작가 또한 미국인(미국 시민권자 포함)으로 한정되어 있다(이슬, 2020). 뉴베리 상은 연도가 오래된 만큼 가장 인지도도 높으며, 전 세계적으로 권위를 인정받고 있다.

뉴베리 상의 수상작에는 유아를 독자로 하는 1929년 완다 가그의 「백만 마리 고양이」, 1983년 윌리엄 스타이그의 「치과의사 드소토 선생님」, 2016년 맷 데 라 페냐의 「행복을 나르는 버스」 등이 있다. 초등학생 아동을 독자로 한 1963년 매들렌 렝글의 「시간의 주름」, 1991년 제리 스피넬리의 「하늘을 달리는 아이」, 2018년 에린 엔트라다

켈리의 「안녕 우주」, 2020년 제리 크래프트의 「뉴키드」, 2021년 태 켈러의 「호랑이를 잡을 때」 등이 있다.

행복을 나르는 버스(맷 데 라 페냐 글/크리스티안 로빈슨 그림/김경미 역/비룡소, 2016)

치과의사 드소토 선생님(윌리엄 스타이그 글 · 그림/조은수 역/비룡소, 1995)

(2) 칼데콧상

미국의 어린이도서관협회에서 주관하는 여러 문학상 중에 '칼데콧상(Caldecott Medal)' 역시 널리 알려진 상이다. 칼데콧상은 1938년부터 수여되기 시작하였다. 뉴베리 상과는 달리 어린이를 대상으로 하는 그림책에만 수여하는 상으로 전년도에 출간된 그림책을 기준으로 하며, 미국 문화권 내에서 출판된 도서와 작가만 수상할 수 있다. 여기에서 말하는 그림책은 어린이에게 시각적인 경험이 될 수 있어야 하고, 스토리 라인과 테마, 컨셉 혹은 개념의 집합적인 통일성을 갖춘 책을 그림책이라고 보고 심사를 진행한다(이슬, 2020 재인용).

칼데콧상의 수상작에는 유아가 독자인 1943년 버지니아 리 버튼의 「작은 집 이야기」, 제럴드 멕더멋의 「태양으로 날아간 화살」, 1964년 수상작에 모리스 샌닥의 「괴물들이 사는 나라」 등이 있다. 칼데콧상은 해마다 수상이 이어져 왔으며, 2000년에 접어들어 영유아가 독자인 2002년 데이비드 와이즈너의 「아기 돼지 세 마리」, 2005년 케빈 헹크스의 「달을 먹은 아기 고양이」, 2012년 피터시스의 「소방차가 되었어」, 2013년 메리 로그의 「깊은 밤 호랑이처럼」 등이 있다. 또한 유아가 독자인 2014년 에런 베커의 「머나먼 여행」, 2014년 데이비드 위즈너의 「이봐요, 까망씨!」, 2015년 맥 버넷의 「샘과 데이브가 땅을 팠어요」 등이 있다. 이를 이어 유아 독자를 대상으로 한 2016년 맷 데 라 페냐의 「행복을 나르는 버스」, 케빈 헹크스의 「조금만 기다려 봐」, 2017년 베라 브로스골의 「날 좀 그냥 내버려 둬!」, 카슨 엘리스의 「홀라홀라 추추추」, 2018년 대상작 매튜 코델의 「세상에서 가장 용감한 소녀」와 명예상인 엘리샤 쿠퍼의 「큰 고양이 작은 고양이」가 있다. 유아를 독자로 한 2019년 대상작 소피 블래콜의 「안녕 나의 등대」와 오게 모라의 「할머니의 식탁」, 브라이언 라이스의 「망가진 정원」, 2020년 「곰이 강을 따라갔을 때」, 2021년 데보라 언더우드의 「자연이 우리에게 손짓해」, 아이린 래섬, 카림 샤시-바샤의 「행복한 고양이 아저씨」 등이 있다.

세상에서 가장 용감한 소녀(매튜 코델 글 · 그림/비룡소, 2018)

머나먼 여행(에런 베커 글 · 그림/웅진주니어, 2014)

(3) 가이젤상

미국의 어린이도서관협회에서 주관하는 여러 문학상 중에 2006년부터 시작한 유아용 도서 대상인 가이젤상(Geisel Award)이 있다. 이 상은 유아가 재미있게 책을 읽을 수 있도록 하는 데 주력했던 테오도르 수스 가이젤(Theodor Seuss Geisel) 박사의 이름을 따서 붙여진 상으로 닥터 수스 상이라고도 한다.

수상작은 그림과 글의 관계, 내용, 문장 구조 등에 대한 기준이 적용된다. 주제는 유아에게 책을 읽는 데 있어서 동기를 유발할 수 있도록 흥미로워야 하고, 그림은 글을 이해하는 데 중요한 역할을 해야 하며, 글의 내용은 책읽기를 시작하는 유아에게 용기를 줄 수 있어야 한다. 수상작에는 유아를 독자로 한 2015년 안나 강의 「너는 작아」, 2017년 로리 켈러의 「쑥쑥」, 2019년 코리 R 테이버의 「여우지만 호랑이입니다」 등이 있다.

쑥쑥(로리 켈러 글 · 그림/이순영 역/북극곰, 2018)

너는 작아(안나 강 글/크리스토퍼 와이엔트 그림/김경연 역/풀빛, 2015)

(4) 카네기 상

카네기 상(Carnegie Medal)은 영국 도서관 및 정보 전문가 협회(CLIP, The library and information association)에서 수여하는 어린이문학상이다. 이 상은 어린 시기의 독서의 중요성을 토대로 미국, 영국을 시작으로 영어권 국가에 2,800개 이상의 도서관을 지어 어린이에게 도서를 접할 수 있도록 한 카네기(Andrew Carnegie)를 기념하여 1936년 설립되었다.

수상작은 플롯, 테마, 캐릭터성, 스타일 등을 중심으로 선정한다. 수상작에는 초등학생을 독자로 한 1957년 C. S. 루이스의 「마지막 전투」, 1959년 필리파 피러스의 「한밤중 톰의 정원에서」, 1982년 마거릿 마이의 「바니의 유령」, 청소년을 독자로 한 2010년 데이비드 아몬드의 「스켈리그」 등이 있다.

한밤중 톰의 정원에서(필리파 피어스 글/에디트 그림/김경희 역/길벗어린이, 2019)

바니의 유령(마거릿 마이 저/햇살과 나무꾼 역/비룡소, 2007)

(5) 케이트그린어웨이상

케이트그린어웨이상(Kate Greenaway Medal)은 영국 도서관 및 정보 전문가 협회에서 수여하는 어린이문학상이다. 이 상은 1955년부터 어린이를 위한 그림책을 대상으로 수여하는 상으로, 케이트 그린어웨이(Kate Greenaway)의 이름을 따서 지어졌다. 수상 기준은 예술적 스타일, 형식, 일러스트레이션과 텍스트의 시너지, 시각적 경험을 중심으로 한다.

수상작으로는 유아를 독자로 하는 1955년 수상작 에드워드 아디존의 「외톨이가 된 꼬마 팀」, 1963년 수상작 존 버닝햄의 「깃털 없는 기러기 보르카」, 영아가 독자인 1968년 수상작 에드워드 리어의 「쾅글왕글의 모자」가 있다. 또한 유아를 독자로 한 1971년 수상작인 존 버닝햄의 「검피 아저씨의 뱃놀이」, 앤서니 브라운의 1983년 「고릴라」와 1992년 수상작인 「동물원」이 있으며, 1991년 수상작인 앨런 앨버그의 「우체부와 크리스마스」가 있다. 이를 이어 유아를 독자로 한 1996년 헬렌 쿠퍼의 「난 안 잘 거야」, 2000년 수상작 로렌 차일드의 「난 토마토 절대 안 먹어」, 2005년 수상작 에밀리 그래빗의 「늑대들」, 2009년 수상작 「해리스의 커다란 발」 등이 있다. 또한 유아가 읽을 수 있는 2011년 수상작 그레이엄 베이커 스미스의 「아버지의 꿈」, 2013년 수상작 레비 핀폴드의 「블랙 독」이 있다. 유아가 독자인 2017년 수상작 레인 스미스의 「친구가 있어 앞으로 앞으로!」, 2018년 조앤 슈워츠의 「바닷가 탄광마을」, 2020년 수상작 마거릿 와일드의 「이젠 안녕」 등이 있다.

난 안 잘 거야(헬렌 쿠퍼 글 · 그림/정해왕 역/삼성출판사, 2003)

이젠 안녕(마거릿 와일드 글/천미나 역/프레야 블랙우드 그림/책과콩나무, 2010)

(6) 한스 크리스티안 안데르센상

어린이 문학계의 노벨상이라고 불리는 뉴베리 상이나 칼데콧상처럼 '한스 크리스티안 안데르센상(Hans Christian Andersen Awards)' 역시 노벨상으로 불리는 저명한 문학상이다. 이 상의 이름은 세계적인 동화작가 한스 크리스티안 안데르센의 이름을 따서 붙여졌다. 이 상은 1956년부터 스위스 바젤(Basel)에 사무국을 둔 '국제아동청소년도서협의회(IBBY: International Board on Books for Young People)'에서 주관한다. 한스 크리스티안 안데르센 상은 매년 봄 이탈리아에서 열리는 '볼로냐국제아동도서전'에서 발표되어 왔다.

수상작에는 만 4~5세 유아가 읽을 수 있는 1970년 수상작에 모리스 샌닥의 「괴물들이 사는 나라」, 앤서니 브라운의 「터널」, 「돼지책」, 1997년 엘세 홀메룬 미나릭의 「아빠 곰이 집으로 와요」, 2000년 수상작인 모리스 샌닥의 「꼬마 곰의 방문」 등이 있다. 또한 영유아가 독자인 2004년 로트라우트 수잔네 베르너의 「수잔네의 겨울」, 「수잔네의 가을」이 있다. 이를 이어 유아가 읽을 수 있는 2016년 로트라우트 수잔네 베르너의 「숯돌이 카르헨」, 2016년 차오원수엔의 「다른 표범을 본 적 있니?」, 2016년 H. 엔첸스베르거의 「빕스의 엉뚱한 소원」 등이 있다. 유아를 독자로 한 2016년 차오원쉬엔의 「용감한 내 친구 태엽 쥐」 등이 있다.

수잔네의 겨울(로트라우트 수잔네 베르너 저/윤혜정 역/보림, 2007)

돼지책(앤서니 브라운 글 · 그림/허은미 역/웅진주니어, 2001)

(7) 독일아동문학상

독일아동문학상은 1956년부터 국가가 문학 작품에 수여하는 유일한 상으로 독일아동청소년문학협회가 심사위원을 구성하여 수상작을 선정하고 독일연방정부가 시상한다. 수상 분야는 그림책, 실용도서, 아동도서, 청소년도서 부분이며, 수상작은 프랑크푸르트국제도서전에서 발표된다. 수상작에는 영유아를 대상으로 하는 1959년 마를렌 라이델의 「와! 신나는 세계여행」, 브리히터 민너의 「연필공주」, 2010년 유타 바우어의 「고함쟁이 엄마」가 있다.

와! 신나는 세계여행(마를렌 라이델 글 · 그림/한희진 역/책내음, 2012)

고함쟁이 엄마(유타 바우어 글 · 그림/이현정 역/비룡소, 2005)

토론 및 토의

영유아에게 문학 작품을 제공할 때 수상작이어야 한다./아니다.
그 이유를 들어 토론하시오.

Chapter 03

아동문학 이론과 발달

언어 예술로서의 문학에 관한 인식 위에서 20세기 문학 연구는 여러 가지 이론들의 토대 위에서 이루어졌다. 따라서 본장에서는 독자의 경험으로부터 의미를 만들어 내는 변화 지향적 행동을 강조하는 독자반응이론, 문학 작품을 생산해 낸 작가와 그가 속한 문화의 무의식에 주목하는 정신분석이론, 본능과 함께 유전적으로 전해지는 보편적인 심상인 원형이론, 문학 작품의 내적 구조에 주목하는 구조주의이론 등에 대하여 살펴보고자 한다.

또한 인간은 연령에 따라 혹은 개인차에 따라 발달의 차이를 보인다. 그러하기에 문학교육 역시 그에 맞추어 이루어져야 하며, 이에 따라 문학 활동이나 문학 작품이 제공되어야 한다. 이러한 까닭으로 발달이론과 문학에 대해서도 다루고자 한다.

1. 아동문학의 이론적 접근

1) 독자반응이론

(1) 독자반응이론의 개념

독자반응이론(reader-response theory)은 문학적 관점으로 독자의 능동성을 강조하며 독자의 경험으로부터 의미를 만들어 내는 변화 지향적 행동을 강조하고 있다. 과거에는 부분적으로만 독자의 존재를 의식하던 문학이론이 1930년대 독일의 문예이론가 로마 잉가든(Roman Ingarden)의 현상학적 예술 이론을 시작으로 본격적으로 문학 작품의 이해와 연구에서 독자의 중요성이 부각되기 시작하였다. 그 후 이 이론은 볼프강 이저(Wolfgang Iser)에 와서 논리적으로 확충되고 체계화되었다(차봉희, 1993).

이러한 독자반응이론의 특징은 작품이 지닌 가치가 작가 정신의 반영이긴 하지만 그 작품이 독자에 의해 읽히고 해석되고 감상되는 과정에서 반드시 작가의 의도와 일치한다고는 볼 수 없기 때문에 작품의 이해와 평가에 있어서 독자의 반응을 중시하는 데에 있다(권혁준, 1997). 로젠블렛(Rosenblatt, 1978)에 의하면 반응과 환기는 구별되어야 한다고 한다. 환기(evocation)는 독자가 본문을 읽으면서 심미적 교류를 하는 동안 자신의 언어적 · 문화 맥락적 삶의 과거 경험에서 생긴 아이디어, 감각, 느낌 이미지를 선택하여 그것을 새 경험인 환기된 본문, 즉 작품으로 종합하는 과정이다. 이에 반해 반응(response)은 심미적 작용을 하는 동안이나 나중에 생성되는 것으로 독자가 본문에 포함된 경험을 간접적으로 경험하고, 작품 속 인물과 동일시하거나 본문 속에 들어가 인물들과 갈등이나 느낌을 나누는 것을 말한다.

이렇듯 독자반응이론은 로젠블렛의 이론에 근거한 것으로, 본문(text)과 독자 사이의 상호작용을 통한 의미 형성을 강조하고, 독자인 유아의 능동적이고 개별적인 느낌과 문학적 경험을 중시하는 것을 통해 문학을 유아의 생활과 문화로 자리 잡게 한 독자 중심의 문학교육 방법이다.

(2) 읽기의 유형

유아는 그림책에 있는 의미를 나름대로 해석하여 받아들인다. 유아는 이미 언어 개념을 가지고 있지만 좋은 그림책을 볼 때 새롭게 터득될 수 있는 지식의 세계와 만나게 되며, 이것이 책과의 교류인 것이다. 이러한 읽기 개념을 전제로 로젠블렛(1982)은 정보추출적 읽기(efferent reading)와 심미적 읽기(aesthetic reading)의 유형을 제시하였으며, 두 가지 읽기 유형의 차이는 읽기를 하는 동안 독자가 갖고 있는 관심의 초점에 의해 구분된다.

정보추출적 읽기는 읽기를 할 때 신문이나 약 처방문, 과학적 논문을 읽을 때처럼 독자가 일차적으로 본문에 있는 아이디어나 정보에 관심의 초점을 두는 것을 말한다. 즉, 제목을 가지고 본문을 분석하는 것을 말한다. 이에 반해 심미적 읽기는 읽기를 하는 동안 시나 소설 등과 같은 문학적 본문을 읽을 때와 같이 본문에 대한 자신의 반응을 관찰하면서 교류를 할 경우를 의미한다. 즉, 교류에 의해 만들어진 경험에 관심의 초점을 두는 것이다(김선화, 2009).

정보추출적 읽기로 문학 작품을 읽으면 자세히 읽기와 같은 유형의 읽기 형태가 된다. 이는 본문 외적인 요소들을 배제하고 본문에 나와 있는 요소를 자세히 읽어 문학적 요소를 찾아내어 올바른 반응을 유도한다. 이와 같은 정보추출적 읽기의 특징은 다음과 같다(McGee, 1992).

첫째, 그림책의 특징에 주의를 기울이게 하고, 읽기를 통하여 획득하는 정보에 초점을 둔다.

둘째, 개별 단어의 의미에 초점을 두고, 글자 읽기를 통해 언어 구조에 관심을 집중시킨다.

셋째, 출판사나 작가 이름, 책의 특징을 통해 정보를 획득한다.

넷째, 글의 내용을 회상하는 등을 통해 글에서 정보를 획득한다.

다섯째, 문학적 요소나 배경과 같이 텍스트의 요소를 분석하고, 문학적 형식을 확인하는 텍스트 분해를 위한 자료로 문학을 이용한다.

그러나 로젠블렛은 두 가지 읽기 유형이 명확히 구분되는 것은 아니라고 하였다. 모든 읽기는 심미적 읽기와 정보추출적 읽기의 연속선상에 있기에 이 두 가지가 섞여 나타난다. 즉, 정보추출적 읽기를 할 때도 심미적인 요소를 포함할 수 있고, 심미적 읽기를 할 때도 정보추출적인 요소를 포함할 수 있다. 그럼에도 로젠블렛이 이 두 가지 읽기를 구분한 것은 심미적 읽기를 강조하기 위해서이며, 교사는 유아의 심미적 읽기를 격려해야 함을 강조하였다(Zarrillo & Cox, 1992).

심미적 읽기 교수 활동의 특징은 자발적으로 유아 스스로 읽을 책을 선택하는 데 있다. 또한 그림책의 재미있는 부분, 기억에 남는 이야기 줄거리를 회상해 보는 것을 유아 스스로 선택한다. 교사는 유아에게 그림책을 읽고 마음속에 남아 있는 것을 그림으로 그리게 하거나 행동으로 표현하기, 상상하는 기회를 제공한다. 이때 교사는 유아로 하여금 등장인물에 감정이입하거나 이야기 속으로 들어갔다고 상상하게 하고, 그 이야기를 그림으로 그리도록 유도한다. 유아가 읽은 그림책과 개인적 경험을 연관 짓게 하거나 다른 이야기, 다른 매체에서 본 것을 교류하게 한다. 유아는 그림책과 관련된 다른 이야기나 자신의 삶 속에 있었던 사건을 다시 생각해 보도록 자극을 받음으로써 개인마다 유일한 반응의 경험을 갖게 된다. 또한 등장인물의 행동이나 사건을 예측해 보게 하거나 그림책의 내용을 넘어 이야기를 확장해 나가게 된다(Zarrillo & Cox, 1992). 이와 같은 관점에서 볼 때 독자반응이론은 영유아문학교육의 실제에 가장 적합한 문학 이론의 하나라고 볼 수 있다.

〈표 3-1〉 **로젠블랫의 독자반응이론에의 읽기 유형**

정보추출식 읽기	심미적 읽기
지유: (증기기관차를 가리키며) 이 기차는 이름이 뭐지? 지원: 글쎄. (교통기관 책을 가리키며) 저 책에서 봤는데. 거기 기차가 많이 나와. 이름도 있고. 지유: 그래? 그럼 그 책에서 이름을 찾아봐야겠다. (지유가 교통기관 책을 넘기며) 어디 있지? 여기 있다. 증기기관차.	지원: (기차에 발을 올린 코끼리가 나온 장면을 보며) 코끼리가 불쌍해 보여. 지유: 기차에서 내리라니 너무해. 그러다 나쁜 사람들이 코끼리를 잡아가서 상아를 자르면 어떻게 해. 지원: 그러게. 나라면 태워 줄 거야.

출처: 이동건(2020).

(3) 독자반응 유형

동화에 대한 영유아의 이해와 반응 과정에서 저자가 텍스트를 통해서 의미를 전달하고 독자는 그것을 받아들이는 수동적인 존재로 여겨졌다. 독자반응접근법의 관점은 독자와 이야기의 텍스트 간 교류를 포함하는데, 독자는 텍스트가 제공하는 청사진에 개인적 경험을 불러내어 문학적 의미를 구성한다고 본다. 이러한 반응은 독자가 글을 재창조하고, 작품 속의 의미를 추출해 내는 활동으로 옳고 그름이 없고, 개인적이며 광범위하다.

로젠블랫은 본문과 독자가 이야기를 만들기 위해 상호 교류한다고 하면서 반응은 독자가 작품과 심리적 교류를 하는 동안이나 나중에 생성되는 것으로 보았다. 이러한 반응은 독자가 본문의 경험에 동참하고 등장인물과 동일시하거나 그들에 대한 갈등과 느낌을 나누는 것으로서 인지적 영역과 정의적 영역을 모두 포함한다.

1989년 로젠블랫은 책을 읽는 도중이나 읽은 후 일어날 수 있는 반응의 유형을 정보추출식 반응(efferent response)과 심미적 반응(aesthetic response)으로 제시하였다. 정보추출식 반응과 심미적 반응은 서로 상반되는 것이 아니라 상호 보완적인 관계다.

〈표 3-2〉 **로젠블랫의 독자반응 유형**

정보추출식 반응	• 독자가 텍스트로부터 정보를 얻을 때 일어난다. • 텍스트에서 얻을 수 있는 정보에 초점을 두어 일어나는 반응이다. • 독자가 정보를 얻거나 문제의 논리적인 해석과 행동수행 등에 관심이 있는 경우이다. • 이야기에 대한 몰입보다는 이야기를 통해 교훈과 해결책을 얻으려고 하며, 평가하는 지적인 반응을 경험하게 된다. • 독자는 책의 본문에만 관심이 있으며, 이야기를 정확하게 읽으려고 하고, 이야기의 줄거리를 요약하는 활동 등에 초점을 맞추는 반응을 한다.
심미적 반응	• 독자가 이야기를 감정적으로나 지적으로 깊이 맛봄으로써 텍스트를 체험할 때 일어난다. • 텍스트를 개인적으로 경험하는 데 초점을 둘 때 일어나는 반응이다. • 독자가 중심이 되어 읽는 동안 배경과 등장인물의 이미지를 창조하고, 읽은 후에도 이야기를 생생하게 경험하게 된다. 즉, 상상하고, 그림을 그리고, 연상하고, 확장시키고, 가설을 세우고, 회고하는 것 등을 포함한다. • 독자는 이야기 세계 자체에 몰입할 수 있으며, 이야기를 통해 자유로운 사상, 감정이입, 가상놀이가 가능해진다. 이때 독자는 대상이 불러일으키는 개인적 느낌, 아이디어, 태도 등 광범위한 요소들을 경험하게 된다.

출처: 이동건(2020).

〈표 3-3〉 로젠블랫의 독자반응이론에 기초한 읽기에서의 질문 유형

정보추출식 질문		심미적 질문	
인물	• 이렇게 한 것은 누구니? • 누가 나왔니?	상상 및 가정	• 만약 네가 ~였다면 어떻게 하겠니?
배경	• OO는 어디에서 살았니? • 어디에 있었니?	경험 회상	• 너는 전에 이런 일을 경험해 보았니?
사건	• 무슨 일이 일어났니? • 어떻게 했니?	추론	• OO는 왜 그렇게 하였을까?
순서	• 줄거리를 순서대로 이야기해 보겠니? • 그 다음에 어떤 일이 일어났니?	감정이입	• OO는 기분이 어땠을까?
결론	• 결국 어떻게 되었니?	느낌	• 동화를 듣고 난 후 느낀 점, 배운 점, 가장 기억에 남는 장면은 무엇이니?

출처: 이동건(2020).

(4) 로젠블랫의 독자반응이론에 기초한 그림책 활동

로젠블랫의 독자반응이론은 어린이의 문학적 경험을 독자와 본문 사이의 교류로 설명하며 유아가 그림책을 읽는 동안 본문의 내용을 해석하고, 본문의 내용은 그림책을 읽는 유아에게 반응을 일으킨다는 것이다(박문영, 2017). 이는 교사와 유아의 심미적 그림책 읽기 상호작용이 유아의 언어 · 사고 능력에 긍정적인 영향을 주며, 이러한 결과는 그림책을 기초로 가정해 보기, 연상해 보기, 상상해 보기 등의 심미적 읽기가 자극하기 때문이라고 하였다(이인선, 2005). 또한 교사와 유아의 그림책 함께 읽기 상황에서 유아는 문학 작품으로서의 반응보다는 이야기의 구성요소에 초점을 두고 반응하였으나, 점차 문학 작품으로서 반응하고 작가가 암시하는 추론적인 의미를 찾고자 하는 것으로 나타났다(김예연, 2002).

〈표 3-4〉 로젠플랫의 독자반응이론에 기초한 그림책 읽기 활동 방법 및 질문 내용

<table>
<tr><td>그림책 제목</td><td>셜리야! 물가에 가지마.</td><td>활동 일시</td><td>0000. 00. 00.</td></tr>
<tr><td>활동 자료</td><td colspan="3">『셜리야! 물가에 가지마.』 그림책</td></tr>
<tr><td>활동 목표</td><td colspan="3">• 그림책을 듣고 그 내용을 이해한다.
• 자신의 경험과 생각을 자유롭게 말해 본다.</td></tr>
<tr><td>그림책에 대한 생각 나누기</td><td colspan="3">• 유아들의 동기와 흥미를 유발시킬 수 있는 도입으로 유아들을 집중시킨다.
• 『셜리야! 물가에 가지마.』 그림책의 표지와 제목에 대해 이야기를 나누고 어떤 내용의 책인지 유추하여 본다.
– 이 책은 '셜리야! 물가에 가지마.'라는 책이에요.
– 책 표지에는 어떤 그림이 보이나요?
– 어떤 내용이 들어가 있을까요?
• 『셜리야! 물가에 가지마!』 그림책을 읽어 준다.</td></tr>
<tr><td>표상하기</td><td colspan="3">• 정보추출적 관점
– 이야기 속 등장하는 인물은 누가 있나요?
– 이야기 속 주인공은 무엇을 하고 있을까요?
– 이야기 속에서 무슨 일이 일어났나요?
• 심미적 관점
– 이야기 속 주인공의 기분은 어떨까요?
– 부모님은 어떤 상황일까요?
– 이 이야기 속 주인공이 나라면 어떨까요?
– 이야기 속 가장 기억에 남는 장면은 어디에요?
– 나에게도 이런 비슷한 경험이 있었나요?</td></tr>
<tr><td>공감 · 평가 하기</td><td colspan="3">• 다른 친구의 이야기를 듣고 느낌과 생각을 말해 본다.
– 친구의 이야기를 듣고 생각이나 느낌을 말해 볼까요?</td></tr>
</table>

출처: 박문영(2017).

2) 정신분석이론

정신분석학적 문학연구는 마치 작품 자체가 하나의 주체인 것처럼, 그것도 그 목소리에 귀 기울여야 할 유일한 주체인 것처럼 작품에게 질문을 던져야 한다(최애영, 심재중 역, 2001). 따라서 작품이 가지고 있는 외상을 찾기 위해 작품 속 인물과 이야기하고 작품 속 사건을 향해 분석자의 자세로 질문을 던져야 한다. 이는 텍스트 지향적 정신분석(조희숙 역, 2009)으로 작가를 정신분석하는 것이 아니라 작품을 하나의 반영물로 보고 작품 속 텍스트에 질문을 던지는 것을 의미한다. 또한 하나하나의 사건과 인물뿐 아니라 텍스트 전체가 던지는 문제에 대한 정신분석적 연구를 하는 것이다.

정신분석적 문학 연구를 위해서는 먼저 인간이 태어나서 자라 가는 과정 중에 느끼

는 충동에 대해 이해해야 한다. 충동은 욕구보다는 욕망의 지배를 받는다. 충동은 부분적인 신체 자극에 연원을 두고 있고, 그 자극은 긴장으로 나타난다. 충동의 목표는 불쾌로 간주되는 그 긴장을 리비도 에너지의 방출을 통해서 해소하는 것이고, 리비도 에너지의 방출이 바로 정확한 의미에서의 쾌락을 형성한다(최애영, 심재중 역, 2001). 충동은 원초적 감정들과 연결되어 있다. 이 원초적 감정의 가장 첫 순간이 탄생이다.

인간은 탄생 그 순간의 고통을 무의식 속에 간직하고 살아간다. 충동의 감정은 바로 이 원초적 고통의 감정을 리비도 에너지로 방출하므로, 이를 해소하기 위해 노력한다. 하지만 이 탄생의 고통은 우리의 무의식에서 존재한다(이미선 역, 2008).

한 사람의 정신에서 무의식의 작용은 광범위한 것이다. 의식에 속한 것은 없어지게 되지만, 무의식에 속한 것은 거의 변하지 않는다(임홍빈, 홍혜경 역, 1996). 따라서 무의식의 것을 의식으로 끌어올려 없어지게 해야 한다. 프로이드(Freud)에 있어서 무의식적 이라는 표현은 잠재적이고 의식화될 수 있는 말과 일치한다(윤희기, 박찬부 역, 1997). 즉, 무의식적인 것은 언제든 의식화될 수 있다. 그리고 무의식 속에 억압된 것들이 의식화될 때 외상은 사라지게 된다. 이러한 측면에서 권정생의 작품 『강아지 똥』은 존중받지 못한 아픔을 사실적으로 표현함으로써 그간 우리 사회 저변에서 무의식 속 외상으로 여러 질병을 일으키던 상처를 의식의 공간으로 올려 없어지게 하는 역할을 하였다(손정선, 2015). 강아지 똥은 참새에게, 그리고 병아리를 데리고 나온 닭에게도 자아존중감이 무너지는 아픔을 겪지만, 결국 민들레의 반짝이는 꽃을 피우기 위한 거름으로 쓰임을 받으며, 자아존중감도 높아지고, 아픔도 정화된다.

날아가던 참새 한 마리가 보더니
강아지 똥 곁에 내려 앉아 콕콕 쪼면서
"똥! 똥! 에그, 더러워……"
하면서 날아가 버렸어요.

"뭐야! 내가 똥이라고? 더럽다고?"
강아지 똥은 화도 나고 서러워서 눈물이 나왔어요.

강아지 똥(권정생 글/정승각 그림/길벗어린이, 1996)

3) 원형이론

원형(arche type)은 '원래 · 근원'을 뜻하는 아르케(arche)와 '유형 · 형식'을 뜻하는 type이 결합된 용어로 '원래의 유형'이라는 의미이다. 원형의 개념은 그리스 철학자 플라톤(Platon, BC 428~348)에 기원하는데, 그의 중심 사상은 원형 이론(theory of archetypes)이며, 이데아론(theory of ideas) 또는 형상 이론(theory of forms)이라고도 한다. 원형이론에 의하면, 일상 세계의 사물들의 원래의 모습은 초월적이며 완전한 원형 또는 이데아이며, 물질세계의 사물들은 그 원형들의 불완전한 복사체이다.

가장 완전한 형태의 원형 또는 이데아는 선의 이데아(form of the god)이고, 이 선의 이데아는 다른 모든 원형들 또는 이데아들이 나오는 근원이 된다. 융(Jung, 2016)은 원형(Archetype)이 초의식적 정신으로서 보편적이고 집단적인 내용들로 구성되며, 어디에나 존재하고, 변화하지 않으며, 동일한 정신 자체의 어떤 속성을 이룬다고 언급했다.

문학에서의 원형은 본능과 함께 유전적으로 전해지는 보편적인 심상으로, 민족이나 문화를 초월하여 설화, 신화, 문예, 의식 등의 주제나 모티프에 되풀이되어 나타나는 개념이다(김영래, 2020). 융은 이러한 원형이 표출된 사례로 신화나 민담을 들고 있다. 융의 '원형과 무의식'에 관한 이론은 신화학에 대한 이론적 근거가 된다.

원형(archetype)이라는 말은 융이 정신분석학의 중요한 개념으로 보편화시킨 용어이다. 원형은 원초적인 심상(이미지)이기 때문에 선험적인 것으로 존재하여 집단 무의식 속에 자리 잡고 있다. 융은 이렇게 인류의 가장 기본적인 경험은 유전자처럼 무의식중에 과거로부터 전수된다고 보았고, 인류가 태고 시대로부터 유전된 보편적인 심성을 집단 무의식이라 불렀다. 융은 수많은 사람의 꿈과 환상을 방대한 신화 · 민담 · 종교적 표상 등과 비교 연구함으로써 무의식을 증명했다. 이러한 원형의 재현에 대한 예로 이미지와 상징을 들 수 있다(유제상, 2013).

'신화(myth)'는 서양의 어원대로 풀이하면 '구전하는 이야기'라고 한다. 즉, 그리스어 미토스(mythos)는 영어의 mouth, 즉 '입'이라는 어원에서 유래되었다. 따라서 신화는 입에서 입으로 전해지는 이야기로, 한 집단이나 민족의 기원, 우주와 인간과의 관계, 민족이 살아남기 위한 투쟁, 지도 이념, 삶과 죽음, 인간의 미래 등 한 민족 내지 인류 전체의 가장 본질적인 문제들을 상징적으로 이야기한 것이다. 단군 이야기, 주몽 이야기, 박혁거세 이야기는 민족의 기원에 속하는 건국 신화에 속한다. 이 중『단군 이야기』는 유아를 독자로 한 문학 작품으로 우리나라의 민족의 기원과 최초의 국가 고조선에 대한 내용을 담은 이야기이다.

아주 먼 옛날 하느님의 아들 환웅은 땅으로 내려와 사람들에게 농사 짓는 법, 질병 다스리는 법 등을 가르치며 세상을 다스린다. 어느 날 곰과 호랑이가 환웅을 찾아와 사람이 되게 해 달라고 빌자 환웅은 쑥 한 다발과 마늘 스무 개를 주며 동굴 안에서 백 일 동안 쑥과 마늘만 먹고 지내라고 한다. 참을성이 부족한 호랑이는 중간에 뛰쳐나가고, 곰은 끝까지 참고 견뎌 아름다운 여인 '웅녀'가 되었다. 웅녀는 환웅과 결혼해 아기를 낳았는데, 그 아기가 바로 단군 왕검이다.

사람들이 모여 환웅과 웅녀의 결혼을 기뻐했어.
웅녀는 건강한 사내아이를 낳았어.
환웅은 아이를 안고 기뻐하며 사람들에게 알렸어.
"이 아이를 단군이라 부르리라."
단군은 아주 지혜롭고 용감하게 자라
살기 좋은 나라를 세우고 백성들을 잘 다스렸지.
단군이 세운 고조선은 우리 민족의 첫 나라였단다.

단군 이야기(양혜정 글/최현묵 그림/웅진씽크하우스, 2007)

또 다른 구전의 이야기로는 전설과 민담(설화)이 있다. 신화는 신과 인간과의 관계를 이야기하고, 전설(legend)은 주로 인간에 관한 이야기로 초인간적인 힘을 발휘하는 영웅들이 등장한다. 전설은 신화보다는 훨씬 사실적인데, 이는 실재하는 장소와, 시대, 인물을 구체적인 내용으로 하고 있어, 신빙성 있고 역사적 근거가 있다. 이에는 아기장수 이야기, 힘내기한 오뉘 이야기, 장자못 이야기 등이 있다.『영종도 아기장수』는 유아가 읽을 수 있는 문학 작품으로 전설의 특징인 장소나 인물이 구체적으로 나타나 있는 이야기이다. 아기장수는 서해 앞바다 작은 섬 영종도에 살고 있던 부부가 기도하여 얻은 아들로, 날개 달린 말이 배 속으로 들어오는 태몽 탓인지 자라면서 겨드랑이에 날개가 돋았고, 태어나면서부터 무릎에 비늘이 있는 평범하지 않은 아이이다.

그리고 한 달 두 달 세 달, 아홉 달이 지나고 열 달을 채우자 "으앙!"하고 우렁찬 소리와 함께 토실토실한 사내아이가 태어났어. 게다가 몸을 자세히 살펴보니 무릎에 비늘이 붙어 있지 뭐야.
'참으로 신기한 아이로구나.'
천지신명께서 나라를 지키고, 큰일을 할 훌륭한 사람을 주셨나 보다 하여 부부는 이름을 '아기장수'라고 지었어.

영종도 아기장수(한태희 글 · 그림/한림출판사, 2019)

민담은 영웅이 아닌 평범한 일반 민중 사이에 전해 내려오는 흥미 위주의 허구적 이야기로 대중적이다. 민담은 신화에 있는 신성성이 없고, 전설의 특징인 구체적 증거물과 사실성이 없다. 이는 민간에 오랜 세월을 두고 입에서 입으로 전해 내려오는 이야기, 노래, 격언, 무용, 제사 방식, 미신, 유희, 우주 만상에 대한 설명이나 속설 등 일체를 총칭한다. 또한 동화, 야담, 일화, 우화, 농담 등을 포함한다. 이러한 민담의 내용이 구전될 때에는 화자의 망각, 또는 그 밖의 이유로 첨삭이 더해진다. 민담은 재미와 교훈을 주기 위한 이야기로 시간과 장소, 증거물이 자세하지 않다. 예를 들면, 바보온달과 평강공주 이야기, 여우구슬 이야기, 콩쥐팥쥐 이야기, 호랑이와 곶감이야기, 선녀와 나무꾼 이야기, 견우와 직녀 이야기, 우렁 각시 이야기 등이 민담에 해당된다. 이 중 『선녀와 나무꾼』 이야기는 유아를 독자로 한 문학 작품으로, 나무꾼이 목숨을 구해 준 사슴이 은혜를 갚는다는 내용의 이야기이다.

나무꾼이 사냥꾼한테 쫓기던 사슴을 나무 더미 뒤에 숨겨줘 목숨을 구해 준다. 그에 대한 보답으로 사슴은 나무꾼의 소원을 들어준다. 나무꾼은 사슴의 말에 따라 선녀의 날개옷을 감추고 그녀를 아내로 삼는다.

어느 날, 나무꾼이 산에서 나무를 하고 있는데
사슴 한 마리가 헐레벌떡 뛰어왔어요.
"살려 주세요! 사냥꾼에게 쫓기고 있어요."
사슴은 나무꾼에게 눈물을 흘리며 애원했어요.
나무꾼은 사슴을 나뭇단 밑에 숨겨 주었어요.

선녀와 나무꾼(강원희 엮음/하의정 그림/지경사, 2008)

동서양을 막론하고 신화에 대해 여러 가지 의견이 존재하는데, 그중 하나는 '근거 없는 이야기'라는 것이고, 다른 하나는 '고대인의 인간과 우주에 대한 세계관'으로 간주하는 견해이다. 또 다른 견해는 '고대인이나 현대인 모두가 공유하는 인간성의 본질적 양상'으로 파악하는 것이다.

문학에서는 인류 문화 초창기에 전 세계적으로 발생한 신들의 이야기에 관심을 가진다. 이러한 신들의 이야기는 민담으로부터 서사시에 이르기까지 가장 사랑받는 문학적 소재가 되어 왔다(이상섭, 2000). 지금도 영웅전설과 신화가 꾸준히 창작되고 있다. 어떤 사물이나 낱말에 대해 떠오른 '이미지'가 반복해 나타나면 '은유(메타포)나 모티프'가 되고, 그 은유나 모티프가 자주 반복되면 '상징'이 되며, 상징이 지속적으로 반복된다면 '신화'로까지 의미가 확대될 수 있다(임은희, 2016).

- **이미지(image, 심상)**

이미지는 어떤 사물에 대하여 마음에 떠오르는 직관적 인상을 의미한다. 문학에서는 어떤 사물을 감각적으로 정신 속에 재생시키도록 자극하는 말을 뜻한다. 즉, 감각적 체험과 관계 있는 낱말은 모두 심상이 될 수 있다. 따라서 이미지는 머릿속에 그림을 그리게 하거나 무언가를 상상하게 만드는 힘이 있다. 문학에선 심상이 광범위하게 쓰이는데 세 종류로 나뉜다.

첫째, 마음에 떠오르는 감각적 재생으로서의 묘사적 심상이다. 말 그대로 문자적 심상을 일컫는다.

둘째, 문학에서 가장 보편적으로 통용되는 비유적 심상이다. 이는 어떤 말로 다른 말을 뜻하는 것으로, 시적 이미지가 여기에 해당한다. 비유에는 제유, 환유, 직유, 은유, 의인법, 알레고리 등의 여섯 종류가 있다.

셋째, 신화적 혹은 원형적 이미지가 있다. 심상은 한 작품 안이나 개인에게만 형성되지 않고 민족이나 인류 공통적인 상징체계와 연결되는데, 그것을 원형적 심상이라 한다.

- **모티프(motif)**

모티프는 예술작품에서 창작 동기가 되는 중심 제재나 생각을 일컫는다. 문학에서는 반복되어 나타나는 동일한 또는 유사한 낱말, 문구, 내용으로 볼 수 있다. 한 작품에서 나타날 수도 있고 한 작가 또는 한 시대, 한 장르에서 반복적 · 관습적으로 나타날 수도 있다. 예를 들면, 우리나라의 설화나 민속 문학 등에 이별의 모티프나 정한의 모티프로 두견새나 소쩍새가 자주 등장한다. 신화에서 말하는 원형적 심상도 모티프이고, 상징주의자들의 반복적인 상징도 모티프이다. 우주창조 신화, 영웅 탄생 신화, 제사, 종교의 풍습, 속죄양 모티프, 통과제의 모티프, 죽음과 재생 모티프, 사계의 순환 모티프 등은 작품 주제를 파악할 수 있는 주요한 단서가 되기도 한다.

• **메타포(metaphor)**

메타포는 숨겨서 비유하는 수사법인 까닭에 은유(隱喩) 또는 암유(暗喩)라고 한다. 이는 직유보다 한 단계 발전된 비유법으로, 사물의 본뜻을 표면에 드러내지 않고 은근히 암시하는 표현법이다. 메타포는 비교되는 두 대상이 서로 다른 범주에 속하지만 그 비교에 있어서 타당성과 설득력, 의외의 긴장감이 있어야 성립될 수 있다. 즉, 'A는 B다.'식의 어법으로, 예를 들면 '인생은 여행이다.'가 이에 해당된다. 메타포는 이질적인 것의 동일화가 이루어지기에 매우 강렬한 비유의 효과가 있다.

• **상징(symbol)**

상징은 추상적인 사실이나 생각, 느낌 등에 대하여 대표성을 띤 기호나 구체적인 사물로 나타내는 일을 의미한다. 숫자나 기하학의 도표 등을 가리키는 상징을 기호라 하고, 국기, 상표, 학교의 배지, 십자가 같은 종교의 표지 등은 일반적 기호와 구별하여 제도적 상징이라고 부른다. 또한 사물이 암시하는 또 다른 의미 영역을 나타내는 문학적 상징이 있다. 문학적 상징에는 확장된 비유라는 의미를 가진 알레고리 상징과 사람들의 보편적 심성 때문에 자연적으로 떠오르는 자연적 상징이 있다.

출처: 이상섭(2000).

4) 구조이론

문학에는 장르, 세대, 개별 작품을 총괄하는 체계가 존재한다. 이는 곧 구조라는 것인데, 구조이론에서는 개별 텍스트의 특수성보다는 보편적 구조에 관심을 갖는다. 그리고 무엇(what)보다는 어떻게(how)에 관심이 있다. 이렇듯 구조이론에서는 작품의 독자성보다는 체계가 중요시된다. 독자의 역할에 있어서도 이미 존재하는 구조를 찾는 역할만 주어지는 수동적인 위치에서 점차로 능동적인 역할로서 중요하게 여겨진다.

인류는 고대부터 많은 서사, 즉 이야기(narrative)를 축적해 왔다. 서사는 각기 다르지만 그 이야기의 내부에는 규칙이 있다. 이 규칙에 처음으로 관심을 표명한 사람은 러시아의 블라디미르 프로프이다. 프로프는 1928년 『민담의 형태론』이란 책을 통해 러시아의 민담에 공통적인 구조가 있음을 제시했다.

민담의 구조

- 가족 중 한 사람이 집을 떠난다.
- 주인공에게 금지 명령이 내려진다.
- 금지 명령을 위반한다.
- 악한이 정찰을 시도한다.
- 악한이 자신의 희생자에 대한 정보를 입수한다.
- 악한이 희생자의 재산을 뺏기 위해 희생자를 속인다.
- 어려운 과업이 주인공에게 주어진다.
- 주인공은 그 과업을 해결한다.
- 주인공이 인정받는다.
- 악한의 정체가 밝혀진다.
- 악한이 벌을 받는다.
- 주인공이 결혼을 하고 권좌에 오른다.

구조주의는 구조주의를 비판적으로 계승한 후기구조주의(post-structuralism)를 통해 이어졌다. 후기구조주의 교육이론의 '이야기'는 억압적인 이해나 합의를 목표로 하지 않고 이야기하고 듣는 그 자체를 목적으로 삼는다. 이야기하는 화자는 자신의 이야기를 재구성하고 다른 사람이 자신의 이야기를 듣는다는 자부심(self-esteem)을 느낀다. 듣는 청자는 다른 사람의 이야기를 있는 그대로 받아들이는 연습을 해야 한다. 이러한 '이야기'는 다양한 목소리와 경험을 있는 그대로 인정하고 존중하기 위해 다른 학습자나 다른 집단의 간섭 없이, 교사의 중재 없이 이루어진다.

엘스워스(Ellsworth)가 주장하는 의사소통의 형태는 '이야기(narrative)'이다. 다른 학습자들이나 다른 집단들의 간섭 없이 의사소통하는 이 이야기의 형태에는 단지 개인 경험의 이야기만이 아니라 집단적 상호작용 또는 집단 간 의사소통이 포함된다. 후기구조주의 교육이론의 '이야기'는 교실에서 의사소통의 한계를 인식하는 점에서 '대화'와 가장 큰 차이를 보인다. 개인보다는 집단의 문화 간 교류로 보이는 이야기는 개인이 스스럼없이 말할 수 있는 자유롭고 평등한 상황도, 경험도 아니므로 집단적 차원에서 이야기되며, 그 목적 역시 이해하기 위함이 아니라 단지 이야기하기 위함이다(이수정, 1999).

이렇듯 구조이론은 문학을 언어적 형식 혹은 언어적 구조로 보고, 문학 작품에 내재한 문학의 속성을 밝힌다. 그러하기에 문학의 형식 및 구조에 대한 관심을 바탕으로 문학을 대하며, 작가, 시대, 환경을 떠나 문학 작품 자체로 이해한다. 따라서 교사는 작품에 나타난 형식과 구조의 특징이 작품의 주제와 연관되도록 활동을 구성해야 한다.

2. 발달이론과 아동문학

인간은 연령에 따라 발달에 차이가 있다. 그러므로 문학을 접할 때에도 발달단계를 고려하여야 한다. 따라서 본문에서는 그 내용으로 발달단계에 따른 문학 작품에 대하여 살펴보고자 한다.

1) 피아제의 인지발달이론과 문학

피아제(Piaget)는 인간의 인지발달에 대하여 5단계로 제시했다. 이 단계는 정해진 순서를 따르며, 단계가 높아질수록 복잡한 인지발달 양상을 보인다. 문학 작품도 인지발달이 점차 복잡해짐에 따라 그에 맞게 제공되어야 한다. 여기에서는 3단계까지의 발달단계에 따른 문학 작품에 대하여 살펴보고자 한다.

(1) 감각운동기(sensorimotor period, 출생~만 2세)

감각운동기인 영아의 문학에는 성인의 역할이 더욱더 중요하다. 특히 교사는 영아가 문학과 가까이 할 수 있도록 하는 존재이다. 교사는 영아에게 전래동요나 동요를 들려주고 동시나 동화를 들려줄 수 있으며, 그림책을 보여 줄 수 있다. 책은 여러 모양의 재질과 밝은 색상, 영아가 부담스럽지 않은 적당한 크기로 된 것을 제공한다. 이를테면 물에 젖지 않은 재질이나 혹은 헝겊으로 된 책, 소리가 나는 책 등이 좋으며, 종이로 된 책은 모서리가 둥글게 처리되어 긁히지 않도록 한 것이 좋다. 이 시기에는 영아로 하여금 일상생활과 관련된 문학을 접하게 함으로써, 문학에 대한 기초를 형성하도록 도와주어야 한다. 이를테면 『말문이 탁 트이는 의성어 동시』는 일상에서 만나는 개구리, 나와 동생의 생리현상인 방귀, 양치하기, 잠자기, 배변하기, 식사하기 등을 그 내용으로 다룬다.

짝짝짝

변기에 앉아서 쪼르르 쉬.
잘했어요. 잘했어요. 짝짝짝.

보글보글 거품 내어 손을 싹싹싹.
잘했어요. 잘했어요. 짝짝짝

엄마손, 내 손, 짝을 맞추어
사랑해요, 사랑해요, 짝짝짝.

말문이 탁 트이는 의성어 동시(편집부 글 · 그림/애플비, 2011)

(2) 전 조작기(preoperational period, 만 2~7세)

전 조작기의 영유아는 여러 형태의 기호나 상징으로 표현이 가능한 시기이다. 즉, 상징적 사고가 가능한 시기인 것이다. 그래서 이 시기의 영유아는 빗자루로 말을 탈 수 있다. 인지발달이 진행됨에 따라 문학 속의 이야기에 대한 의미를 알게 된다. 이 시기에 다양한 문학 활동을 통해 자신의 느낌과 생각을 표현하는 기회를 갖도록 하는 것은 영유아의 문학적 태도를 함양하도록 이끈다. 이러한 과정을 통해 영유아는 언어 · 사회 · 정서 · 창의성이 발달한다.

이 시기의 영유아는 무슨 일이든 '내가' 하려고 하는 성향이 강하다. 따라서 자조기술 능력을 증진시킬 수 있는 문학 작품을 접하게 하는 것이 좋다. 『내가 내가 할래요!』는 주인공 루비가 차에서 내리기, 냉장고에서 우유 가져오기, 케첩 뿌리기, 양치질하기 등을 스스로 하는 내용을 다룬다. 『사소한 소원만 들어주는 두꺼비』는 주인공 훈이가 구해 준 두꺼비가 이를 보답하고자 사소한 소원을 들어준다고 한다. 하지만 두꺼비는 훈이가 말하는 다툰 친구의 마음 돌리기, 미술시간을 체육시간으로 바꾸는 것, 나물 반찬 대신 햄 반찬으로 바꾸기 등을 사소하지 않다며 거절한다. 이 작품을 통해서 유아는 다른 사람의 감정을 배려하기, 친구와 사이좋게 지내기, 질서를 존중하기, 규칙을 잘 지키기 등에 대한 중요성을 알게 된다.

내가 내가 할래요!(앤드류 대도 글/조너선 벤틀리 그림/이태영 역/키다리, 2008)

사소한 소원만 들어주는 두꺼비(전금자 글 · 그림/비룡소, 2017)

(3) 구체적 조작기(concrete operational period, 만 7~11세)

구체적 조작기의 아동은 문제 해결 능력과 기본적 논리가 발달된다. 그러하기에 다양한 과제를 해결할 수 있으며, 사고의 발달로 인해 여러 가지 관점으로 생각할 수 있다. 또한 구체적인 사물과 행위 사이의 관계성을 고려할 수 있다. 아동문학을 통하여 아동은 타인을 이해하고 수용하게 되며, 과거 · 현재 · 미래의 다른 아동의 삶에 대해 알게 된다. 이때에는 긴 이야기나 보다 복잡한 플롯을 지닌 문학을 접하게 한다. 『뉴키드』는 2020년 뉴베리 상 수상작으로 만화이다. 주인공인 조던은 자신이 원하지 않는 학교, 빈부 차이, 편견 등을 직면하면서 친구들과 소통하고, 진정한 우정을 형성하면서 다양한 관점을 갖게 된다.

만화 그리기를 좋아하는 조던에게 가고 싶어 하던 예술학교 대신 부모는 백인들이 대부분이고 유색인종의 학생은 몇 안 되는 명문 사립학교에 들어가 사회적 성공을 거두기를 바란다. 학교의 건물부터 친구들의 옷차림이 자신이 살던 세계와 다르다. 신입생(new kid)인 조던은 낯선 환경에서 혼란에 빠진다. 유색인종을 향한 편견과 보이지 않는 암묵적 규칙들을 알고 방황하지만 정체성을 잃지 않으려고 노력한다. 조던은 인종과 계층을 넘어 친구들과 우정을 쌓아 가며 넓은 시야를 갖게 된다. 좋은 관계를 맺으며 조던다운 삶을 살아가며 성장한다는 내용이다.

잘 가, 우리 아기.
자아아아…괜찮겠니?
그런 거 같아요.
아무도 널 우습게 보지 못하게 해라.

뉴 키드(제리 크래프트 저/조고은 역/보물창고, 2020)

2) 에릭슨의 심리사회적 발달이론과 문학

에릭슨(Erikson)은 인간이 전 생애에 걸쳐 발달이 이루어짐을 주장했다. 에릭슨의 인간 발달의 주요 개념은 자아정체감이다. 여기에서는 에릭슨의 사회심리적 발달 8단계 중 4단계까지를 문학과 관련하여 살펴보고자 한다.

(1) 신뢰감 대 불신감(출생~만 1세)

이 시기의 영아는 주양육자의 민감한 양육과 정서적 친밀감을 통해 신뢰감을 형성한다. 그러므로 영아에게 안정감을 줄 수 있는 리듬감이 있는 문학이 좋다. 예를 들면, 1947년 출간된 마거릿 와이즈 브라운의 『잘 자요 달님』이 있다. 『잘 자요 달님』은 아기 토끼 한 마리가 자신의 방에 있는 사물에게 밤 인사를 낱낱이 건넨 후 잠드는 이야기이다. 이 동화는 영아의 눈으로 사물을 바라보는 이야기로 영아로 하여금 사랑스러움과 포근함, 친근함을 느끼게 한다.

"쉿" 나지막이 속삭이는 할머니

잘 자요, 초록 방
잘 자요, 달님
잘 자요, 달을 뛰어넘는 암소
잘 자요, 스탠드
잘 자요, 빨간 풍선
잘 자요, 작은 곰들

잘 자요, 달님(마거릿 와이즈 브라운 글/클레먼트 허드 그림/시공주니어, 1999)

(2) 자율성 대 수치심과 회의감(만 1~3세)

이 시기의 영아는 자율적이고 창의적인 측면이 발달하게 된다. 자율성을 확장하기 위해 떼쓰기를 하는 시기이므로, 이에 교사는 이를 이해하고 수용하며, 새로운 것에 대한 탐색의 기회의 제공을 통해 영아의 자율감 발달을 증진시킬 수 있다. 영아를 위한 문학 활동을 진행할 때에도 영아로 하여금 다양한 문학 작품을 탐구하게 하고, 이를 통해 자율성과 자신에 대한 정체감을 발달시켜 나가도록 돕는다. 『우리 아기 오감발달 쿵쾅쿵쾅 공룡 사운드북』은 영아로 하여금 '공룡들이 어떤 소리를 냈을까?'에 대하여 탐색할 수 있는 문학 작품이다.

우리 아기 오감발달 쿵쾅쿵쾅 공룡 사운드북(샘 태플린 글/페데리카 아이오사 그림/어스본코리아, 2020)

(3) 주도성 대 죄책감(만 3~6세)

이 시기의 유아는 호기심을 가지고 놀이를 통해 활동의 범위를 확장해 간다. 또한 호기심을 가지고 사물을 조작하는 것을 즐겨한다. 이 시기의 유아는 자기 책임감을 깨닫기 시작하며, 대인관계 속에서 발생할 수 있는 여러 갈등을 이해하게 된다. 따라서 손으로 조작할 수 있는 팝업 형태의 작품이나 등장인물 간의 갈등을 해결해 나가는 등의 작품을 접하는 것이 좋다. 『무지개 물고기』는 감탄할 만한 외모를 가진 무지개 물고기가 친구들을 무시하다가 외톨이가 되어 쓸쓸하게 지내던 중 불가사리 아저씨를 거쳐 문어할머니에게 도움을 청하는 이야기이다.

무지개 물고기는 버럭 소리를 질렀어.
"내가 가장 아끼는 건데 널 달라고? 네가 뭔데 그래? 저리 비켜!"
파란 꼬마 물고기는 깜짝 놀라서 도망가 버렸지. 파란 꼬마 물고기는 어찌나 마음이 상했던지 친구들에게 그 일을 일러바쳤대. 그 뒤로는 아무도 무지개 물고기랑 놀려고 하지 않는 거야. 무지개 물고기가 다가오면 모두들 자리를 피해 버렸지.

무지개 물고기(마르쿠스 피스터 글 · 그림/공경희 역/시공주니어, 1999)

(4) 근면성 대 열등감(만 6~11세)

이 시기의 아동은 역동적이고 활동적이다. 또한 대인관계에서의 사회적 기술을 습득하는 시기이다. 그러므로 아동은 문학 작품의 등장인물들을 통해 원만한 대인관계를 위한 사회적 기술을 익힐 수 있다. 『하늘을 달리는 아이』는 부부간에 미워하고 말을 하지 않는 숙모와 숙부와 세 살부터 8년 동안 함께 가족으로 살면서 소통이 없는, 바람직하지 않은 인간관계 속에서의 생활을 벗어나는 제프리의 외침으로부터 시작되는 이야기이다.

세 살 때 사고로 부모를 잃은 제프리 라이오넬 매기는 8년 동안 서로 미워하며 말도 하지 않고, 모든 물건을 둘로 나누어 쓰는 숙모와 숙부의 집에서 생활하다가 어느 날 학교 음악회에서 말하라고 외치고는 그 길로 달려 나가 간 곳이 흑인들이 사는 동네다. 하지만 제프리의 세상에서는 인종 간의 갈등을 넘어서는 인간애로 가득 차 있다.

합창단 한가운데서 제프리는 숙모와 숙부를 가리키며 큰소리로 고함을 질렀다.

"말해요, 말해! 서로 말해요! 말해! 말해!"

하늘을 달리는 아이(제리 스피넬리 저/김율희 역/다른, 2007)

3. 영유아문학과 영유아 발달

영유아교육기관에서의 문학교육은 영유아에게 다양한 경험을 제공한다. 이를 통해 영유아는 전인적 발달을 이룰 수 있다. 문학 활동을 통해 영유아는 상상력, 창의력, 사회성, 정서, 도덕성, 인지, 언어 등의 측면이 발달한다. 일반적으로 영유아교육기관에서 행해지는 문학교육은 영유아의 발달에 적합한 동화, 동시, 동요, 동극 등이 대부분을 차지한다. 이러한 문학교육을 통하여 영유아의 듣기와 말하기, 그리고 점차로 읽기와 쓰기 등의 언어발달이 이루어진다. 문학은 영유아로 하여금 상상력을 발휘할 수 있도록 하며, 창의력과 감상력을 길러 준다. 문학은 또한 경험의 세계를 넓혀 준다.

문학은 영유아로 하여금 자신이 직면한 문제를 잘 이해할 수 있도록 도와준다(홍은숙, 2008). 영유아는 다양한 문학 작품의 등장인물과 상황들을 통한 간접경험을 함으로써 대인관계에 있어서 적합한 소통 능력이 향상되며, 다른 사람을 이해하고 수용하는 등의 사회성이 발달된다. 또한 영유아 자신과 비슷한 생각을 가지고 있거나 고민, 갈등에 부딪친 등장인물들이 문제를 해결해 가는 과정을 공감하면서 이를 자신들의 생활에 적용할 수 있게 된다. 즉, 자신의 생활 속에서 만나는 다양한 문제가 문학 작품에 나오는 또래들에게도 일어나고 있음을 보고 위안을 받는 동시에, 그 문제들이 해결되어져 가는 과정을 보면서 문제해결 능력을 기르게 된다.

토론 및 토의

유아기의 발달단계에 적합한 그림책을 선정하여 발달과의 관계성에 대하여 논의하시오.

2

PART

아동문학의 종류

Chapter 04

동요, 동시

이 장에서는 아동문학 중 동요와 동시의 유형, 특성 및 교육적 가치를 이해하고, 동시를 선정하여 문학적 · 예술적 · 교육적 특성 및 가치에 대해 살펴보고자 한다.

영유아문학에서 운문은 동요와 동시를 포함한다. 동요에는 전래동요와 창작동요가 포함되며, 동시에는 정형동시와 자유동시, 어린이 시조, 동화 시가 포함된다. 운문에 대하여 살펴보면 〈표 4-1〉과 같다.

〈표 4-1〉 운문의 유형과 종류

구분	유형	종류
운문	동요	전래동요, 창작동요
	동시	정형동시, 자유동시, 어린이 시조, 동화 시

1. 동요

우리나라 전래동요의 기원은 정확히 알 수 없으나, 전해지는 문헌에 의하면 가락국의 김수로왕 때 구지가에서 비롯되었음을 알 수 있다. 전래동요는 삼국시대의 향가인 서동요(薯童謠), 그리고 뒤이어 고려와 조선의 불교와 유교문화의 영향하에 보편화되었다(한용희, 1994).

전래동요는 시대의 흐름에 따라 소멸된 것도 있고 개작된 것도 있으나, 구전(口傳)에 의해 오늘날까지 불리는 노래를 전래동요라고 한다. 이후 수많은 전래동요들이 구전되어 오늘날까지 전해지는데 이 노래들은 우리의 전통음악어법으로 된 노래라고 할 수 있다. 개화기 이후 서양음악이 우리나라에 들어오면서 서양음악어법으로 창가가 등장하게 되고 1923년에 어린이잡지를 통해 창작동요가 발표되면서 창가와 창작동요로 이분화되었다. 오늘날의 동요는 음악어법에 상관없이 창작동요라고 할 수 있다(이성동, 2009).

1) 전래동요

(1) 전래동요(傳來童謠)의 정의

전래동요란 옛날 어린이들이 부르기 시작하여 오늘날까지 구전되어 여러 지역으로 널리 퍼진 노래이다. 전래동요는 민요의 일종으로 국악의 특징을 반영한다.

전래동요라는 단어는 '전래'와 '동요'의 합성어이다. 전래란 '조상 때부터 전해 내려온'이라는 의미를 가지고 있으며, 동요란 '어린이들의 생활 감정이나 심리를 표현한 정형시로, 형식상 음수율(음수율의 '음수'는 글자 수를 가리킨다. 예를 들어, 3 · 4조는 '3글자+ 4글자' 4 · 4 조는 '4글자+ 4글자'를 의미함)이 강화되어 음악성이 돋보이는 노래'를 말한다(표준국어대사전, 2017). 즉, 전래동요는 어린이들의 생활 감정이나 정서를 담은, 옛날부터 전해 내려온 어린이들의 가요이며(이은화, 이경우, 1994), 어린이의 꿈과 의식을 담은 노래이다(천영주, 2000).

음수율: 글자 수가 규칙적인 운율	음보율: 끊어 읽는 단위
4 · 3 음수율의 예)	4음보의 예)
나리나리 개나리 입에따다 물고요 병아리떼 종종종 봄나들이 갑니다 윤태호 작사, 권태호 작곡 〈봄나들이〉	태산(泰山)이 / 높다 하되 / 하늘 아래 / 뫼이로다. 오르고 / 또 오르면 / 못 오를 리 / 없건마는 사람이 / 제 아니 오르고 / 뫼만 높다 / 하더라. 양사언 〈태산이 높다하되〉

(2) 전래동요의 특징

전래동요는 어린이의 삶이 담긴 노래로 문화적 특성을 반영하고 있으며, 노래와 놀이, 말이 연합된 종합예술적인 특성을 지니고 있다(김혜정, 2010). 이러한 특성은 영유아로 하여금 문학에의 접근성을 용이하게 한다. 전래동요의 특징에 대하여 구체적으로 살펴보면 다음과 같다.

① 전래동요는 영유아들이 쉽게 따라 부를 수 있도록 2~3개의 단순한 음정으로 되어 있어 부르기 쉽다.
② 전래동요에는 우리 음악의 기본인 장단의 원리와 느낌이 고스란히 담겨져 있다. 또한 각 지역 민요를 구성하고 있는 대표적인 음계를 사용하여 우리 음악의 어법을 반영하고 있다.
③ 전래동요의 가사에는 영유아들이 주변에서 쉽게 접할 수 있는 그러한 다양한 소재와 전통적인 정서를 담고 있다. 이를테면 부모에 대한 사랑, 형제에 대한 우애, 친구 간의 우정, 해 · 달 · 별 · 바람 등의 천체에서부터 나무, 그리고 새와 곤충 등의 동물에 이르기까지 자연과 주위 환경에 대한 묘사가 노랫말에 들어 있다. 그리고 그 내용은 밝고 긍정적이며, 친자연적이다.
④ 전래동요는 정형화된 것이 아닌, 입에서 입으로 전해 내려온 특성 때문에 늘 변화한다. 불리는 장소에 따라, 부르는 사람에 따라, 시기에 따라 그 노랫말이 변해 강한 생명력이 되어 전승되어 왔다.
⑤ 전래동요는 목적을 위한 기능적인 역할을 담당한다. 대부분의 노래가 간단한 손유희에서부터 개별 또는 집단놀이의 형태를 지니며, 간단하게는 박자를 맞추거나 흥을 돋구는 목적부터 무언가의 행위를 하기 위한 목적으로 불려졌다. 이러한 놀이는 노래를 통해, 노래는 놀이를 통해 이어져 내려왔다.

이와 같이 전래동요는 영유아의 일상과 놀이를 소재로 형성되었다는 점에서 유아의 흥미를 이끌 수 있다. 따라서 교사는 전래동요를 통해 영유아에게 보다 직접적이고 광범위한 문학 체험의 기회를 제공할 수 있다(정수지, 박형신, 2016).

(3) 전래동요의 교육적 의의

영유아는 전래동요를 통해 우리나라 고유의 어법과 문화를 인식하게 되고, 이러한 과정에서 정체성을 형성할 수 있다. 전래동요의 교육적 의의에 대하여 구체적으로 살펴보면 다음과 같다.

① 유아들에게 즐거움을 준다. 전래동요에는 여러 가지 유형의 반복적 특징이 있는데, 이러한 반복적 요소는 유아의 기억력과 이해력을 돕고 즐거움을 준다.
② 유아의 언어 발달을 돕는다. 유아들이 전래동요들을 부르는 가운데 유아들은 어휘력이 키워질 뿐만 아니라 어휘의 개념을 파악할 수 있으며, 관련된 언어에 대한 인식이 넓어진다.
③ 유아에게 간접경험의 폭을 넓혀 준다. 다양한 소재를 가진 전래동요는 유아들에게 경험의 폭을 넓혀 주며, 현실 세계의 한계를 벗어날 수 있게 해 준다. 이에 더하여 가족애, 효심, 우정, 애국심 등이 증진된다.
④ 유아의 사회성 발달을 돕는다. 한국 전래동요 가운데에는 놀이하면서 부르는 노래를 많이 찾아볼 수 있는데, 이러한 동요는 단합심, 협동심, 승부감 등을 일으켜 주기 때문에 사회성을 배가시킬 수가 있다.
⑤ 유아의 신체적 발달을 돕는다. 유아들은 대근육과 소근육을 이용하여 소공간 및 대공간에서 전래동요 놀이를 활용하는 가운데 신체 발달이 증진된다.
⑥ 유아에게 음악적 경험을 제공한다. 한국 전래동요가 지니고 있는 리듬과 선율은 타국의 것과 비교하여 훨씬 세련되고, 예술성이 뛰어나며, 차원이 높다.
⑦ 유아의 창의성을 개발할 수 있다. 전래동요에 있는 자연 발생된 이야기, 리듬과 멜로디는 영유아의 연령, 때, 장소에 따라 즉흥적으로 창조됨으로써 영유아의 개념 형성에 도움이 된다. 전래동요는 즉흥적으로 만들어지기에 또한 창의적이다.
⑧ 유아에게 한겨레의 고유한 정신과 문화를 계승, 발전할 수 있는 기회를 제공한다.

이와 같이 전래동요는 영유아의 인성을 비롯한 제 발달의 증진과 관계가 깊다. 따라서 교사는 전래동요를 활용한 교육을 통해 영유아의 발달을 지원하며, 영유아로 하여금 예로부터 지금에 이르기까지의 영유아문학을 접할 수 있도록 기회를 제공해야 한다.

(4) 전래동요의 예

(1) 기능 동요	① 놀이동요, 말놀이 동요: 놀이를 순조롭게 진행하며 흥을 돋워 즐거움을 고조시키려는 오락적 기능을 지닌 동요이다. 예) 「꼬부랑 할머니」	꼬부랑 할머니 꼬부랑 할머니가 꼬부랑 고갯길을 꼬부랑 꼬부랑 넘어가고 있네 꼬부랑 꼬부랑 꼬부랑 꼬부랑 고개는 열두 고개 고개를 고개를 넘어간다
	② 일놀이 동요: 일할 때 부르는 노동적 기능을 지닌 동요이다. 예) 「방아야, 방아야」	방아야, 방아야 아침먹게 찧어라~ 저녁먹게 찧어라~ 떡국먹게 찧어라~ 송편먹게 찧어라~ 쿵덕쿵덕 찧어라~ 안내지면 진다~ 가위바위 보~
	③ 주술적 소망을 담은 동요: 초자연적 힘을 빌려 아동의 요구대로 변화할 것을 믿는 동요이다. 예) 까치야, 까치야	까치야, 까치야 까치야 까치야 헌이 줄게 새 이 다오 까치야 까치야 헌이 줄게 새 이 다오 까치야 까치야 헌이 줄게 새 이 다오
(2) 비기능 동요	자연현상과 사물, 인간 생활, 동물을 소재로 한 동요이다. 예) 「맹꽁이」	맹꽁이 가벼우냐 맹꽁, 무겁대 맹꽁 무거우냐 맹꽁, 가볍다 맹꽁 추우냐 맹꽁, 덥다 맹꽁 덥냐 맹꽁, 춥다 맹꽁

2) 창작동요

(1) 창작동요의 정의

창작동요(Creative Children's Songs)는 어린이를 위해서 창작한 노래로, 창작동요의 초기 형태는 어린아이들의 감정이나 생각을 담아서 표현한 문학이었으나 현대에 이르러서는 거의 음악작품으로 인식하고 있다. 창작동요는 역사적으로 많은 고난을 겪어 온 시대적 상황을 거치면서 민족 고유의 감정과 시대상이 고스란히 담겨 있으며(정선영, 김영연, 2008), 시대의 흐름에 따른 사회상을 반영하고 있다.

창작동요는 영유아들에게 선율과 노랫말을 통해 음악적 감수성을 향상시키고 올바른 심성의 세계로 이끌어 주는 데 도움을 준다. 창작동요의 가사는 처음에는 주로 자연과 놀이를 주제로 한 내용이 많이 등장하였으나 현대에 와서는 다양한 소재의 가사가 많이 쓰이고 있다. 창작동요의 내용은 놀이로 부르는 동요, 어른들이 의도적으로 의식적 · 교육적 내용을 창작한 동요, 단순하면서 재미있는 이야기를 표현하는 동요, 유아들에게 말을 익히기 위한 목적으로 들려주는 동요 등으로 나누고 있다(김보은, 2008).

(2) 창작동요의 특징

영유아가 부르는 창작동요는 영유아의 삶이 담겨 있어 영유아로 하여금 문학에 대하여 친근감이 느껴지도록 하며, 리듬이 쉽고 간단하며 반복되는 것이 좋다. 창작동요의 특징에 대하여 살펴보면 다음과 같다.

① 선명한 리듬이 있어야 한다.

② 노래로 불려질 수 있어야 한다.

③ 내용이 소박하면서도 복잡하지 않아야 한다. 즉, 동요는 음수율이 있기 때문에 리듬감을 살리면서 읊을 수 있고, 소박하면서 복잡하지 않은 내용이 리듬을 통해 쉽게 전달되기 때문에 노래로 불려질 수 있다.

(3) 창작동요의 교육적 의의

창작동요는 영유아의 세계와 관련된 언어로 이루어진다. 즉, 영유아의 일상과 바라는 것 등이 쉬운 가사에 담겨 있으며, 이러한 노랫말은 영유아를 행복하고 즐거운 문학의 세계로 들어가게 한다. 창작동요의 교육적 의의에 대하여 살펴보면 다음과 같다.

① 창작동요를 즐거운 분위기에서 노래함으로써 행복감과 음악적인 감동을 통해 풍부한 정서와 음악성이 발달한다.

② 창작동요를 부르면서 자신의 느낌과 감정을 표현하고, 자신의 부정적인 감정을 발산하거나 억제함으로써 감정의 균형을 유지하는 능력을 기른다.

③ 친구들과 함께 창작동요를 부르고, 소리를 어울리게 맞추며 조화를 이루는 과정을 통해 사회성이 발달한다.

④ 창작동요를 부르면서 영유아의 지각, 기억력, 상상력, 사고력 등의 뇌기능을 촉

진함으로써 영유아의 인지능력, 언어능력, 창의력이 향상된다.

⑤ 다양한 창작동요를 듣고 불러 보는 기회를 통해 청각의 민감성과 심폐기능이 향상된다.

(4) 창작동요의 예

손을 깨끗이

곽영석 작사
황옥경 작곡

손을 씻어요 깨끗이 친구하고 놀다 올 때는
손을 씻어요 깨끗이 집에 와서는 언제나

개구리

유금옥 작사
황옥경 작곡

개굴개굴 개구리 개구쟁이 개구리
풍덩풍덩 연못으로 으라차차 뛰어든다
옷도 벗지 않고서 그냥 뛰어든다
아마 집에 가면은 엄마한테 혼날 걸

2. 동시

1) 동시의 정의

'동시'라는 말은 '아이'라는 뜻의 '동(童)'과 '생각'이라는 뜻의 '시(詩)'의 결합어이다(고문숙, 임영심, 1999). '동시'라는 용어가 처음으로 사용된 것은 1933년 윤석중의 『잃어버린 댕기』라는 작품집을 출판하면서 '윤석중 동시집 제1집'이라는 부제를 달면서

부터이다(고금순, 2001 재인용). 동시란 성인이나 어린이가 동심을 바탕으로 하여 자신의 생각과 감정을 함축적이고 운율 있는 언어로 표현한 글이다.

2) 동시의 특징

유아의 발달단계에 적합한 동시는 유아의 흥미를 불러일으킨다. 동시는 유아가 즐겁게 감상할 수 있는 언어적 요소를 담은 시어들로 구성되어 있고, 유아가 이해하기 쉬운 내용과 짤막한 글로 이루어져 있기에 유아에게 소중한 문학 경험이 될 수 있다(한승희, 2004). 동시의 특징을 구체적으로 살펴보면 다음과 같다.

첫째, 동시에는 소리와 운율에 따른 음악성이 있다. 동시는 언어적 간결성과 강세, 리듬, 운율 등이 잘 맞추어져 있어 읽는 사람에게 강한 반응을 이끌어 낸다(Collie & Slater, 1987).

둘째, 동시는 유아들의 일상생활 체험에서 나온 갖가지 생각과 느낌을 구체적으로 표현하였기에 유아들로 하여금 더욱 흥미를 가지도록 이끈다(배경자, 2018).

셋째, 동시는 유아의 동심을 은유적이고 함축적인 언어로 표현하였기에, 동시 감상은 유아들의 언어적 감수성을 증진시킨다(이상금, 장영희, 1986).

넷째, 동시는 상징적 언어들을 많이 사용하고 있어서 유아들의 상상을 불러일으킨다(이경우, 이은화, 1994).

다섯째, 동시는 유아들의 생활경험에서 나온 여러 가지 의미들을 언어로 표현하여 유아들의 정서와 사고가 반영되어 유아들이 가장 쉽게 이해할 수 있는 글의 형식이다(배경자, 2018).

3) 동시의 교육적 의의

동시는 영유아에게 있어서 모국어의 아름다움을 느낄 수 있게 하는 문학 작품이다. 따라서 영유아는 동시를 통하여 감상과 표현 능력을 기르게 된다. 동시의 교육적 의의에 대하여 살펴보면 다음과 같다(김현희, 박상희, 1999).

첫째, 동시는 우리말의 아름다움을 느낄 수 있는 가장 좋은 문학 장르이다.

둘째, 동시의 리듬과 운율을 통해서 감각적인 즐거움을 경험한다.

셋째, 동시를 읽고 들으면서 정서적으로 풍부한 경험을 하게 된다.

넷째, 동시는 감성과 상상력을 고무시킴으로써 전인적 교육의 기초를 마련한다.

다섯째, 동시의 가장 잘 선택되고 함축된 시어를 접함으로써 언어의 아름다운 기능을 배운다.

여섯째, 동시는 자연과 사물, 삶에 대하여 올바르고 날카로운 통찰력을 기르도록 도와준다.

일곱째, 동시는 자신의 감정을 자연스럽고 정확하게 표현할 수 있도록 도와준다.

4) 동시의 요소

(1) 주제와 소재

영유아가 이해하고 공감할 수 있는 것으로 가족, 자연, 동식물, 일상생활의 경험과 관련된 것이 많다.

(2) 운율

동시의 음성적 형식, 음의 강약, 장단, 고저, 동음이나 유음의 반복으로 이루어지는 리듬을 말한다.

(3) 비유

어떤 현상이나 사물에 직접 설명하지 않고 다른 비슷한 현상이나 사물에 빗대어서 표현하는 방법으로, 시인은 비유를 통해 자신의 조각난 경험들을 통합한다.

(4) 어조

동시는 짧고 적은 말 수로 소원, 신념, 정서, 태도 등을 전달한다. 아기를 보는 엄마 눈과 엄마를 보는 아기 눈에서 엄마와 아기의 사랑과 신뢰가 진하게 느껴진다.

예) 주고도/주고도/또 주고픈/ 엄마 눈/ 받고도/받고도/또 받고픈/ 아기 눈

(5) 이미지

시어는 시에 쓰인 말을 가리키는 것으로, 시를 듣고 읽으면서 영유아는 빛깔, 맛, 모양, 소리, 촉각, 향기 등의 인상을 떠올리게 된다. 시어를 통해 그림을 보는 듯한 느낌이 드는, 즉 심상이 형성된다.

예) 시어 '파도'는 시각적 이미지를 청각적 이미지로 연결시켜 영유아로 하여금 공감각적으로 시를 즐길 수 있게 한다.

5) 영유아에게 적합한 동시의 선택 기준

첫째, 영유아가 흥미를 느낄 수 있는가?

둘째, 운율과 리듬감을 가졌는가?

셋째, 동적인 묘사와 감각적이고 상상력이 풍부한 언어로 지어졌는가?

넷째, 동시의 주제가 색다르고 일상생활에 새로운 의미를 부여하는가?

다섯째, 영유아의 경험을 반영한 소재나 주제, 내용을 다루었는가?

여섯째, 기억하기 좋을 정도로 간결하고 짧은가?

일곱째, 유머와 해학이 있는 내용인가?

여덟째, 단어와 문장이 영유아의 발달 수준에 적합한가?

6) 동시의 예

<table>
<tr>
<td>(1)
정형
동시</td>
<td>– 4.4조나 7.5조의 일정한 음수율을 지키면서 창작된 동시로 동요로 불리던 음악성 위주의 시가 정형동시의 가장 많은 부분을 차지한다.
– 전통적인 시조 작법에 바탕을 두고 창작된 동시조와 전래동요도 포함된다.
– 정해진 글자 수나 행수, 운율을 지키는 외재율에 의해 음악성을 나타내는 동시이다.
– 윤석중 「초승달」, 윤극영 「반달」, 이원수 「고향의봄」</td>
<td>초승달
–윤석중–

달달 초승달로
무얼 만들까?

달달 초승달로
활을 만들지.

달달 초승달로
무얼 만들까?

달달 초승달로
낫을 만들지.</td>
</tr>
<tr>
<td>2)
자유
동시</td>
<td>– 자유동시는 내재율에 의해 음악성이 나타나는 동시이다.
– 자유로운 형식 속에서 나름대로의 리듬을 지닌다.
– 글자 수나 행가름, 운율의 정형적 구조들에 제한이 없이 자유로운 글자 수와 행수 또는 운율을 취하는 시를 말한다.
– 박목월 「엄마하고」</td>
<td>엄마하고
–박목월–

엄마하고 길을 가면
나는 키가 커진다

엄마하고 얘길하면
나는 말이 술술 나온다

그리고 엄마하고 자면 나는
자면서도 엄마를 꿈에 보게 된다

참말이야,
엄마는 내가
자면서도 빙그레
웃는다고 하셨어</td>
</tr>
<tr>
<td>3)
동화–시</td>
<td>– 동화의 성격을 띠는 시</td>
<td>맛있게 냠냠
–이민주–

맛있게 먹어요 냠냠
골고루 먹어요 냠냠
두부 김치 나물 꼭꼭 씹어 꿀꺽
몸도 튼튼 마음도 튼튼
맛있게 먹어요 냠냠
바르게 먹어요 냠냠
숟가락 친구랑 젓가락 친구랑
맛있고 즐거운 식사 시간</td>
</tr>
</table>

토론 및 토의

영유아에게 적절한 동시 선택 기준에 대하여 논의하시오.

Chapter 05

전래동화, 환상동화, 사실동화

이 장에서는 아동문학 중 전래동화, 환상동화, 사실동화의 유형, 특성 및 교육적 가치를 이해하고, 각 동화를 선정하여 문학적 · 예술적 · 교육적 특성 및 가치에 대해 고찰하고자 한다.

영유아문학에서 산문은 전래동화(옛이야기, 전승문학), 창작동화, 동극, 정보그림책이 포함된다. 전래동화(옛이야기, 전승문학)에는 민담, 전설, 신화, 우화가 포함되며, 창작동화에는 환상동화와 사실(생활)동화가 포함된다. 그리고 동극에는 극본과 시나리오가 정보그림책에는 전기, 어린이 백과사전, 학습용 도서가 포함된다. 산문의 유형을 정리해 보면 〈표 5-1〉과 같다.

〈표 5-1〉 산문의 유형과 종류

구분	유형	종류
산문	전래동화(옛이야기, 전승문학)	민담, 전설, 신화, 우화
	창작동화	환상동화, 사실동화
	동극	극본, 시나리오
	정보그림책	전기, 어린이 백과사전, 학습용 도서

※ 전승문학[傳承文學]: 비석에 새긴 것처럼 오래도록, 입에서 입으로 전해 내려오는 문학

1. 전래동화

1) 전래동화의 정의

전래동화는 고대의 신화, 전설, 우화에서 중세의 설화를 거쳐 근대에 이르기까지 사람들의 입에서 입으로 구전되어 전승, 발전되어 온 전승문학(=구비 문학, 구전문학, 옛이야기)의 한 형태이다. 전래동화는 전승문학의 한 유형으로, 민담이나 전설, 신화, 우화와 같은 설화의 한 형태 속에서 그 상징적 · 심리적 의미를 포착해 동심의 수준에 맞게 개작 또는 재화한 문학이다.

2) 전래동화의 특성

전래동화는 민간에 발생한, 소박한 민중과 그 자녀를 위한 이야기이다. 전래동화에는 다음과 같은 특성이 있다.

첫째, 주제는 주로 권선징악의 도덕률과 인과응보의 인과율을 다룬다.

※ 권선징악[勸善懲惡]: 착한 일을 권장하고 악한 일을 징계함

※ 인과응보[因果應報]: 선을 행하면 선의 결과가, 악을 행하면 악의 결과가 반드시 뒤따름

둘째, 등장인물은 전형적이거나 또는 대립되는 성격으로 그려진다(예, 흥부와 놀부, 콩쥐와 팥쥐 등).

셋째, 배경이 사건전개에 큰 영향을 미치지 않는다.

넷째, 문체는 단순하고 군더더기가 없다. 입에서 입으로 전해 내려왔으므로 이야기의 분위기와 문체가 시대에 따라 전달하기 쉬운 형식으로 변형되어 왔다.

이와 같이 전래동화 속에서의 믿을 수 없는 일들이 자연스럽게 일어나는 것, 이상한 세계 속에서의 극적인 사건, 유머와 사랑 등은 영유아의 상상력을 만족시켜 준다(이상금, 장영희, 2001). 전래동화는 대개 "옛날 옛적에"로 시작하여 선한 주인공과 악한 주인공이 등장하고, 전형적으로 단선적 형식의 구성을 따른다.

3) 전래동화의 교육적 의의

전래동화를 통한 문학 경험은 옛 시기에 대한 영유아의 상상력을 불러일으키고, 거기에서 오는 만족감을 크게 느낄 수 있게 한다. 이러한 과정에서 영유아는 문학에 대한 이해를 증진시키며, 이를 통해 더 깊이 감상하게 되고, 이를 적절하게 표현할 수 있게 된다. 전래동화의 교육적 의의에 대하여 살펴보면 다음과 같다.

첫째, 전래동화는 구비 문학이라는 특징상 옛 우리어가 자주 등장한다. 예를 들면, '팥죽할머니와 호랑이'에서 나그네, 멍석, 지게와 같은 우리 조상들이 사용하던 도구를 지칭하는 어휘가 등장하기도 한다. 이 같이 옛 우리말을 경험하고 이해하는 것은 영유아로 하여금 전통문화에 대한 이해를 돕게 하여 직접 경험하지 않아도 타인을 이해할 수 있는 조망수용능력이 증진된다.

팥죽할머니와 호랑이(이미애 글/김미정 그림/아이북스, 2007)

둘째, 전래동화의 주제는 권선징악, 존중, 배려, 인과응보 등으로 선과 악의 대립이 분명하다. 전래동화 속의 비현실적인 줄거리 전개는 영유아들의 흥미를 일깨우기에 충분하고, 자연스럽게 도덕적인 가치관을 형성하도록 이끈다. 예를 들어, 「흥부와 놀부」는 「형제애」를, 「효녀 심청전」은 '효'를, 「콩쥐 팥쥐」는 '존중과 배려' 등을 주제로 하며, 이를 통해 영유아들은 인성의 핵심 덕목인 존중, 배려, 질서, 효, 나눔, 협력 등에 대해 습득하게 된다.

흥부와 놀부(백은영 글/서선미 그림/예림아이, 2012)

셋째, 전래동화는 바람직한 인간상을 형성하도록 돕는다. 인간은 바른 언어와 사고를 가지고 고난을 극복할 수 있는 의지를 지니고 있으며, 다른 사람을 배려하는 따뜻한 마음씨와 원만한 인간관계를 맺으며 살아간다. 예를 들어, 「콩쥐 팥쥐전」에서 콩쥐는 어렵고 힘든 상황이었지만 항상 따뜻한 마음을 가지고 새엄마와 언니를 대해 주었고, 이후에 고을의 사또와 결혼하여 행복하게 산다.

콩쥐 팥쥐전(정미선 글/애플비, 2012)

넷째, 전래동화는 모든 사람이 가지는 생리적 욕구, 안전의 욕구 등 기본적인 욕구뿐 아니라 사랑하고 싶고, 사랑받고 싶은 욕구, 어떤 일이든 유능하게 성취하고 싶은 욕구까지 다양한 이야기의 소재로 유아의 욕구를 대신 해소해 준다. 예를 들어, 「해님 달님」에서 오누이는 호랑이에게 잡혀 먹지 않기 위해서 동아줄을 타고 하늘로 올라가 해님과 달님이 된다.

해님 달님(송재찬 글/이종미 그림/국민서관, 2004)

4) 전래동화의 종류

전래동화는 일반적으로 권선징악과 인과응보의 결말로 마무리되는 경우가 많다. 즉, 악한 주인공은 벌을 받고, 선한 주인공은 행복해진다. 이 같은 전래동화에는 민담, 신화 및 전설, 우화 등이 포함되며, 이에 대하여 살펴보면 다음과 같다.

(1) 민담(民譚)

민담(Folk tales)은 옛날부터 입에서 입으로 전해 내려온 옛이야기이다. 민담은 전설과 다르게 자세한 시간과 장소, 증거물 등이 나오지 않으며, 같은 내용의 민담도 이야기를 전하는 사람의 말솜씨나 장소의 분위기에 따라 조금씩 다르게 전해지기도 한다. 민담에는 백성들의 슬픔과 기쁨이 깃들어 있어 재미와 교훈을 얻을 수 있고, 우리 조상들의 지혜를 엿볼 수 있다. 민담에는「팥죽할머니와 호랑이」,「우렁 각시」,「아기돼지 삼형제」등이 있다.

팥죽할머니와 호랑이
(조대인 글/최숙희 그림/
보림, 1997)

(2) 우화(寓話)

우화(Fable)는 사람처럼 행동하고 말하는 동물들을 주인공으로 삼으며, 인간의 어리석음과 약점을 부각시키기 위해 지어낸 이야기이다. 우화에는 윤리적 가르침이나 행동에 대한 교훈이 이야기 속에 들어 있으며, 그 교훈은 대개 끝부분에 명시된다. 서구의 우화 전통은 사실상 이솝 우화에서 시작되었다(BC 6세기). 잘 알려진 이솝우화에는「여우와 신포도」,「토끼와 거북이」등이 있다.

여우와 신포도(김도담 저/
봄미디어, 2019)

(3) 신화(神話)

신화(mythology)는 신들의 이야기를 다루며, 생명의 기원 그리고 종교의식 및 신앙과 관련되어 있다. 신화는 때로 이 땅의 문화적 영웅들이나 지상적 삶으로부터의 구원을 가능하게 해 준 위대한 존재에 관한 내용을 담고 있으며, 악과 죽음이 어떻게 인간사에 들어오게 되었는지를 설명해 준다. 우리나라 신화의 효시는 고조선의 「단군신화」이며, 여타의 신화에는 산, 강, 바다를 만들었다는 여신 「마고할미」 등이 있다.

단군신화(정해왕 글/최민오 그림/현암사, 2009)

『삼국유사』에 담긴 「단군 신화」

옛날, 하느님인 환인의 아들 환웅이 인간 세상을 다스리기를 원하였다. 그러자 아버지는 아들의 뜻을 알고서 인간 세상을 내려다보니 삼위태백이 '인간을 널리 이롭게[弘益人間]' 하기에 적합한 곳으로 여겨지므로, 아들 환웅에게 천부인 세 개를 주며 인간 세상에 내려가서 다스리게 하였다. 그러자 환웅이 풍백(風伯) · 우사(雨師) · 운사(雲師)를 비롯한 삼천 명의 수하를 이끌고 태백산 정상의 신단수 아래로 내려와 그곳을 신시(神市)라고 일컬으며 다스렸다.

그는 곡식 · 생명 · 질병 · 형벌 · 선악 등 360여 가지 일을 맡아 인간 세상을 다스렸다. 그 때 곰과 호랑이가 환웅에게 인간이 되게 해 달라고 간청하였다. 이들의 간청을 들은 환웅은 쑥 한 자루와 마늘 20쪽을 주면서 그것을 먹고 100일간 햇빛을 보지 않으면 사람이 될 수 있다고 하였다. 곰은 시키는 대로 하여 삼칠일 만에 여자로 변하였으나, 호랑이는 참지 못하고 뛰쳐나가 사람이 되지 못하였다.

곰 여인[熊女]은 혼인할 상대가 없자 신단수 아래에서 아이 갖기를 기원하였다. 그러자 환웅은 잠시 인간으로 변해 웅녀와 혼인하였다. 그 후 웅녀가 아들을 낳았는데, 그가 단군왕검이다.

– 일연, 『삼국유사(三國遺事)』 –

(4) 전설

전설(legend)은 특정 인물이나 특정 자연물, 장소 등을 소재로 하는 이야기로, 실제의 특정한 장소 혹은 인물과 결부되는 경우가 있다.

울산바위(김춘옥 글/ 김태현 그림/봄봄출판사, 2012)

〈표 5-2〉 **전승문학(민담, 우화, 신화, 전설) 비교**

	신화	전설	민담	우화
전승자의 태도	신성함	실제로 있었다고 믿음	흥미 중심	
시공간적 배경	태초의 시간과 신성한 공간 및 인간의 공간	구체적인 (역사적인) 시간과 지리적 공간	시간과 공간이 구체적으로 한정되어 있지 않음 예) 옛날옛날 어느 마을에~	
주인공의 특성	신적, 초월적 존재	주인공에 실제성이 부여됨	어떤 존재든 가능하며 허구적임	동물이 주인공으로 등장
기능 및 미학적 태도	신앙심 고취와 숭고미	특정 지역의 애향심 고취	오락성과 해학미	주제가 명확, 교훈적, 설명적
전승범위	민족적	지역적	제한 없음	
기능	전 집단의 신앙을 요청하며, 집단 단결의 핵심적 역할	일정 지역을 발판으로 애향심 고취	흥미 본위의 사교적 교환물로서 예능적, 문학성이 뛰어남	도덕이나 교훈을 명료하게 제시
작품	단군 신화 등	견우와 직녀 등	혹부리 영감 등	이솝 우화, 여우와 두루미 등

출처: 이동건(2020).

5) 전래동화의 유형

(1) 동물 전래동화

장갑

에우게니 라쵸프 그림/배은경 역/한림출판사(2018)

할아버지가 강아지와 함께 눈 내리는 숲속을 걷다가 장갑 한 짝을 떨어뜨린 후, 숲에 사는 동물들이 차례로 장갑 속으로 들어간다. 장갑은 점점 좁아지지만 누구 하나 불평 없이 동물들을 맞이한다. 여러 동물 주인공들의 특징을 살린 이름과 대화가 리듬감 있어 읽는 재미가 각별하고 동물들의 특성을 잘 살린 이야기이다.

(2) 익살이나 유머 전래동화

주먹이

김중철 엮음/이혜리 그림/웅진닷컴(1998)

주먹만 한 아이인 주먹이가 새로운 세상을 경험하는 이야기를 통해 유아들은 모험심과 용기를 배울 수 있으며, 신기하고 재미있는 상상의 세계를 담고 있는 이야기이다.

(3) 마술적 전래동화

도깨비 감투 정해왕 글/이승현 그림/시공주니어(2008)		쓰는 순간 모습이 사라지는 도깨비감투를 갖게 된 김 서방의 이야기로 평범하고 착한 사람이 욕심에 사로잡혀 점점 어떻게 변해 가는지 그 심리가 흥미롭게 펼쳐지는 이야기이다.

(4) 자연물 유래 전래동화

할미꽃 이야기 김천정 글/최윤정 그림/씽크하우스(2008)		곱게 키운 손녀들을 보러 길을 나섰다가 할머니가 작은 손녀 집이 보이는 언덕에서 그만 숨을 거둔 뒤, 그 자리에 할미꽃이 피었다는 이야기이다.

6) 전래동화의 주제

전래동화는 여러 사람들의 입을 거치면서 지역마다, 작가마다 그림책의 느낌과 내용이 조금씩 다르다. 전래동화는 그 시대의 생활상과 풍속, 정서 등을 간접적으로 이해할 수 있는 기회를 제공하며, 대부분의 전래동화는 다음과 같이 선악과 효, 우애, 풍자 등을 주제로 다룬다.

(1) 선과 악

혹부리 영감

임정진 글/임향한 그림/비룡소(2007)

똑같이 혹을 달고 살아가는 두 인물이 등장하지만 한쪽은 착한 마음씨, 또 한쪽은 심술에 욕심이 가득한 인물이다. 혹을 떼는 부분에서 도깨비와 흥정하는 장면이 흥미롭고 신비롭고 인간적이기도 한 도깨비를 통해 유아들의 호기심을 자극한다.

(2) 효

효녀 심청전

푸른숲 글방 글/조성경 그림/그린키즈(2018)

앞을 볼 수 없는 아버지와 어머니 사이에 태어난 심청이는 태어난 지 며칠만에 어머니가 돌아가셔서 동네 아주머니들의 젖을 얻어 먹으며 자라게 된다. 눈먼 아버지의 눈을 뜨게 하려는 심청의 지극한 효성이 깊은 감동과 교훈을 주는 이야기이다.

(3) 우애

의좋은 형제

김용택 글/염혜원 그림/비룡소(2011)

형과 아우가 서로를 생각하며 늦은 밤 볏단을 옮기는 모습이 마음을 따뜻하게 한다. 유아들은 이야기를 통해 기쁜 일은 함께 나누고 어렵고 힘든 일을 겪을 때는 든든한 버팀목으로 서로를 돕는 형제간 우애의 중요성을 깨닫게 된다.

(4) 풍자

좁쌀 한톨로 장가든 총각

이미애 글/김성민 그림/
아이즐북스(2006)

게으른 총각이 좁쌀 하나를 들고 세상 구경을 나갔다가 좁쌀이 쥐로, 쥐가 고양이로, 고양이가 다시 개로 바뀌고, 마침내 어여쁜 색시로 얻게 된다는 이야기이다. 반복과 연쇄가 이어지는 형식이 호기심을 일으켜 읽는 즐거움을 준다.

2. 환상동화

1) 환상동화의 정의

환상동화는 환상그림책, 판타지 동화 등으로 불려진다. 환상동화에서 환상(fantasy)이라는 단어는 그리스어 파이네인(phainein: 보인다)과 라틴어 판타스마(phantasma: 환영)가 그 어원으로, '가시화하다, 명백하게 하다', 즉 '마음이나 눈에 보이는 것'을 의미한다.

이러한 환상의 세계는 현실적으로 일어날 수 없는 초자연적인 소재나 대상, 혹은 사건이 중심이 되는데, 영유아기의 물활론적 사고나 자기중심적 사고의 발달과 맥을 같이하여 환상동화를 즐길 수 있는 최적의 조건이 된다. 이러한 의미에서 환상동화는 영유아기의 발달 특징에 적합한 소재이며, 즐거움을 주는 대표적인 장르이다(이상금, 장영희, 2001).

2) 환상동화의 특징

환상동화는 초자연적인 소재나 대상, 혹은 사건이 중심이 되는 이야기로 작품 속에서 환상적인 존재가 가세하기도 하고, 문제 해결 방법에 있어서도 환상적인 공간으로 이동하기도 하고, 비현실적인 방법을 동원하여 해결하기도 한다(이윤희 외, 2009). 따라서 환상동화에서는 현실과 환상적인 요소를 자연스럽게 연결하는 것이 무엇보다 중요하며 그로 인해 영유아들의 호기심을 충족시켜 준다.

<『괴물들이 사는 나라』에서 현실과 환상적인 요소를 자연스럽게 연결하는 장면>

〈현실 세계〉	〈판타지 세계〉
괴물들이 사는 나라(모리스 샌닥 저/강무홍 역/시공주니어, 2012)	

<『돼지책』에서 현실과 환상적인 요소를 자연스럽게 연결하는 장면>

방의 전기 콘센트가 돼지 콧구멍으로 보이며	아빠가 아빠돼지로 변함
돼지책(앤서니 브라운 글 · 그림/허은미 역/웅진주니어, 2012)	

환상동화에는 시간의 질서 위반, 비현실 세계와의 만남, 꿈을 통한 욕망 해소 등의 특징이 있으며, 의인화 표현기법이 자주 사용된다. 환상동화에 등장하는 인물의 성격은 개성이 뚜렷하고 입체적이며 내면이 잘 드러난다(전래동화의 등장인물들은 평면적이고 전형적인 성격을 소유하고 있으며, 성격의 변화가 거의 없는 것과는 반대). 또한, 비현실적인 인물이 등장하거나 영웅적인 특징을 지닌 인물(예, 『괴물들이 사는 나라』의 맥스)들이 자주 등장한다.

3) 환상동화의 교육적 의의

환상동화와 같은 문학 작품을 접하면서 영유아는 도덕적 · 정신적인 성장을 하게 된다. 이는 환상동화에서의 인간성, 선과 악 등에 대한 통찰이 현실세계로의 접목을 용이하게 하기 때문이다. 환상동화의 교육적 의의에 대하여 살펴보면 다음과 같다.

첫째, 환상동화는 시간과 공간을 초월하는 환상성으로 영유아들에게 즐거움과 희망을 준다.

환상동화는 영유아들의 이상 또는 꿈을 상징하는 문학적 특징으로, 등장하는 인물들은 영유아의 물활론적 사고에 꼭 들어맞아 영유아들은 현실에서 만나기 힘든 등장인물에 더욱 관심을 갖고 환상동화의 내용에 몰입할 수 있다. 예를 들면, 「누가 내 머리에 똥 쌌어?」는 두더지라는 동물이 사람처럼 말을 하거나 생각하고 행동하는 모습은 영유아들에게 호기심과 흥미를 이끌어 낸다. 두더지가 똥을 머리에 이고 다니는 모습에서 영유아들은 즐거워한다.

누가 내 머리에 똥 쌌어?(베르너 홀츠바르트 글/볼프 예를브루흐 그림/사계절, 2002)

둘째, 영유아들은 환상동화에 나오는 등장인물과의 동일시를 통해 부정적 감정을 극복하고, 현실에서 겪는 긴장감을 해소하는 정서적 경험을 한다.

환상동화는 영유아가 현실에서 받는 스트레스와 억압, 불만 등 부정적 감정을 환상세계를 통해 그들만의 방식으로 해소하는 역할을 한다. 예를 들면, 「지각대장 존」에서 영유아는 존의 감정과 상황을 동일시하고, 자신의 부정적 정서와 생각을 환상동화 속 존에게 투사하면서 무의식적으로 자신의 문제를 해결하기도 한다.

지각대장 존(존 버닝햄 글 · 그림/박상희 역/비룡소, 1995)

셋째, 환상동화는 영유아로 하여금 대리경험을 통해 타인의 마음을 이해할 수 있게 한다. 환상동화의 간접경험은 영유아들에게 좋은 경험이자 체험이 된다. 영유아는 등장인물과 동일시를 하는 과정에서 등장인물들이 겪는 감정, 문제 상황, 문제해결과정을 간접적으로 경험하면서 타인의 마음을 추론하는 과정을 통해, 타인에 대한 이해가 발달하게 된다. 예를 들면, 「바바빠빠」에서 영유아는 바바빠빠와 자신을 동일시하며 바바빠빠가 느끼는 감정을 함께 공유하고 공감하거나, 바바빠빠처럼 특별한 친구를 상상하며 타인과의 관계를 경험한다.

바바빠빠(아네트 티종, 탈루스 테일러 공저/이용분 역/시공주니어, 1994)

넷째, 환상동화는 인간의 행동과 문제에 대한 통찰력을 제공함으로써 영유아의 문제해결력이 발달한다. 영유아들은 환상 속 이야기를 들을 때에 단순히 그 줄거리를 받아들이는 것이 아니라 자신만의 방식으로 그것을 해석하고 자신의 상상을 통해 이야기 장면들을 보충한다. 즉, 환상동화는 영유아로 하여금 인간 내면의 보편적인 문제들을 통찰력을 가지고 다루게 함으로써 삶의 의미와 인간과 자연, 인간과 인간 간의 관계를 이해하는 것을 도와주어 일상생활에서 적극적으로 문제를 해결해 나갈 수 있도록 돕는다. 예를 들면, 「치과의사 드소토 선생님」에서 착한 생쥐 치과의사 드소토 선생님은 여우가 이빨을 치료하러 왔을 때 아내와 함께 위기를 극복하고 의사로서의 책임감 있는 모습을 보여 준다.

치과의사 드소토 선생님(윌리엄 스타이그 글 · 그림/비룡소, 1982)

다섯째, 환상동화는 영유아의 상상력을 발달시킨다. 환상동화는 은유와 상징으로 표현되어 있어 영유아들이 내용을 이해하기 위해 많은 감정이입과 상상력을 동원함으로써 사고의 발달을 촉진할 수 있다. 이렇듯 제한 없이 풍부하게 상상하는 과정은 영유아로 하여금 자연, 사람, 사회를 새로운 방법으로 생각해 보게 하고 다양한 관심을 갖게 한다. 예를 들면, 「모르는 마을」에서 주인공은 소풍 가는 날 버스를 놓치는 바람에 혼자만 다른 버스를 타고 현실에서는 존재하지 않는 모르는 마을에 가게 되었다. 길에는 민들레 아이들이 걷고 있고, 시내에는 파인애플 · 바나나 등 과일들이 헤엄을 치는 등의 모습을 보면서, 영유아들은 한 번도 가 본 적 없는 환상의 세계를 통해 자기만의 생각을 펼쳐 나가며 새로운 세계를 상상하게 된다.

모르는 마을(다시마 세이조 저/엄혜숙 역/우리교육, 2009)

4) 전래동화와 환상동화의 특성 비교

구분	전래동화	환상동화
주제	권선징악, 인과응보 등 주제가 한정적	열린 결말을 통해 다양한 가치를 보여 줌
배경	초현실 세계와 현실 세계가 공존	초현실 세계와 현실 세계가 분리
통로	초현실적 존재와 사건이 당연하게 받아들여짐	사건은 두 지평에서 따로 벌어지고, 특정한 전환점에서 만남
두려움	놀라움, 걱정, 감정적 동요가 없음	현실 세계의 인간은 초현실적 세계의 기이함을 지각
시간 및 공간	시간 · 공간이 정해져 있지 않음 시간과 공간에 대한 묘사가 없거나 간략	공간적 배경이 다양 시간적 배경이 융통성을 지님

구분	전래동화	환상동화
등장인물 유형 및 성격	전형적이고 평면적인 성격 특성 복잡하지 않음 인물들이 서로 분리 상세한 묘사가 없음 감정의 동요, 개인적 반응이 없음	입체적이고 다면적인 인물 섬세하게 발달 다양한 인물 등장 인물들이 서로 긴밀한 관계 인물의 개성을 세밀하게 묘사 감정을 정확하게 묘사
플롯	닫힌 결말: 간단한 일화 형식	열린 결말: 다양한 결말
작가	미상	작가 존재

출처: 이동건(2020).

5) 환상동화의 유형

(1) 동물을 의인화한 환상동화

치과의사 드소토 선생님

윌리엄 스타이그 글 · 그림/비룡소(1982)

교활한 여우의 이 치료를 한 드소토 선생님의 이야기이다. 교활한 여우를 입도 못 벌리게 한 채 돌려보낸 마지막 장면은 굉장히 통쾌하기까지 하다. 재치와 유머가 넘치는 한편 사실적이고도 재미난 그림은 보는 즐거움을 준다.

(2) 사물을 의인화한 환상동화

강아지 똥

권정생 글/정승각 그림/
길벗어린이(2014)

아무도 거들떠 보지 않는 세상에서 가장 버림받은 존재인 '강아지똥'도 알고 보면 정말 소중한 존재라는 사실을 일러 준다. 쓸모없는 것처럼 여겨지는 강아지똥이 민들레꽃을 피워 내는 데 소중한 거름이 된다는 이야기이다.

(3) 현실적 인물 환상동화

지각대장 존

존 버닝햄 글 · 그림/
박상희 역/비룡소(1995)

날마다 학교 가는 길에 예상치 못한 일로 지각을 하는 존은 그때마다 선생님께 지각한 이유를 말하지만 선생님은 믿지 않고 심한 벌을 준다. 교육에서는 벌이 아닌 이해와 관심이 더 소중함을 깨닫게 해 준다.

(4) 초현실적 인물 환상동화

도깨비를 빨아버린 우리엄마

사토 와키코 글 · 그림/이영준 역/한림출판사(2013)

무엇이든 빨아 버리는 씩씩하고 든든한 새로운 엄마를 보여 주며 빨래하는 엄마는 도깨비 앞에서도 겁먹지 않는다. 엄마와 도깨비의 대결을 보며 엄마에 대한 믿음과 사랑을 느끼고, 어려운 이를 도와주는 엄마의 마음과 포용력도 알게 된다.

(5) 순수한 상상의 환상동화

눈사람 아저씨

레이먼트 브리그스 저/마루벌(2010)

눈사람을 만들고 잠든 소년에게 눈사람 아저씨가 찾아온다. 소년은 눈사람 아저씨에게 집안 구석을 보여 주고, 새로운 세상을 보여 주고, 함께 즐거운 시간을 보낸다. 눈사람 아저씨는 소년의 손을 잡고 눈 내리는 밤하늘을 훨훨 날아 잊지 못할 추억을 심어 준다.

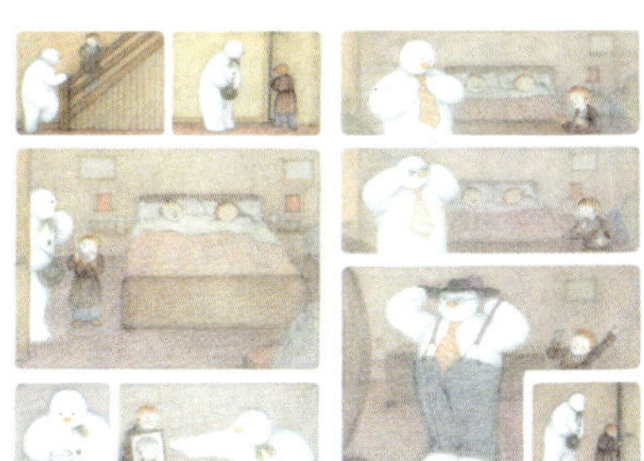

3. 사실동화

1) 사실동화의 정의

사실동화는 창작동화의 한 유형이며 영유아들의 생활경험을 소재로 사실적인 기법을 사용하고 있어 '생활동화', '현실동화'라고도 한다. 사실동화는 등장인물과 사건이 영유아가 처한 삶의 현실을 배경으로 한다.

2) 사실동화의 특징

사실동화에서는 그 구성에 있어서 주인공이 갈등을 해결해 나가는 과정을 통해 성장하는 것을 볼 수 있다. 사실동화의 특징에 대하여 살펴보면 다음과 같다.

첫째, 사실동화는 영유아의 일상생활 속에서 쉽게 경험할 수 있는 현실적인 이야기와 고민들로 영유아들이 공감할 수 있는 내용을 중심으로 이야기가 전개되어, 환상동화가 비현실적인 세계를 배경으로 현실에서 일어날 수 없는 초현실적인 사건을 중심으로 이야기가 전개되는 것과 반대된다.

둘째, 사실동화는 주제와 소재가 다양하여 가족관계, 친구관계, 식습관, 생활습관, 버릇, 동·식물에 대한 애정, 영유아의 정서, 장애, 특별한 날 등의 영유아의 생활 이야기를 다룬다. 사실동화에 등장하는 인물은 사람이나 의인화된 동물, 사물이 등장하는 경우가 많고, 등장인물의 각 개인의 성격이 사실적으로 표현된다. 이처럼 사실동화는 영유아와의 공감대 형성에 좋은 소재나 주제를 다루는 경우가 많아 영유아들에게 많은 사랑을 받는다.

3) 사실동화의 교육적 의의

영유아의 현실에서 일어날 수 있는 이야기를 담고 있는 사실동화를 통한 문학 경험은 영유아로 하여금 올바른 가치관을 가지고 성장하도록 돕는다. 사실동화의 교육적 의의에 대하여 살펴보면 다음과 같다.

첫째, 사실동화를 통하여 영유아들이 일상적인 생활이나 환경을 보다 새로운 관심과 흥미로 보고, 듣고, 생각하고, 관찰할 수 있도록 기쁨과 자극을 줄 수 있다. 예를 들면, 「소피가 화나면 정말정말 화나면」을 읽는 영유아들은 소피의 화나는 모습과 화를 가라앉히는 모습을 관찰하면서 자신의 경험에 대입시킬 수 있다.

소피가 화나면 정말정말 화나면(몰리뱅 글 · 그림/이은화 역/케이유니버스, 2007)

둘째, 사실동화는 유아가 같은 또래의 비슷한 경험내용을 다룸으로써 감정이입과 이해가 쉬워 영유아가 자신의 것으로 동일시하기가 쉽다. 예를 들면, 「순이와 어린동생」을 읽으면서 순이의 경험을 자신이 겪을 수 있는 일로 감정이입하여 자신의 것으로 동일시하기 쉽다.

순이의 어린동생(쓰쓰이 요리코 글/하야시 아키코 그림/한림출판사, 1995)

셋째, 사실동화는 현실적으로 가능한 내용이어서 영유아들은 사실동화에 등장하는 주인공에게 동질감을 갖게 되고, 주인공을 통하여 문제해결방법을 간접적으로 배울 수 있다. 예를 들면, 「이슬이의 첫 심부름」을 통해 영유아들은 어려운 문제에 부딪쳤을 때 그러한 문제를 극복할 수 있는 용기와 자신감을 얻고, 직면한 문제에 대한 해결책을 모색할 수 있게 된다.

이슬이의 첫 심부름(쓰쓰이 요리코 글/하야시 아키코 그림/한림출판사, 1991)

4) 환상동화와 사실동화의 특성 비교

구분	환상동화	사실동화
공통점	창작동화	
등장인물	의인화된 동물이나 무생물 초자연적인 인간 또는 상상적 경험을 하는 사람	영유아의 생각이나 행동과 비슷한 사람
배경	시간과 공간을 초월 현실에서 상상 세계 속으로의 여행	영유아가 살고 있는 시간과 공간
구조	전형적으로 갈등 상황이 초현실적인 힘에 의해 발생 환상이나 마술적인 힘에 의해 문제해결	영유아에게 실제 일어날 수 있는 문제 주인공의 힘으로 문제들을 처리하고 해결

출처: 이동건(2020).

5) 사실동화의 유형

(1) 가족을 다룬 사실동화

순이와 어린동생

쓰쓰이 요리코 글/
하야시 아키코 그림/
한림출판사(1995)

엄마가 외출한 사이 없어진 동생을 찾으러 순이가 이리저리 돌아다니다 놀이터에서 동생을 찾고 안도의 한숨을 쉬며 기뻐하는 이야기이다.

엄마의 의자

베라 윌리엄스 글·그림/최순희 역/시공주니어(2017)

엄마가 힘들게 일하시는 식당에서 잔심부름을 해 주며 모은 동전과 엄마가 팁으로 받은 동전을 한 푼도 쓰지 않고 저금통에 모아 늘 앉고 싶어 하던 푹신푹신한 의자를 사고 행복해한다. 행복이란 멀리 있는 것이 아니라 아주 작고 사소한 것, 작은 사랑만으로도 충분히 행복해질 수 있다는 것을 가르쳐 준다.

(2) 자아와 심리 및 독립심을 다룬 사실동화

이슬이의 첫 심부름

쓰쓰이 요리코 글/
하야시 아키코 그림/
한림출판사(1991)

다섯 살 이슬이가 처음으로 혼자서 우유를 사러 간다. 자전거를 피하고 넘어지는 등 여러 경험을 하면서 무사히 우유를 사 가지고 돌아왔을 때 대문 앞에서 엄마가 기다리고 있다. '해냈구나' 하는 아이들이 성취감을 느끼는 심리를 섬세하게 그렸다.

소피가 화나면 정말정말 화나면

몰리뱅 글 · 그림/
이은화 역/케이유니버스(2007)

화가 났을 때 아이들 스스로 화를 올바르게 다스리는 방법을 알려 주는 그림책이다. 군더더기 없는 글로 상황을 차분히 설명하고, 그림은 소피의 요동치는 감정을 있는 그대로 표현해 준다. 책이 감정을 공감해 줌으로써, 영유아들은 이 책을 덮으면서 화났던 마음이 스르르 가라앉는 경험을 한다.

(3) 자연과 동물을 다룬 사실동화

누가 내머리에 똥 쌌어

베르너 홀츠바르트 글/볼프 예를브루흐 그림/사계절(2008)

「똥」에 대한 영유아들의 호기심을 충족시켜 주는 이야기이다. 동물들이 변을 누울 때마다 나오는 '철퍼덕!', '쿠당탕탕!', '쫘르륵!', '철썩!' 등의 맛깔스러운 의성어와 의태어는 영유아들의 귀를 사로잡으면서 말의 재미에 빠져들게 한다.

작은집 이야기

버지니아리 버튼 글·그림/홍연미 역/시공주니어(2017)

영원히 변치 않는 것들에 대한 절실한 그리움과, 인간과 자연이 조화롭게 사는 세상에 대한 소망이 담겨 있다. 독특한 S자형 구도가 돋보이는 이 그림책은 활자의 배열까지도 그림의 한 부분으로 통일성을 얻고 있고, 이러한 구도를 통하여 빼어나게 아름다운 선의 흐름을 보여 준다.

(4) 친구를 다룬 사실동화

피터의 편지

에즈라 잭 키츠 글 · 그림/이진수 역/ 비룡소(2009)

피터는 생일이 다가오자 마음속으로 좋아하는 여자친구 에이미에게 생일 초대 편지를 쓴다. 편지를 부치러 가는 중에 에이미와 부딪치게 되어, 에이미가 오지 않을까 봐 전전긍긍해한다. 하지만 생일날 에이미는 나타나고, 기뻐하는 피터의 모습을 통해 자라나는 아이들의 모습을 생생하게 보여 준다.

까마귀 소년

야시마 타로 글 · 그림/윤구병 역/ 비룡소(1996)

공부할 때도 놀 때도 뒤쳐지고 외톨박이였던 한 남자 아이가 새로 부임한 선생님의 관심과 애정으로 마을 사람 모두에게 인정받는 「까마귀 소년」이 되기까지의 이야기이다. 자연 속에서 자연의 소리를 들으며 자란 아이의 심성과 행동이 잘 드러나 있다.

토론 및 토의

전래동화와 환상동화의 특성을 비교하고, 이의 교육적 의의에 대하여 논의하시오.

Chapter 06

동극, 정보그림책

이 장에서는 아동문학 중 동극, 정보그림책의 유형, 특성 및 교육적 가치를 이해하고, 동화를 선정하여 문학적 · 예술적 · 교육적 특성 및 가치에 대해 고찰하고자 한다. 동극에는 극본과 시나리오가, 정보그림책에는 전기, 어린이 백과사전, 학습용 도서가 포함된다. 영유아들이 만나는 지식과 정보는 지식정보그림책을 통해 접하게 된다. 그러므로 여기에서는 '지식책', '정보책', '지식정보책', '지식그림책', '정보그림책' 등의 다양한 명칭 중에 '정보그림책'이라는 용어를 사용한다.

1. 동극

1) 동극의 정의

〈「커다란 무」 동극 공연〉

동극이란 그림책에 나오는 내용을 중심으로 그림책에 나오는 등장인물의 역할을 분담하고 이야기에 적합한 환경을 구성하여 극화하여 표현하는 활동이다(교육과학기술부, 2008). 누리과정에서의 동극활동이란 선생님이 들려주는 동화의 내용을 극화하는 활동이라고 하였으며, 그림책의 내용은 길지 않으며 단순하고 반복적이어야 한다. 동극활동 시 유아 모두가 동극 활동에 참여할 수 있도록 배역의 수를 조절하고, 동극을 표현하는 것뿐만 아니라 관객도 중요한 역할임을 알 수 있도록 관람하는 태도에 대해서도 이야기를 나누어야 한다(교육과학기술부, 보건복지부, 2013).

2) 동극의 특징

동극활동은 가작화 요소가 내재된 모델링과 역할놀이를 포함하는 활동으로 유아가 자신과 주변세계를 인식하며 지식과 개념을 탐색하도록 돕는 교수 방법이다(Siks, 1977).

동극활동(dramatic play)은 상징놀이(symbolic play), 가상놀이(pretend play) 또는 가작화 놀이(make-believe play) 등 다양한 용어와 유사한 개념으로 사용되기도 한다(차금선, 2003). 동극활동은 교사가 유아에게 동화를 들려주고 동화의 내용을 중심으로 소품 만들기, 배경 꾸미기, 배역을 정하여 극화한다(양영옥, 2015). 동극활동은 동화와 놀이라는 중요한 요소를 포함하고 있어 이를 활용한다는 것은 유아들에게 있어서 매우 효과적인 전략이다(송남순, 2002). 동화를 통한 문학적 경험은 유아들에게 흥미를 유발시키며 유아들이 몰입하도록 한다. 따라서 동극활동이 이루어지는 과정은 누구에게 보이기 위한, 교사에 의해 강요된 연습활동이 아니라 유아들이 자발적이고 적극적으로 참여하는 과정중심의 창조적인 상호작용과정이어야 한다(McCaslin et al., 2000).

3) 동극의 교육적 의의

동극활동은 학습자의 언어, 인지, 사회, 정서 등을 증진시킨다. 이러한 동극의 교육적 가치를 토대로 동극의 교육적 의의에 대하여 살펴보면 다음과 같다.

(1) 동극은 언어적 의사소통을 할 수 있는 기회를 제공한다.

유아기는 의사소통 능력 발달에서 중요한 시기로, 모든 의사소통 능력은 유아와의 대화를 통해 강화된다(Katz & Chard, 1992). 유아는 동극 활동을 통해 동화의 줄거리를 이해하고 이야기하며, 사건 전개와 인물의 대사 등에 대해 논의한다. 또한 동극 활동 후에 평가하는 시간을 갖는다. 이러한 과정들은 유아의 의사소통 능력을 증진시킨다.

또한 동극을 통해 유아의 이해력이 증진된다. 동극의 대사를 말하려면 어휘들의 의미를 이해하고 해석해야 하므로 유아는 언어적인 이해력을 증진시키게 된다. 동극은 특히 유아의 표현 언어의 수를 증가시키며 문장 구성 능력을 발달하게 해 준다(신애선, 안경숙, 2018).

(2) 동극은 유아들의 친사회적 행동을 증진시킨다.

유아들은 동극활동을 위해 동극에 필요한 소품을 만들고, 동극을 재연해 보는 과정에서 서로 협력한다. 또한 자신의 감정을 조절해 가며 친구들과의 효과적인 의사소통을 한다. 교사는 동극의 활발한 전개를 위해 필요한 경우 역할을 맡아 참여하며, 유아들의 적극적인 친사회적 행동을 이끈다. 이러한 경험은 유아가 자기중심성에서 벗어나 친구의 입장을 고려할 수 있도록 하며, 유아 간 좋은 관계를 형성하고 유지하게 하는 친사회적 행동의 증진에 도움이 된다(신애선, 2018).

(3) 동극을 통해 유아들은 감정이입을 하게 된다.

동극은 유아들에게 세상을 다른 관점에서 볼 수 있는 기회와 더불어 스스로 다른 사람의 입장이 되어 다른 사람이 반응하는 것처럼 반응해 볼 수 있는 기회를 제공하여 다른 사람의 생각이나 느낌, 반응 등을 인식하고 이해하게 된다.

(4) 동극을 통해 유아들의 상상력은 풍부하게 된다.

동극은 가작화 놀이와 상징 놀이를 모두 포함하는 활동이다. 또한 친숙한 대상을 모방하므로 동극활동은 놀이와 모방의 두 요소 모두 포함한다. 피아제는 상징놀이와 모방은 유아의 인지발달과 생각을 구성하는 능력에 중요한 기제라고 하였는데, 유아들은 동극을 통해 상상을 통한 변형을 하거나 즉흥적으로 주변 소품을 가상으로 사용하는 경험을 하여 상상력을 발달시킨다.

(5) 동극을 통해 유아들의 논리적 사고가 증진된다.

유아들은 동극을 통해 자신들이 이야기를 전개해 보는 경험을 통해 사물이나 사건의 인과관계 및 상호연관성을 이해하고 시간과 공간의 순서 등을 이해하게 된다. 동극 활동에서의 사건의 흐름은 배움의 기회를 직접적으로 제공하고, 이를 통해 유아들의 논리적 사고가 증진된다.

(6) 동극을 통해 유아들의 창의성이 발달된다.

동극은 유아들이 일상에서 경험해 보지 못한 이야기를 말해 보고 행동으로 묘사해 보는 활동이므로 유아의 창의성이 발달된다. 교사는 동극 활동에서 유아들의 창의적인 사고나 행동 또는 대사를 각색할 수 있도록 유도하게 되는데, 이때 유아의 창의성은 보다 풍부하게 될 수 있다.

(7) 동극을 통해 유아들은 긍정적인 자아개념이 형성된다.

동극에서는 유아들의 적극적인 자기표현이 장려되며, 교사는 유아들로 하여금 각자 개인의 가치와 잠재력을 발휘하도록 격려하고, 유아들의 모든 노력을 칭찬하게 된다. 즉, 동화 속의 등장인물의 역할을 수행해 보는 것은 유아에게 자기 자신의 가치를 새롭게 깨닫고, 자신의 행동 및 의견에 대한 자신감과 성취감을 느낄 수 있게 한다. 또한, 자신을 긍정적으로 생각하고, 자신감을 향상시킨 유아는 다른 사람과 건전한 인간관계를 맺을 수 있는 심리적 기반을 갖추게 된다.

(8) 동극을 통해 유아들은 사회적 가치에 대한 학습을 한다.

동극에서 유아들은 일상생활에서 접할 수 있는 특별한 사건들과 유사한 상황에 처하게 된다. 그러한 경험을 통해 유아들은 사회가 가치 있게 여기는 친절함, 자비로움, 용서, 타인에 대한 배려 등을 배운다(Howarth, 1989). 예를 들어, 도움이라는 주제를 가진 동극활동에 참여한 유아들이 도와주고 서로 나누는 것에 대한 가치를 더 잘 인식하게 된다.

2. 정보그림책

1) 정보그림책 정의

정보그림책은 논픽션(꾸며 낸 허구가 아닌 사실을 바탕으로 써진 산문)의 한 형태를 의미한다. 그러하기에 정보그림책은 예술적 측면보다는 내용의 정확성을 우선시한다. 정보그림책은 영유아의 질문에 답을 할 수 있으며, 새로운 질문들을 제기할 수 있다. 또한 세상에 대한 영유아의 궁금증을 해결해 주며, 특별한 지식을 얻기 위해 사용되고, 지식과 정보를 담고 있다.

세계 최초의 정보그림책 『세계도회』

『세계도회』는 17세기의 실학주의 직관교수론의 선구자인 코메니우스(1592~1670)의 저서이다. 세계 최초의 그림책으로 『세계도회』의 기본 원리는 어린이들의 감각적 지각력과 기능을 중시한다. 예를 들어, 어린이들에게 말을 가르칠 때 교사가 실제로 본 것을 분명하게 제시하면, 그들은 즉각적으로 언어나 행위로 반응을 나타낸다.

※ 『세계도회』의 의의

- 어린이를 위한 그림책으로 읽는 어린이에게 흥미를 주었고 삽화는 내용 이해를 돕는다.
- 시각적 교과서 감각주의와 사물주의의 교육 사상이 잘 접목된 형태로 나타나 있다.

2) 정보그림책의 특징

정보그림책은 정확하고 설명적인 본문으로 되어 있으며, 그림과 그래픽(그림이나 사진을 위주로 하여 편집한 지면이나 인쇄물) 또한 정보를 전달하기 위한 수단으로 이용된다. 정보그림책은 영유아들에게 책을 읽는 즐거움을 주는 동시에 영유아들에게 많은 정보나 지식을 제공해 줄 수 있는 장르이다. 정보그림책은 주로 수 세기, 글자(알파벳), 동물과 식물, 교통기관, 우리나라, 세계 여러 나라 등의 내용을 다룬다. 정보그림책은 정보를 전달하는 책이기 때문에 무엇보다 정보의 정확성과 적절성이 요구된다. 그러므로 다른 장르의 그림책보다 사실적이고 객관적인 정보를 전달하는데, 사실적인 정보를 전달하기 위해 그림보다는 사진이 더 많이 사용된다.

3) 정보그림책의 교육적 의의

정보그림책은 영유아로 하여금 탐구와 조사를 통해 자신의 호기심을 채울 수 있도록 하며, 개념 발달과 함께 지식을 더 넓혀 가도록 돕는다. 정보그림책의 교육적 의의에 대하여 살펴보면 다음과 같다.

첫째, 정보그림책은 영유아가 궁금해하는 질문에 답을 제시한다(McMath, 1998). 이는 정보그림책이 영유아가 살고 있는 삶과 세계를 주로 다룸으로써 가능하다(김현희, 박상희, 1999).

둘째, 정보그림책은 언어교육의 자료가 된다(안효정, 2001).
영유아가 책을 읽는 경험은 영유아기 문해 출현 시기에 영유아가 글을 읽고 이해하는 데 도움을 준다. 정보그림책은 분명하고 반복되는 단어와 구문을 사용하여 영유아의 언어발달에 도움이 된다.

셋째, 정보그림책은 영유아들이 비판적 사고를 할 수 있는 출발점이 된다.
사실을 전달해 주므로 정보그림책에 등장하는 허구의 세계와 사실을 비교하고 구분할 수 있고, 같은 주제에 대한 다양한 작가들의 다양한 관점들을 비교하여 비판적인 시각과 문제해결력을 길러 준다(Freeman & Person, 1997).

넷째, 정보그림책은 영유아들의 문제해결 능력을 향상시킨다.
정보그림책은 정보자료를 찾아보고 활용하는 과정에서 영유아의 문제해결 능력을 증진시킨다.

다섯째, 정보그림책은 영유아들이 새로운 개념을 형성하고 확장시키는 데 도움을 준다. 영유아는 정보그림책을 통해서 시간적·공간적 제약으로 접하지 못했던 장소나 과거, 새로운 생각, 개념들을 만날 수 있다. 또한 내용과 개념 사이의 상호관련성을 이해하는 데 도움을 준다(Freeman & Person, 1997).

4) 정보그림책의 예

(1) 전기

조선을 빛낸 세종대왕

이현 글/안재선 그림/휴먼어린이(2020)

세종대왕의 어린 시절부터 한글을 만들기까지의 한글과 우리 역사에 대한 사랑을 자연스럽게 키울 수 있게 되는 그림책이다.

주몽

정해왕 글/한태희 그림/현암사(2010)

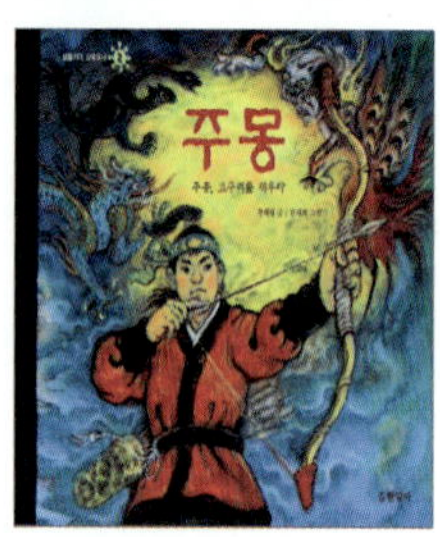

고구려를 세운 동명성왕 고주몽이 고구려를 건국하기까지 일어났던 일들을 이야기하는 책으로, 주몽의 탄생에서 건국까지의 이야기를 신화를 중심으로 나타내고 있다. 주몽을 통해 위험한 상황에서도 어려움을 헤치고 뜻을 이루는 우리 선조의 지혜와 용기를 배울 수 있다.

(2) 학습용 도서

① 어린이 백과사전

어린이 백과사전

애플비 편집부 저/
애플비(2004)

'우리 몸', '동물과 식물의 세계', '우리의 자연 환경', '지구와 우주', '우리가 사는 세계' 총 5개의 큰 분야로 나누어 아이들이 궁금해할 만한 이야기들이 담겨 있다.

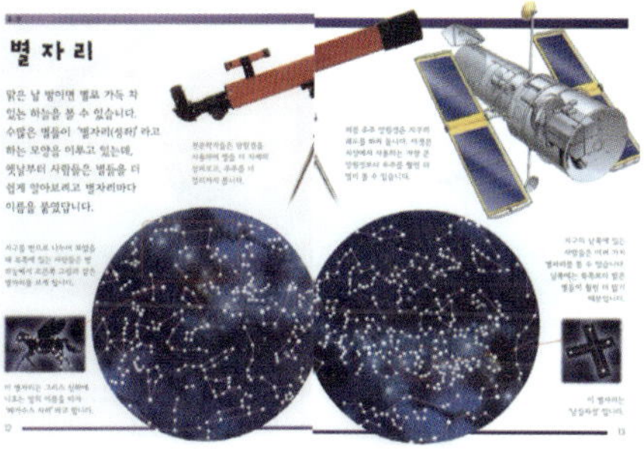

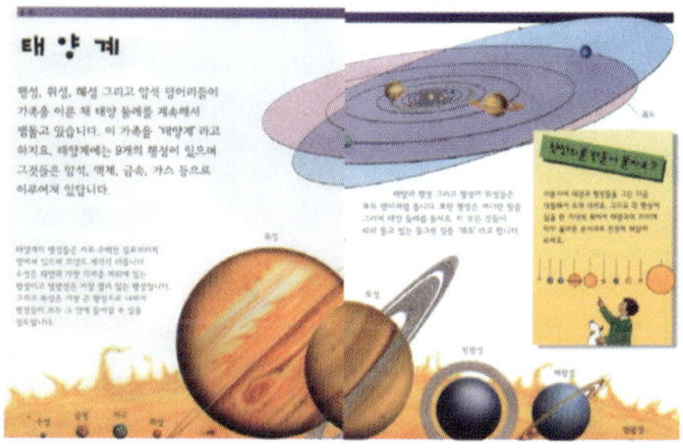

어린이 공룡백과사전

공룡박물관 저/
공룡 TV(2018)

무서운 공룡 티라노사우루스부터 공룡 시대 파충류 신생대까지 공룡 시대의 다양한 공룡을 3D 작업한 생생한 화보로 볼 수 있다. 가장 큰 공룡, 가장 작은 공룡, 가장 빠른 공룡 등 공룡 이모저모와 시대별 공룡들을 한눈에 볼 수 있다.

② 글자 정보그림책

기차 ㄱㄴㄷ

박은영 글 · 그림/
비룡소(2007)

기차를 따라가면서, 한글 자음을 익힐 수 있다. 'ㄱ'으로 시작한 문장은 'ㅎ'으로 끝날 때까지 한 호흡으로 연결되어 있어, 영유아가 호기심을 갖고 다음 장을 넘기게 된다.

숨어 있는 그림책

송명진 저/
보림(2002)

아이를 따라 기다란 복도로 들어서는 장면에서는 복도 위 천장에서 ㄱ을 찾을 수 있고, 방문을 열고 아이의 방으로 들어서는 장면에서는 문을 통해 들어오는 빛에서 ㄴ을 찾을 수 있다. 각 장면마다 한글 닿소리가 숨어 있어 영유아들은 숨은그림찾기와 같은 재미를 만끽할 수 있다.

③ 수 정보그림책

잘잘잘 1,2,3

이억배 저/
사계절(2006)

재미있는 노랫글에 맞춰, 혹은 익살맞은 그림을 통해 수 세기를 배울 수 있다. 영유아는 염소 모는 할아버지, 이발사, 생선 장수, 연날리기, 윷놀이 등을 통해 수 1부터 10까지를 배울 수 있다.

장바구니

존 버닝햄 저/김완석
역/보림(1996)

엄마 심부름을 간 스티븐은 가게에서 나오던 길에 곰, 원숭이, 캥거루 등의 동물을 만나 억지 요구를 하는 그들을 보기 좋게 골탕 먹인다. 원래 엄마의 심부름으로 사와야 할 과일과 도넛 등의 개수와 그림이 제시되어 자연스럽게 숫자 감각을 익힐 수 있다.

④ 색깔 정보그림책

일곱 마리 눈먼 생쥐

애등 영 글 · 그림/최순희 역/시공주니어(2005)

눈먼 생쥐들이 연못가에서 발견한 코끼리를 두고 무엇인지 몰라 서로 옥신각신하다가 드디어 전체를 꼼꼼히 관찰한 하얀 생쥐가 무엇인지를 알아맞힌다는 내용을 통해, 일곱 마리의 생쥐를 보면서 색깔에 대한 정보를 얻을 수 있다.

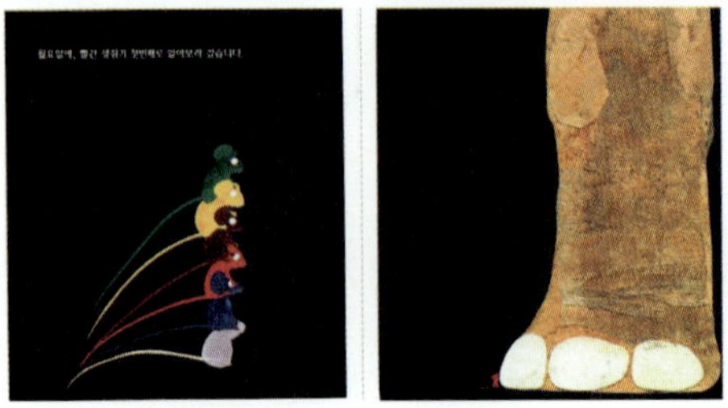

까만 크레파스

나카야 미와 글 · 그림/김난주 역/웅진주니어(2002)

친숙한 크레파스를 소재로 하여 깊이 있는 주제를 발랄하게 표현한 그림책 속의 여러 가지 색의 크레파스 주인공들은 하나같이 귀엽고 사랑스럽다. 단순한 선과 색은 평면적으로 보이지만, 명확함과 편안함으로 영유아들의 시선을 붙잡는다.

⑤ 예술 정보그림책

봉산탈사자춤

유승정 저/초방책방(2015)

부드럽고 정교한 세밀화를 통해 봉산탈사자춤을 재미나게 엿볼 수 있는 그림책이다. 붓선으로 그려 낸 그림은 전통 탈춤을 더욱 더 생생한 느낌으로 전달하고 있다.

쪽빛을 찾아서

유애로 글 · 그림/보림(2005)

농부가 사라져 가는 쪽빛 염료를 찾는 과정과 전통 염료를 이용해 옷감에 물들이는 모든 과정을 아름다운 색깔과 고운 그림을 보여 주고, 우리 민족 고유의 색의 아름다움과 천연색채를 이용한 자연친화적 정서를 보여 준다.

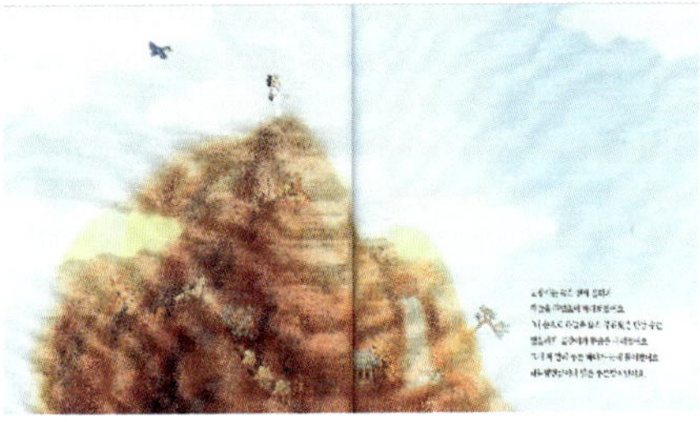

⑥ 과학 정보그림책

배고픈 애벌레

에릭 칼 글 · 그림/ 이희재 역/더큰컴퍼니(2007)

알에서 깨어난 애벌레가 배가 고파서 하루에 한 번 아무 음식이나 닥치는 대로 먹기 시작하는데, 알, 애벌레, 번데기, 나비가 되어 가는 과정을 보여 준다.

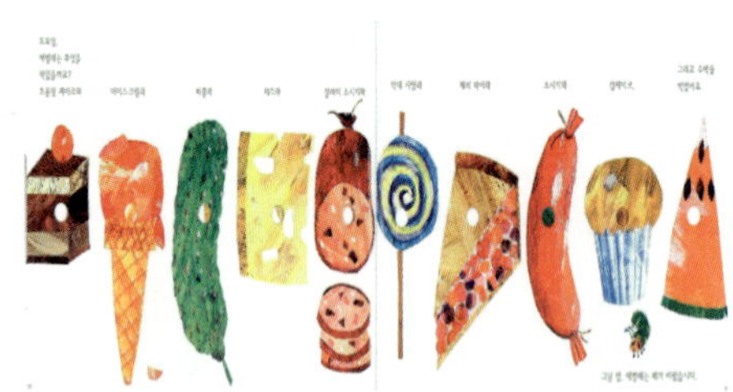

생생한 우리몸 안내서

한나 앨리스 저/ 김명주 역/사파리(2020)

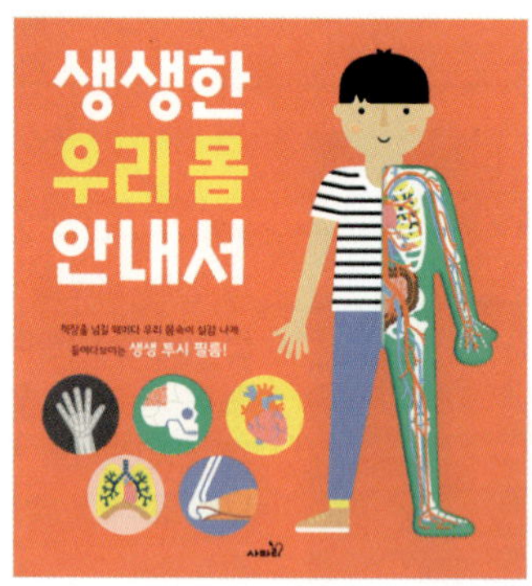

머리부터 발끝까지, 피부에서 손톱까지 우리 몸에 대해 속속들이 알려 주는 쉽고 생생한 보여 준다. 우리 몸속을 자세히 들여다보면서 지식을 익힐 수 있도록 기획된 아주 특별한 우리 몸 안내서이다.

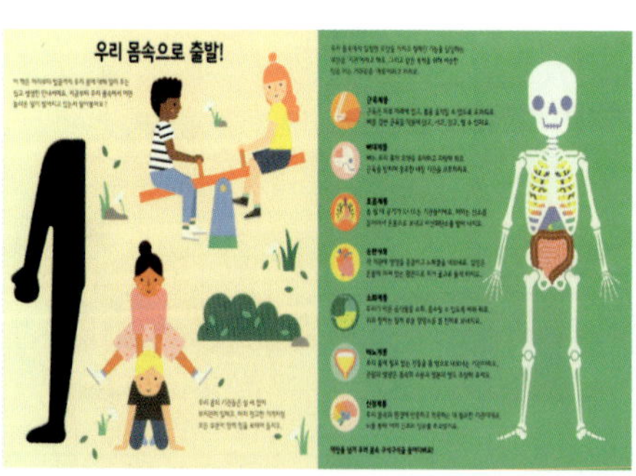

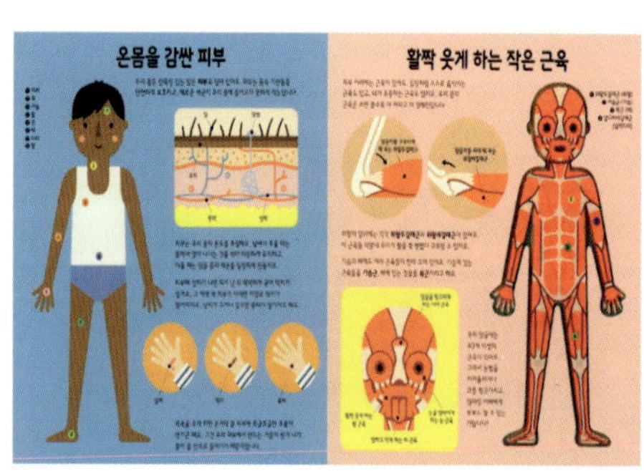

⑦ 자연 정보그림책

갯벌이 좋아요

유애로 글 · 그림/
보림(2004)

갯벌에서 모두가 공생하며 살아가는 모습과 더불어 변화무쌍한 갯벌의 생태를 생동감 있게 표현하고 있다. 아이들은 천연자원인 갯벌의 소중함을 다시금 느낄 수 있다.

꿈틀꿈틀 자벌레

레오리오니 글 · 그림/
이경혜 역/파랑새어린이
(2003)

아이들이 몰랐었던 벌레, 새들의 이름을 자연스럽에 알 수 있으며, 작은 자벌레가 이리저리로 움직이며, 자신보다 몇 배나 큰 새들을 따돌리는 모습도 보여 준다.

토론 및 토의

정보그림책의 교육적 효과에 대하여 논의하시오.

Chapter 07

그림책

이 장에서는 그림책의 정의와 구성요소 및 그림책의 교육적 의의와 특징 그리고 좋은 그림책 선정 시 고려할 점에 대해 살펴보고자 한다.

1. 그림책의 정의

그림책(picture book)은 '글(text)과 그림(illustration)을 결합해 이야기를 엮어 내는 책'인데 여기서 그림은 글을 보충하거나 꾸미는 삽화라는 기존의 개념에서 벗어나 글과 조합을 이루면서 이야기를 그림 자체로 표현하는 독립된 시각 예술이다.

2. 그림책의 구성요소

1) 그림책의 문학적 요소

(1) 주제(theme)

주제는 글의 중심 생각이며, 이야기 속에 들어 있는 작가의 핵심적인 생각이다. 주제는 문학 작품 전체에 흐르는 생동감과 긴장감을 통해 유아로 하여금 이야기에 몰입하게 하고, 주변 환경에 대한 정보를 전해 주거나 유아의 기본적 욕구 등을 충족시켜 준다. 특히, 주제는 영유아가 알아야 할, 또는 흥미 있어 할 삶에 대한 보편적 진리들로 이루어지며, 작품은 이러한 주제들을 잘 형성화시켜 유아들을 '감동으로 움직여야' 한다(이윤희 외, 2009).

주제와 관련하여 주의 깊게 보아야 할 점은 다음과 같다(이윤희 외, 2009).

첫째, 주제는 그림책 속에 자연스럽게 녹아들어야 한다. 주제가 그림책 속에 자연스럽게 녹아들지 않았다면, 그것은 교훈적인 이야기, 설교 혹은 잔소리로 전락할 것이고, 유아들을 '감동으로 움직이기' 어려워진다.

둘째, 주제의 폭을 지나치게 좁혀서는 안 된다. 주제는 유아들이 일상에서 갖는 소소한 생각이나 갈등 같은 아주 소박한 것에서부터, 전쟁이나 폭력, 우주의 모습 등과 같은 깊이와 폭을 넓힌 주제를 다룰 수 있다. 좋은 주제는 유아가 이야기에 빠져들도록 하여 생생한 의미로 기억되도록 하며, 유아에게 새로운 발견, 이해, 기쁨을 제공한다(김세희, 2000). 명확하고 단일한 주제는 유아의 흥미를 지속시키고, 유아가 결과를 미리 예측하는 것을 즐기게 한다.

유아를 위한 그림책에서의 주제는 가족에 대한 이야기, 일상적인 경험에 관한 이야기, 유머나 환상적인 요소가 포함된 이야기, 자연에 대한 이야기, 전통에 대한 이야기, 사회문제 및 환경문제를 다룬 이야기, 종교에 대한 이야기(이춘희, 장미정, 2010) 등 다양한 주제가 포함된다.

① 가족에 대한 이야기

유아들은 자신과 가장 가까운 부모나 조부모의 어렸을 때 이야기를 듣고 싶어 한다. 가족에 대한 이야기에는 오늘날 이혼 또는 재혼, 다문화 가정의 이야기, 입양한 가정의 이야기, 조손 가정의 이야기 등이 포함된다.

<table>
<tr><td>한부모 가족</td><td>
</td><td>따로따로 행복하게(배빗 콜 저/고정아 역/보림출판사, 2019)

어른들이 결혼하고 이혼하는 이야기로 다양한 가족의 형태가 있음을 알려 주며 유아들이 이혼 가정의 모습을 이해하고 편견 없는 시선으로 바라볼 수 있는 지혜를 만들어 준다.</td></tr>
<tr><td colspan="2"></td><td></td></tr>
</table>

다문화 가족

예슬이 엄마 이름은 구티엔(임희옥 글/김충식 그림/아이코리아, 2008)

은지 엄마가 베트남에서 온 예슬이의 엄마를 초대하여 많은 이야기를 나누면서, 다른 나라 사람들이 이상하게 생긴 것이 아니고 우리와 다름을 이야기해 준다.

입양 가족

엄마 아빠가 생긴 날(제이미 리 커티스 글 · 그림/조세연 역/비룡소, 2005)

입양된 소녀의 입을 통해 밝고 따뜻하게 그리고 있다. 꾸미지 않고 솔직한 아이의 입말과 곳곳에 묻어나는 위트와 재치가 자칫 지루하고 무거워질 수 있었던 이야기에 재미와 흥미를 더해 준다.

<table>
<tr>
<td>조손 가족</td>
<td></td>
<td>언제나 할머니와 함께(이케미 히로코 글/이케미 타미코 그림/김소운 역/작은책방, 2002)

어린이집에서 발표회를 하는 날이면 언제나 어김없이 와 주셨던 할머니, 피아노도 한자도 언제나 함께 연습했던 할머니가 어느 날 갑자기 쓰러지신다. 돌아가신 할머니와 가족의 사랑을 그린 그림책으로 가족의 사정과 안타까움이 전해지는 이야기이다.</td>
</tr>
<tr>
<td colspan="2"></td>
<td></td>
</tr>
</table>

② 일상적인 경험에 관한 이야기

유아들의 어린이집(유치원) 생활에 적응하는 이야기, 친구 사귀기, 애완동물, 생일파티 등 일상적인 자신들의 경험 속에서 자립심과 독립심을 키우고 건강한 자아개념의 형성을 위한 내용 등이 포함된다.

강아지가 태어났어요(제롬 웩슬러 사진/이보라 역/비룡소, 2000).

강아지가 태어나는 과정을 쉬운 언어와 깔끔한 사진으로, 엄마개의 곁을 떠날 때까지의 과정이 담겨 있다.

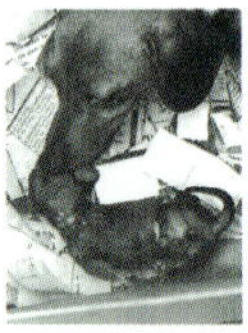

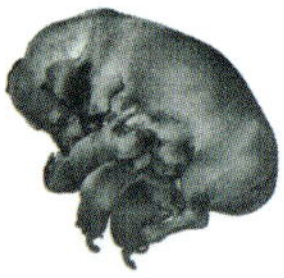

③ 유머나 환상적인 요소가 포함된 이야기

유머와 환상적인 요소가 담긴 이야기로는 의인화된 동물이나 물건 등이 등장하며 즐거움을 주는 이야기 등이 포함된다.

사랑에 빠진 개구리(맥스 벨트하우스 글 · 그림/이명희 역/마루벌, 2014)

사랑에 빠진 개구리는 서로 다른 느낌과 생각들을 서로 맞추어 나가야 한다는 것을 부드러운 유머로 설득하는 이야기이다.

④ 자연에 대한 이야기

자연에 대한 이야기로는 눈, 비, 태풍, 바람, 동물 등이 포함된다.

바람이 불었어(팻 허친즈 글 · 그림/박현철 역/시공주니어, 2017)

바람이 불어 화이트 씨의 우산을 비롯해 꼬마 프리실라의 풍선, 모자와 연, 널어 놓은 빨래, 판사님의 쓰던 가발 등이 하늘로 날아 오른다. 바람이 불면서 일어나는 재미난 현상을 보여 준다.

⑤ 전통에 대한 이야기

우리나라의 옛 전통에 대한 이야기 등이 포함된다.

쪽빛을 찾아서(유애로 글 · 그림/보림, 2005)

옷감을 곱게 물들이는 물장이 아저씨 이야기이다. 파아란 하늘을 닮은 염료를 찾아서 혼신의 힘을 다하는 장인 정신이 아름다운 그림과 함께 잘 묘사되어 있다.

⑥ 사회문제 및 환경문제를 다룬 이야기

사회문제, 환경문제 등이 포함된다.

야, 우리기차에서 내려!(존 버닝햄 글, 그림/박상희 역/비룡소, 2000)

기차에서 내리는 동물들이 처한 환경을 보면서 환경 문제의 심각성을 통해 유아들과 함께 어떻게 하면 동물들을 지킬 수 있을지, 더 나아가 지구를 지킬 수 있을지 이야기해 볼 수 있는 이야기이다.

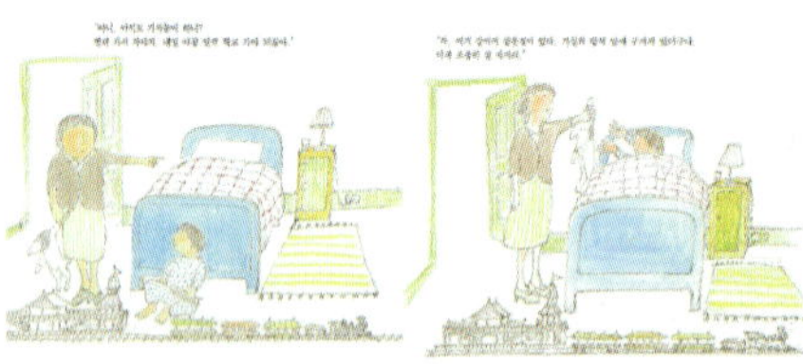

⑦ 장애에 대한 이야기

장애를 가진 친구나 동물에 대한 이야기 등이 포함된다.

내 귀는 레몬빛(카차라이더 글/안겔라 폰 로엘 그림/이진영 역/문학동네, 2013)

아기양이 자신의 특별한 외모를 남들과 꼭 맞춰 갈 필요가 없다는 걸 깨닫게 해 주며, 마음가짐에 따라 자신을 보는 눈이 달라지고, 세상을 보는 눈도 달라진다는 사실을 유쾌하게 가르쳐 주는 이야기이다.

(2) 등장인물(Character)

등장인물이란 그림책에 나오는 인물들을 말하며, 작품의 주체로서 그림책의 사건을 이끌어 나가는 중심점으로 유아들의 눈높이에 맞게 그려져 유아들이 쉽게 동일시하거나 공감할 수 있어야 한다. 등장인물은 크게 주인공(Hero)과 주변인물로 나누어진다.

- 주인공: 그림책 속에서 사건을 주도적으로 이끌어 나가는 인물로 그림책 속에서 사건의 중요한 역할을 담당한다.
- 주변인물: 그림책 속에서 주인공과 함께 등장하여 주인공에게 도움을 주거나 이야기 전개 과정에서 영유아에게 즐거움을 주는 역할을 담당한다.

그림책의 등장인물은 작가의 의도된 동기에 따라 설정된 허구적인 인물로 주로 성인, 유아, 의인화된 동물, 사물 등이 등장한다. 특히, 유아가 주인공으로 등장하는 그림책은 유아들의 감정과 정서가 잘 반영되어 유아들이 쉽게 공감할 수 있다.

그림책 속 등장인물은 다양한 성격을 지니게 되는데, 각 등장인물이 지닌 인물의 특징에 따라서 성격묘사(characterization)가 달라진다. 그림책에서는 등장인물의 성격묘사를 위해 다양한 기법이 사용된다.

※ 묘사: 등장인물이 어떻게 생겼고, 어떻게 움직이며, 무엇을 입고 있는지와 같은 시각적인 특징뿐만 아니라, 인물의 감정과 심리 상태, 됨됨이 등을 표현할 수 있는 방법

- 등장인물의 성격에 따른 유형

① 민담에 나오는 인물은 비교적 단순하고 평면적(flat)이며 전형적으로 묘사된다(착하고 예쁜 주인공이 악하거나 욕심 많고 미운 상대방과 대립되는 경우).

② 환상이나 일상생활을 다룬 그림책에 나오는 주인공은 개성이 뚜렷하고 다면적이며 입체적(round)으로 묘사된다.

(3) 플롯(Plot; 구성)

플롯은 이야기가 일어나는 일과 사건들이 전개되는 순서이다. 좋은 그림책의 플롯은 줄거리는 단순하지만 잘 만들어진 이야기의 요구조건을 충족시켜야 한다. 좋은 문학 작품의 플롯은 명확한 발단, 전개, 절정, 결말을 통해 갈등과 긴장감이 해결되어 가는 줄거리로 유아의 흥미를 불러일으킨다. 이 갈등이야말로 이야기를 흥미롭게 하는 요소이다. 잘 계획된 플롯은 유아들이 뒤에 이어질 이야기를 예측할 수 있는 기회를 제공하여 상상력과 창의력을 키울 수 있도록 돕는다. 이러한 플롯은 이야기 내용과 작가의 의도에 따라 다양한 유형으로 나눌 수 있다.

① 단선식(나열식) 플롯(linear plot)

단선식 플롯은 시간의 흐름(기승전결)에 따라 순서적으로 이야기가 전개되는 것으로 사건의 발달, 전개, 위기, 절정, 결말의 흐름으로 유아를 위한 그림책에서 가장 많이 활용된다. 단선식 플롯의 그림책의 예를 들면, 『괴물들이 사는 나라』, 『은혜 갚은 까치』, 『빨간 모자』, 『우리 엄마 어디 있어요?』, 『혹부리 영감』, 『세상에서 제일 힘센 수탉』 등을 들 수 있다.

플롯	내용		
발단	인물, 배경 등 소개로 시작		아주 오랜 옛날, 어느 마을 끝자락에 빨간모자 엘리자벳이 살았음
전개	사건이나 문제 전개	 	엄마는 빨간모자 엘리자벳에게 빵과 버터 포도주를 할머니에게 갖다 드리라고 함. 할머니댁 가는 숲 길에서 늑대를 만남
위기	새로운 사태가 발생하고 갈등을 보다 발전		늑대는 빨간모자 엘리자벳을 잡아먹기 전에 할머니를 잡아먹기 위해 할머니 집으로 감

플롯	내용			
절정	갈등의 절정에 이름			늑대는 할머니를 잡아먹고, 꽃을 꺽어 돌아온 빨간모자 엘리자벳도 잡아먹음
결말	문제가 해결되면서 결말에 이름			사냥꾼이 나타나 늑대의 배를 갈라서 할머니와 빨간망토 엘리자벳을 구해 줌. 할머니와 빨간모자 엘리자벳은 함께 맛있는 음식을 먹음

빨간 모자(그림형제 글/트리나 샤트 하이맨 그림/이진경 역/상상의힘, 2014)

② 연쇄식(chain) 플롯

연쇄식 플롯은 비슷한 사건들이 반복되는데 하나의 행위가 원인이 되어 다음 행위가 생기는 결과로 이야기가 진행된다. 연쇄식 플롯의 그림책의 예를 들면, 『심심해서 그랬어』, 『팥죽할멈과 호랑이』, 『좁쌀 한 톨로 장가든 총각』, 『크리스마스 선물』 등을 들 수 있다.

파리	알밤	게	쇠똥	멍석	지게

팥죽할멈과 호랑이(김영이 글/고정현 그림/한국가우스, 2014)

③ 누적식 플롯(accumulative plot; 동심원적 형식)

누적식 플롯은 이야기에 새로운 인물이나 사건이 더해지는 플롯이다. 반복과 첨가의 특징 때문에 동심원적 플롯이라고도 한다. 사건이 반복되지만 사건들 사이에 인과관계가 없어서 중간의 어느 사건이 빠져도 줄거리 진행에 영향을 주지 않는다. 누적식 플롯의 그림책의 예를 들면, 『장갑』, 『커다란 무』, 『사과가 쿵』, 『코끼리 형님의 나들이』, 『야! 우리 기차에서 내려.』 등을 들 수 있다.

할아버지	할머니	손녀	강아지	고양이	쥐

커다란 무(헬린 옥슨버리 글 · 그림/박향주 역/시공주니어, 2000)

④ 순환식(circular) 플롯(회귀적 형식)

순환식 플롯은 이야기 속의 사건들이 차례로 진행하다가 다시 원점으로 돌아가는 형식이다. 순환식 플롯 그림책의 예를 들면, 『나랑 같이 놀자』, 『생쥐의 결혼식』, 『곰 사냥을 떠나자』, 『쥐의 결혼』 등을 들 수 있다.

	 집에서 곰을 잡으러 떠남	⇨	 강을 지나고	⇨	 들을 지나
⇨	 숲을 지나	⇨	 눈보라를 헤치고	⇨	 동굴 속에서 곰을 만남
⇨	 식구들은 놀라	⇨	 다시 집으로 돌아옴		

곰 사냥을 떠나자(마이클 로젠 글/헬린 옥슨버리 그림/공경희 역/시공주니어, 2017)

(4) 문체

문체는 작가가 말하고자 하는 것을 나타낼 때의 표현방식으로 언어 사용, 단어 선택, 문장의 구성과 관계가 있다. 그림책에서 문체는 리듬감이 있고 반복이 많아 유아들이 즐거워야 한다. 또한 유아들이 이해하기 쉬운 어휘의 사용과 호기심을 불러일으키고 사고력을 발달시켜 주는 의문문형이나 상상력을 불러일으키는 언어로 표현하는 것이 바람직하다.

(5) 배경(Setting)

이야기가 진행될 때 시간적인 것과 공간적인 요소가 배경이 된다. 배경은 글의 내용을 보충해 주는 역할을 하며, 분위기 조성과 등장인물의 성격 창조를 돕는다. 그림책의 글 부분은 표현할 수 있는 범위가 제안되어 있지만, 배경은 글로 표현할 수 없는 세심한 부분까지 나타낼 수 있어 유아가 그림책을 이해하는 데 도움을 준다.

배경은 이야기의 장소와 시간에 따라 다음과 같이 구분할 수 있다(김소양, 이경화, 채종옥, 2001).

① 이야기가 설정하고 있는 장소에 따른 분류

• 현실세계: 현실세계가 이야기의 배경으로 설정된 경우이다. 즉, 사람들이 살고 있는 장소에서 이야기가 전개된다.	• 비현실세계: 비현실세계, 즉 환상적인 세계가 이야기의 배경으로 설정된 경우이다(주로 환상동화).	• 현실세계와 비현실 세계: 현실세계와 비현실세계가 모두 이야기의 배경으로 설정된 경우이다(주로 환상동화) 현실세계와 비현실세계를 자연스럽게 이어 주는 통로나 장치는 외부사물(토끼굴이나 옷장문), 자연현상(대폭풍, 바람), 외적현상(잠, 상상력) 등이다.

「순이의 어린동생」은 집과 동네가 배경	「깊은밤 부엌에서」에서는 미키의 꿈속에서 환상의 내용이 배경	「돼지책」에서는 현실의 세계에서 아빠가 방문으로 들어 올 때, 벽의 콘센트의 모양이 돼지코로 변하면서 환상의 배경으로 바뀜

② 이야기가 발생한 시간에 따른 분류

• 옛날: 이야기가 발생한 시간이 오래된 이야기로 전래동화와 역사동화가 이에 속한다. 이런 이야기는 옛날 사람들의 생활 모습, 옷, 집 등을 옛날 그대로 재현하여 옛이야기라는 것을 느끼도록 한다.	• 현재: 지금 현재 발생한 이야기로서 주로 생활동화가 이에 속한다. 이런 이야기는 현 시대에 살고 있는 사람들의 생활 모습을 보여 주고, 설정하고 있는 배경도 우리들이 살고 있는 곳이다.

'옛날 옛날에...'로 시작.	'어느 날, 어머니가 말했습니다'로 시작.

2) 그림책의 예술적 요소

(1) 색(Color)

색이란 빛을 흡수하고 반사하는 결과로 나타나는 사물의 밝고 어두움이나 빨강, 파랑, 노랑 따위의 물리적 현상이다(네이버 국어사전). 색은 유아들이 그림책을 선택하는 중요한 요소로 작용한다. 그림책은 내용과 조화를 이루는 색으로 표현되어 있다. 내용에 따라 원색일 수도, 중간색일 수도, 흑백일 수도 있다. 유아가 원색을 좋아하기도 하지만, 항상 화려하고 밝은 색만 원하는 것은 아니며, 파스텔 톤만 좋아하는 것도 아니다. 색도 선이나 모양처럼 정서적인 반응을 불러일으키는데, 빨강과 노랑은 따뜻하거나 더운 느낌을 주며 흥분을 나타낸다. 반면, 파랑과 초록은 시원하거나 추운색이며 침착하고 고요함을 나타낸다. 색에 있어서 기준으로 삼아야 할 것은 '원색이냐 중간색이냐가 아니라, 내용과 조화로운 색인가'이다.

또한 그림책에서 어떤 색을 주로 사용했는지에 따라 전체적인 그림책의 분위기가 결정되고, 등장인물의 성격 및 이야기 전개에도 영향을 미치며 그림책의 가치를 평가하는 기준이 되기도 한다. 그림책의 내용이 행복한 이야기일 경우, 명도가 높은 밝은 색을 사용하는 경우가 많고, 우울한 이야기인 경우에는 명도가 낮은 어두운 색을 많이 사용한다.

명도		채도	
낮음	우울하고 어두운 느낌	낮음	부드럽고 편안한 느낌
높음	밝고 행복한 느낌	높음	더 활발, 경쾌해 보임

① 흑백과 컬러의 조합

코를 킁킁(루스 크라우스 글/마크 사이먼트 그림/비룡소, 1997)

겨울잠을 자던 동물들이 깨어나 봄을 발견한 기쁨을 생생하게 전해주는 이야기이다. 노란 꽃을 빼면 온통 흰색과 검은 색 그림뿐인 그림책은 흑백으로 겨울 느낌을, 노란 꽃으로 봄의 느낌을 잘 표현하였다. 자연의 경이로움을 한층 더 실감나게 느낄 수 있는 작품. 노란 꽃은 봄을 상징한다.

〈흑백 - 겨울 느낌〉

〈노란 꽃 - 봄 느낌〉

② 계절의 변화에 따른 색

작은 집 이야기(버지니아 리 보튼 저/홍연미 역/시공주니어, 2017)

거대 자본주의 국가로 발전하면서 모든 것이 무섭게 변하던 시기에, 영원히 변치 않는 것들에 대한 절실한 그리움과, 인간과 자연이 조화롭게 사는 세상에 대한 소망이 담겨 있다.

봄

여름

가을

겨울

③ 원색

태양으로 날아간 화살(제럴드 맥더멋 저/김명숙 역/시공주니어, 2006)

푸에블로 인디언의 설화를 바탕으로 하늘 아버지와 땅 어머니 사이에서 태어난 태양신의 표징을 몸에 지니고 살게 된 아이는 모든 시련을 극복하고 태양신의 전령이 된다. 노랑과 주황의 강렬한 원색을 사용하였다.

깊은 밤 부엌에서(모리스 샌닥 글 · 그림/강무홍 역/시공주니어, 2017)

미키라는 아이가 한밤중에 잠들지 않고 보고 온 환상의 세계에서, 옅은 갈색과 녹색의 차분한 그림으로 먹을 것에 대한 어린이의 욕망을 해소해 주며 기발한 상상의 세계를 담았다.

소피가 화나면 정말정말 화나면(몰리뱅 글 · 그림/이은화 역/케이유니버스, 2007)

화가 났을 때 아이들 스스로 화를 올바르게 다스리는 방법을 알려 주는 이야기이다. 특히 글을 모르는 아이들도 금방 알아볼 수 있을 만큼 강렬한 선과 색으로 아이들의 화를 생생하게 표현하고 있다.

(2) 모양(shape)

모양은 대상의 형태를 나타내는 말로서 바깥 경계선과 윤곽을 말하며, 그림책 속에서 이야기를 표현하는 강력한 힘을 가진다. 그림책에서의 형태는 단순함과 복잡함, 실제적 또는 추상적, 자유로움 또는 고정됨 등으로 표현된다. 그림책에서의 형태는 유아들의 정서적인 반응을 이끌어 내는 미술적 요소이다. 모양은 평면적이고 이차원적이다. 평면적 모양의 그림책의 내용은 유머러스한 것들이 많으며, 대체로 깊이 있는 주제를 유아에게 알맞은 방식으로 표현한다(서정숙, 남규, 2010).

그림책에 사물들의 모양은 다양한 느낌을 준다. 정사각형, 직사각형, 삼각형은 딱딱한 느낌을 주고, 곡선이나 원 모양이나 형태는 부드러운 느낌을 준다. 그림책에 사물의 모양은 선명하고 단순하게 또는 화려하게, 실제적으로 또는 추상적으로 표현된 것 등 다양하다(강문희, 이혜상, 2008).

알록달록 동물원(로이스 엘럿 저/문정윤 역/시공주니어, 2017)

우리 주변에서 흔히 볼 수 있는 원, 삼각형, 사각형 등을 겹쳐서 만든 형형색색의 동물들이 보인다. 유아들한테 딱딱한, 자칫 지루할 수도 있는 색깔이나 모양을, 유아들이 좋아하는 동물에 접목시켜 더 좋아하는 이야기로 만들었다.

난 토마토 절대 안먹어(로렌 차일드 글 · 그림/조은수 역/국민서관, 2001)

부모님이 롤라의 오빠, 찰리에게 롤라의 밥을 차려 주라고 한다. 하지만 편식을 하는 롤라는 콩, 당근 등 야채는 싫다고 하고, 그중에서도 토마토는 절대로 안 먹는다고 한다. 찰리는 그런 롤라를 위해 당근은 '오렌지뽕가지뽕'이라 재미있는 이름을 붙여 주었고, 롤라의 식사 시간이 완전히 달라진다.

(3) 공간(Space)

공간이란 그림책의 각 페이지 안에서 표현하고자 하는 작가의 의도와 주인공의 상황 및 영유아의 주의를 이끌어 내는 데 적절히 활용된다. 빈 공간이 적을수록 무질서나 혼란, 폐쇄적인 느낌을 주고, 빈 공간이 많을수록 외롭거나 고립됨, 공허함 등을 표현하거나 혹은 반대로 여유로움이나 영유아의 상상의 나래를 펼칠 수 있는 여지를 주기도 한다. 이처럼 공간은 그림책의 전체적인 분위기를 이끌어 가기도 한다. 따라서 그림책의 공간을 효과적으로 활용해야 한다. 유아를 위한 그림책의 공간 구성은 다양한 형태로 표현된다.

① 그림책 전면에 전혀 빈 공간이 없는 그림책

이사가는 날(김세온 글 · 그림/비룡소, 2001)

② 빈 공간이 있는 경우와 빈 공간이 없는 경우를 번갈아 사용한 그림책

괴물들이 사는 나라(모리스 샌닥 글 · 그림/강무홍 역/시공주니어, 2002).

③ 그림책 전면이 주로 빈 공간으로 구성된 그림책

바바빠빠(아네트 티종, 탈루스 테일러 공저/이용분 역/시공주니어, 1994)

④ 그림을 정해진 공간 속에 그려 넣은 그림책

나랑 같이 놀자(마리 홀 에츠 글 · 그림/양은역 역/시공주니어, 2000)

(4) 선(Line)

선이란 그어 놓은 줄 또는 물체의 윤곽을 이루는 부분(네이버 국어사전)을 의미한다. 그림책에서 선은 구체적인 물체나 등장인물을 표현할 때 사용되고 선을 통해 작품의 분위기를 조성하여 영유아들의 정서적 반응을 불러일으킨다.

선의 기본은 곡선과 직선이다. 선은 가늘고 굵음, 거칠고 부드러움, 강함과 약함 등으로 작가의 생각과 감정을 표현한다(강문희, 이혜상, 2008). 선은 사물의 특징을 나타내고 모양의 윤곽을 드러낸다. 선들은 움직임, 거리, 느낌까지도 제시한다. 이렇듯 그림책의 선은 다양한 느낌과 분위기를 만들어 낸다.

① 단순한 선으로 절제미 표현

프레드릭(레오 리오니 저/최순희 역/시공주니어, 2017)

② 목탄으로 표현한 가는 선

춤을 출거예요(강경수 저/그림책공작소, 2015)

③ 사건의 시작과 움직임을 알려 주는 굵은 점선

내 친구 깡총이(에릭 로만 글 · 그림/이상희 역/바다출판사, 2003)

④ 붓선으로 표현한 세밀화

봉산탈사자춤(유승정 저/초방책방, 2015)

(5) 구도(Composition)와 원근법

구도는 세부 묘사의 배열 상태를 뜻한다. 구도는 화면을 구성하고 적절한 형태의 위치를 잡아 감으로써 전체적 분위기를 만들어 준다.

• 수평구도(화면을 상하로 이분하여 대상을 배치)	안정감과 수평, 지평을 연상하여 먼 거리감을 느낄 수 있음
• 수직구도(화면을 좌우로 이분하는)	긴장감을 유도함
• 사선구도(비스듬한 구도)	잔잔함 속에 긴장감을 부여하여 역동의 이미지를 느낄 수 있음
• 삼각구도(밑변이 넓고 올라갈수록 좁아짐)	화면의 안정감과 위로 향하는 시각적 이동의 긴장이 수반됨
• 원환적 구도(둥근 원의 전체적인 면의 분할 위에 조형적 요소인 점, 선, 면, 형태, 색 등을 적절히 표현)	그림이 생명력을 갖게 됨

구도의 중요한 특징은 각도 혹은 원근법(perspective)이다. 원근법이란 일정한 시점에서 본 물체 혹은 공간이 눈에 보이는 그대로 평면에 표현하는 기법을 말한다. 좋은 구도는 다양한 시각적 효과를 줄 수 있어, 글과 그림이 조화를 이룰 수 있도록 돕고 작품의 전체적인 안정감과 통일감을 가져다준다. 좋은 구도는 그림책을 읽는 영유아들이 실제로 보는 것과 같은 느낌을 전달할 수 있는 구도이며, 리듬감과 생동감을 주는 구도이다.

유아들은 그림책 속에서 사용된 구도와 원근법을 접하면서 미적 감각을 익힐 수 있고, 그림책에 몰입할 수 있다. 구도와 원근법은 그림책을 더욱 생동감 있고, 실감나게 만들어 준다.

작은 집 이야기(버지니아 리 버튼 저/홍연미 역/시공주니어, 2017)

독특한 S자형 구도가 돋보이고 활자의 배열까지도 그림의 한 부분으로 통일성을 얻고 있고, 이러한 구도를 통하여 빼어나게 아름다운 선의 흐름을 보여 준다.

아기 오리들에게 길을 비켜 주세요!(로버트 맥클로스키 저/이수연 글 · 그림/시공주니어, 2017)

갈색 콘테로 그린 그림은 때로는 오리의 시점에서 거대한 대도시의 모습을 보여 주기도 하고, 때로는 사람의 눈으로 바라보는 오리 가족의 모습을 보여 주기도 한다. 상황의 완급에 따라 롱 샷과 클로즈 샷이 적절하게 배합되어서, 아슬아슬한 긴박감이 느껴지는 순간이 있는가 하면 느슨하다 싶을 만큼 여유로운 순간도 있다.

(6) 질감(Texture)

질감이란 물체나 물질의 시각적, 촉각적 재질을 나타내는 것으로, 재료가 갖고 있는 느낌을 말한다. 그림책의 질감은 화가가 그림책에 사용한 재료에 따라 각기 다른 느낌을 전달할 수 있다.

즉, 작가는 다양한 재료와 기법을 사용하여 부드러움, 거침, 단단함, 끈적거림, 말랑말랑함 등의 여러 느낌의 질감을 표현할 수 있다. 어떤 경우 나무껍질이 거칠게 보이도록 표현하고 어떤 경우 새의 깃털이 부드럽게 보이도록 매우 섬세한 선을 사용하기도 한다. 연필을 사용하여 또 다른 질감을 나타내기도 하고 판화를 이용하기도 한다. 특히, 콜라주는 사물의 다차원성과 시각적 차이를 나타내기 위해 사용된다(강문희, 이혜상, 2008).

① 콜라주 기법으로 생동감 있게 표현

프레드릭(레오 리오니 저/최순희 역/시공주니어, 2017)

콜라주 기법을 이용하여 부드럽고 밝고 따뜻한 색채와 단순한 선으로 절제미를 잘 나타냈다.

② 여우의 털을 푹신하게 강조

아기여우와 털장갑(니이미 난키치 글/구로이 겐 그림/한림출판사, 1998)

주인공 여우를 날카로운 질감으로 표현하지 않고 푹신한 털을 강조함으로써 겨울 풍경을 매우 포근하게 표현했다.

③ 다양한 재료의 질감으로 생동감을 느낄 수 있도록 함

아기 오리는 어디로 갔을까요?(낸시 태퍼리 글 · 그림/박상희 역/비룡소, 1999)

아기 오리를 찾는 과정을 숨은그림찾기와 사진을 찍어 놓은 듯 깃털과 식물들로 섬세하게 표현했다.

3. 그림책의 특징

그림책에서의 글과 그림은 독자에게 메시지를 전달함에 있어서 함께 기여한다. 이를 통해 영유아는 의미 있는 책 읽기를 할 수 있다. 그림책의 특징에 대하여 살펴보면 다음과 같다.

1) 그림책은 글과 그림이 조화를 이루어 내용을 전달하므로 딱딱한 말의 의미가 시각화하여 나타난다.

아직 글을 읽지 못하는 유아들도 그림을 보며 내용을 추측하여 이해할 수 있다. 유아가 특별한 약속이나 교육 없이도 직감적으로 내용을 이해할 수 있는 것은 시각적 요소를 충분히 활용할 수 있기 때문이다. 인물이 처한 공간과 시간의 관계가 그림을 통해 충분히 형상화될 수 있다는 점은 그림책에 있어서 가장 중요한 특성이다.

2) 그림책은 현실과 상상의 세계를 구체적인 방법으로 이야기라는 그릇에 담아낸다(Hillman & Keim, 1995).

유아의 세계는 현실이라는 일상으로부터 시작되지만 현실을 훨씬 넘어서는 놀이와 상상의 세계가 있다. 유아는 현실과 상상의 세계를 자유롭게 넘나들면서 자신을 둘러싸고 있는 현실세계의 불안을 떨쳐 버리고 있는 그대로의 현실세계를 받아들이며, 두 세계의 대립과 조화를 통해 새로운 통찰(예리한 관찰력으로 사물을 환히 꿰뚫어 봄)을 더해 갈 수 있다. 그림책은 현실과 상상의 세계를 연결시켜 유아에게 꿈과 환상을 심어 주는 좋은 매체이다.

3) 그림책은 대부분 이야기가 짧고, 내용이 단순하며, 쉬운 주제로 구성된다.

그림책은 유아의 마음속에 글과 그림을 이용하여 이야기의 세계를 펼쳐 보이므로, 그림책에는 분명하게 실재감이 있는 언어가 리듬을 지니면서 이야기의 세계가 펼쳐진다. 이를 통해, 유아는 언어적 체험의 즐거움을 느끼게 된다.

4) 그림책은 윤리적이고 교육적인 면을 포함하고 있다.

이제 막 도덕성이 발달되기 시작하는 유아는 다양한 각도와 넓은 시야로 생각하고 바라볼 수 있는 능력이 없다. 따라서, 지나치게 설교하는 책은 아니더라도 유아에게는 비윤리적 · 비교육적 내용은 삼간다. 교육역사상 최초로 그림책을 만든 코메니우스는 사물의 모양을 마음에 새기는 데 도움을 주며, 책을 재미있는 것이라 생각하게 하고, 읽기를 배우도록 도와주는 것으로 그림책이 필요하다고 하였다.

5) 좋은 그림책은 문학적 · 예술적 · 교육적 요소들이 조화를 이루면서 이야기의 세계가 펼쳐지는 책이다.

좋은 그림책은 내용이 쉽게 이해될 수 있고, 유아의 정서적 반응을 쉽게 끌어낼 수 있으며, 유아가 상상할 여지가 있고 세상이나 자신을 전체적으로 돌아볼 수 있는 책이다(Jalongo, 1988). 또한 그림과 글의 형식과 내용이 유아에게 적절하고 그림과 글의 연관성이 확실한 것이다(이상금 역, 1990).

이에 더하여 그림책의 문장과 그림의 관계가 확실한가를 살펴보아야 한다. 즉, 그림책은 글과 그림이 조화를 이루는 책이므로, 유아에게 좋은 그림책을 제공하기 위해서는 그림책의 외형, 그림책의 내용, 그림책의 그림, 글과 그림의 관계 등을 모두 세밀히 살펴야 한다(이경우, 장영희 외, 1997).

4. 그림책의 교육적 의의

그림책을 통해서 영유아는 즐거움을 느끼게 되고, 이는 곧 책과 친해지게 되는 계기가 되며, 이러한 경험을 통해서 긍정적인 독서 태도를 형성하게 된다. 그림책의 교육적 의의에 대하여 살펴보면 다음과 같다.

1) 그림책은 유아에게 즐거움과 재미를 주며, 문학에 대한 흥미를 일으킨다.

유아들은 책 속의 유머와 웃음을 통해 즐거워하고 재미있어 하는 경험을 통해 책을 읽는 것을 즐기게 되며, 문학을 친숙하게 느끼고 일상생활의 일부로 인식하여 문학 작품에 대한 흥미와 취향이 개발된다.

2) 그림책은 유아의 정서를 풍요롭게 한다.

그림책은 유아를 대상으로 만들어진 이야기로, 유아가 쉽게 이야기의 전개과정 중에 주인공의 정서적 경험을 함께 공유하게 된다. 이러한 기쁨, 슬픔, 놀라움, 걱정, 분노, 안도 등의 다양한 정서적 경험은 유아의 정서를 풍요롭게 한다.

3) 그림책은 유아의 상상력을 자극하며 사고의 발달을 가져온다.

유아는 물활론적 특징 때문에 쉽게 상상의 세계에 동화된다. 그림책 속의 마술적, 환상적 요소는 유아가 상상의 세계를 즐기도록 하여 상상력을 발달시킨다. 상상력은 경험하지 않은 현상이나 사물에 대해 머릿속으로 그려 보는 능력이다. 마음속에 심상을 그릴 수 있고, 보이지 않는 것을 구체화할 수 있는 능력은 곧 생각하는 힘인 사고력을 발달시킨다(김현희, 1996).

4) 그림책은 유아의 심미적 감상력을 발달시킨다.

글과 그림의 혼합체인 그림책은 작가와 화가의 독창적인 발상과 개성적인 표현에 의해 완성된 아름다움의 극치이다. 유아들은 독특한 매체와 기법을 사용한 다양한 그림책을 보면서 예술적 감흥을 체험하고, 심미적 감상력을 자연스럽게 키울 수 있게 된다(김세희, 2000). 그림책의 예술적 요소인 선, 공간, 형태, 색, 구조 등에 대해 정확하게 명명할 수는 없어도 이를 느끼며 반응한다.

5) 그림책은 유아가 주변 세계와 이웃을 이해하며, 개념 습득과 지식 형성을 하도록 돕는다.

유아는 그림책 속 주인공의 삶을 통해 주인공의 행동과 태도를 경험하게 된다. 이렇게 나와 비슷한 또 다른 인물이 겪는 문제나 해결과정에서 겪는 감정 등을 넓고 풍부하게 간접체험할 수 있다. 그리하여 이웃이나 주변 세계에 대한 이해능력이 넓어지고, 그와 관련된 일반화되고 사회화된 개념을 습득하고 지식을 형성할 수 있다.

6) 그림책을 통해 유아는 자신감과 자기 통제력을 갖게 된다.

자신감과 자기 통제력은 지적인 능력과 정서적 안정감이 통합되어 나타난다(이경우, 장영희 외, 1997). 유아는 그림책을 통해 새로운 인물, 상황, 환경, 문제해결 전략 등을 알게 되고, 이는 이미 가지고 있는 지식, 기술, 태도와 합쳐지고 변화되면서 하나의 새로운 능력으로 통합 발전된다. 이러한 능력은 그림책을 읽으며 느끼는 정서적인 안정감과 통합을 이루게 되고, 현실 생활에서 오는 갈등을 해소하며 자신감을 갖게 한다.

7) 그림책은 자연스럽게 언어발달에 도움을 준다.

그림책을 많이 접한 유아들은 이야기 내용을 정확하게 이해하고, 앞으로 전개될 이야기의 흐름이나 사건에 대한 예측을 잘할 수 있어 이야기의 구조를 보다 잘 형성한다. 좋은 그림책의 경험은 유아의 읽기와 쓰기를 자연스럽고 성공적으로 이끌어 준다(Schickedanz, 1999). 효율적인 의사소통의 능력은 여러 가지 상황에서 의미를 주고받는 경험의 질과 양에 따라 결정된다. 이와 관련하여, 그림책은 여러 가상적 상황에서 의미를 구성하고 재해석해 볼 수 있는 기회를 최대한 제공한다.

8) 그림책을 읽어 주는 성인과 애정적인 교감을 나누게 된다.

유아의 책은 읽는 책이 아니라 읽어 주는 책이다. 유아는 자신이 사랑을 받고 있다는 것을 확인할 수 있을 때 정서적 안정감을 느낀다(Katz, 1978). 유아에게 책을 읽어 줄 때는 유아를 무릎에 앉히거나, 유아의 가까이에 앉아 껴안거나 등을 어루만지는 등의 스킨십을 통해 사랑을 확인할 수 있다. 이렇게 함께 책을 읽는 시간만으로도 충분한 공감대가 형성될 수 있으며, 이후 함께 나눌 수 있는 이야깃거리가 많아져 이를 근거로 대화가 확장될 여지가 생기기도 한다.

5. 좋은 그림책 선정 시 고려할 점

1) 영유아에게 흥미를 줄 수 있어야 한다.

2) 영유아의 연령 및 발달 수준을 고려하여 제작된 것이어야 한다.

3) 그림책의 그림은 글을 대신하여 내용을 전달하고, 꿈을 길러 주고, 정서를 순화시킬 수 있도록 아름다운 것이어야 한다. 그림책의 그림만 보아도 내용을 이해할 수 있게 내용과 그림이 상호보완적인 그림이 있는 책을 선택한다.

4) 원색 위주로 그려진 그림책은 피하고, 색채가 영유아에게 안정감을 주는, 그림이 매력적이며 잘 고안된 책을 고른다.

5) 영유아들이 즐겨 머리에 그리는 것을 그대로 보여 주는 것이 좋다.

6. 그림책의 유형

1) 글 없는 그림책

(1) 글 없는 그림책의 정의

글 없는 그림책은 본문 없이 그림으로 이루어진 책이다. 글 없는 그림책에은 '단어가 없는 그림책', '단어가 없는 어린이의 책' 등으로 정의되는데, 그중에서도 특히 '단어 없는'이라는 용어가 가장 빈번하게 사용된다(이경우, 1998). 글 없는 그림책은 책에 본문이 없다는 점에서 다른 책들과 차이가 있지만, 기존의 그림책에서 단지 글만 뺀 것이 아닌 그림 속에 포함된 줄거리로 이야기가 진행된다(유세현, 2019).

파도야 놀자(이수지 저/비룡소, 2017)

여름 날 엄마와 함께 한적한 바닷가에 놀러오게 된 소녀의 특별한 하루의 이야기이다. 파도와 소녀, 그리고 갈매기들을.... 자유로운 먹선 위에 하얀색과 파란색만 사용한 생동감 넘치는 그림으로 글자 없이 이야기를 속도감 있게 끌어 나간다.

(2) 글 없는 그림책의 교육적 의의

① 글 없는 그림책은 유아의 사회 · 정서를 발달시킨다.

글 없는 그림책은 글을 잘못 읽는다는 실패의 두려움이 없어서 읽기 태도에 긍정적인 영향을 줄 수 있으며, 자신감이 생기고, 정서적으로도 안정감을 느낄 수 있으므로 사회 · 정서발달이 향상된다(D'Angelo, 1981). 또한, 유아들이 글 없는 그림책을 볼 때 자신만의 독특한 의미를 만들어 내는 과정에서 즐거움을 느낄 수 있다(Raines & Isbell, 1994).

② 글 없는 그림책은 창의성을 발달시킨다.

글 없는 그림책에는 글이 없어 그림 내용을 유아가 자유롭게 상상하고 자신만의 세계를 만들 수 있고, 확산적인 사고로 이야기를 새롭게 창조할 수 있어 창의성을 증진시킬 수 있다.

③ 글 없는 그림책은 언어 발달에 긍정적인 영향을 미친다.

글 없는 그림책은 그림만을 보고 유아가 스스로 이야기를 만들 수 있어 글을 읽고 쓰기 시작하는 시기인 유아들에게 적합하다(Jalongo, 1992). 글 없는 그림책의 그림으로 유아들이 이야기를 다양한 언어로 표현해 보는 활동은 다양한 언어표현의 경험이 필요한 유아들에게 긍정적인 자극이 되어 언어발달에 도움이 되고(D'Angelo, 1981), 또한, 글 없는 그림책을 보고 상황에 맞는 단어 선택을 하여 이야기를 재편성, 재조직하는 과정에서 언어발달을 돕는다. 또한, 글 없는 그림책을 읽을 때 유아가 세심한 부분까지 설명하고, 다음 사건을 예측하고, 인과 관계를 알고 뒷이야기까지 만들어 보는 활동을 할 수 있기 때문에 이러한 활동을 통해 유아들이 올바른 문장구조와 적절한 어휘 사용을 할 수 있어 언어 발달에 도움이 된다(Burns & Roe, 1976).

④ 글 없는 그림책은 수학적 감각 발달에 긍정적인 영향을 미친다.

글 없는 그림책을 읽을 때, 왼쪽에서 오른쪽으로 읽는 규칙을 알게 되고, 각 페이지를 넘길 때마다 보이는 연속적인 순서의 개념을 심어 줄 수 있다.

2) 패러디 그림책

(1) 패러디 그림책의 정의

패러디란 잘 알려진 작가의 스타일을 모방하여 유머러스하게 또는 풍자적으로 개작한 글을 의미한다(곽향림, 1997). 즉, 작가가 익숙하게 알려진 전래동화나 이솝동화, 유명한 등장인물들을 이용하여 이야기를 수정하거나 개작하여 독자에게 의미와 웃음을 주기 위해 만든 풍자적 모방작품인 것이다.

문학에서 패러디란 기존에 익숙하게 알려진 작품에 새로운 의미와 가치를 부여하여 재생산한 작품을 말한다. 따라서 패러디 그림책은 사람들에게 잘 알려진 그림책을 이용하여 모방, 개작한 책으로서, 패러디 그림책을 읽는 과정에서 유아들은 다양한 시각으로 그림책을 읽을 수 있다.

이러한 패러디 그림책은 현대 사상이라고 할 수 있는 포스트모더니즘과 페미니즘을 바탕으로 하고 있다. 대부분의 패러디 그림책은 주제나 인물 면에서 포스트모더니즘의 상대성, 다원성 등을 기저로 하고 있으며, 문학적 형식에서도 기존의 서사적 형식을 벗어난 열린 결말이나 새로운 플롯형식을 시도한다.

(2) 패러디 그림책의 특징

대부분의 패러디 그림책은 옛이야기 그림책을 대상으로 하는 경우가 많다. 패러디 그림책은 다음과 같은 특징을 갖는다(최아림, 2017).

① 패러디 그림책은 고정관념과 편견의 틀을 깨뜨릴 수 있는 기회를 제공한다.
패러디 그림책은 관습이나 편견을 비판하며, 원작에서 비난받는 역할을 하는 입장을 대변하여 비난받는 역할을 했던 부정적 가치의 주인공을 긍정적 가치의 주인공으로 변신시킨다.

② 패러디 그림책은 기대하지 않았던 방향으로 이야기를 몰고 감으로써 독자에게 신선한 재미를 준다(Stott, 1990).
원작 그림책에서 나왔던 등장인물의 성격이나, 이야기 구조가 패러디 그림책에서는 다르게 나타난다.

③ 패러디 그림책은 상호텍스트성을 지니고 있다.
패러디 그림책은 원작의 내용을 알고 있어야 패러디한 부분에 대해 이해할 수 있다.

늑대가 들려주는 아기돼지 삼형제(존 셰스카 글/레인 스미스 그림/황의방 역/보림, 2008)

튼튼한 벽돌집을 지어 늑대의 침입을 물리친 아기 돼지 삼형제의 이야기를, 늑대의 입장에서 이야기한다. 유아에게 성실함과 유비무환의 교훈을 가르쳤던 『아기돼지 삼형제』 그림책을 늑대의 입장에서 보여 줌으로써, 관점에 따라 이야기가 얼마나 달라질 수 있는지를 명확하게 보여 주는 그림책이다.

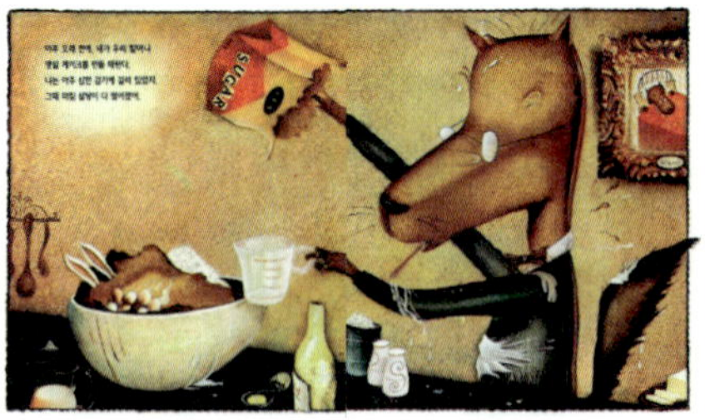

출처: 보건복지부(2014).

④ 패러디 그림책은 열린 결말을 통해 독자에게 상상력과 사고력을 자유롭게 펼칠 수 있는 기회를 준다.
패러디 그림책을 읽는 독자에게 열린 결말을 통해 이야기를 다양하게 만들 수 있는 기회를 제공한다.

(3) 패러디 그림책의 교육적 의의

패러디 그림책을 읽는 독자는 원작에서 비난을 받거나 악한 역할로 등장하던 인물이 긍정적인 인물로 재구성되는 과정을 통해 등장인물의 정서에 공감하게 되며, 다른 사람의 관점에서 생각해 보는 기회를 갖게 된다. 패러디 그림책의 교육적 의의에 대하여 살펴보면 다음과 같다.

① 패러디 그림책이 갖는 유머로 인해 유아들에게 즐거움과 흥미를 주어 유아들에게 문학적 정서를 키워 나가게 해 준다(곽향림, 1997).
패러디 그림책 특성이 원작의 내용과는 달리 앞뒤가 바뀌는 것과 같은 구성으로 인해 유아들에게 신선한 즐거움과 흥미로움을 준다. 이러한 즐거움 때문에 유아들은 계속해서 책을 읽게 된다(Stott, 1989). 예를 들면, 유아는 원작 『빨간모자』의 패러디 그림책인 『빨간모자라니까요!』, 『파란두건 샐마』, 『숲 속으로』, 『꼭꼭 숨어라』의 서로 다른 이야기를 읽으면서 작가의 생각에 따라 새롭게 바뀌어진 이야기를 유아가 알고 있는 이야기와 비교하면서 흥미 있어 한다(안상희, 2004).

원작	빨간모자의 패러디 그림책			
빨간모자 (그림형제 글/김이경 그림/삼성출판사, 2015)	빨간모자라니까요!(잔니 로다리 글/알렉산드로 산나 그림/이현경 역/문학과지성사, 2005)	파란두건 샐마(니키 달리 저/변경원 역/미세기, 2007)	숲 속으로(폴 호프 저/폴 호프 그림/김세실 역/대교북스주니어, 2017)	꼭꼭 숨어라(오승민 저/느림보, 2004)

출처: 보건복지부(2014).

② 유아들은 문학적 관습이 쓰여지는 예와 그 패러디의 예들을 통해 문학적 구조에 익숙해지며 그 특성을 이해하게 된다(김애경, 1999).

유아들은 그림책의 원작과 그 패러디 그림책을 읽으며 모든 문학은 구조적 유형이 있다는 것을 알게 되며, 어떤 특정 이야기의 유형을 발견하면서 이야기의 구조적 특성에서 오는 각 이야기 또는 장르를 보다 잘 이해하게 된다.

③ 패러디 그림책은 유아들의 창작 능력을 돕는다(김남희, 2009).

유아는 물리적 읽기 행위를 초월하여 진정한 읽기 행위에 몰두할 때 창의적이고 고유한 창작 작업에 착수한다(Stott, 1990). 즉, 패러디 그림책은 유아들에게 책을 읽는 동기를 유발하며, 이야기와 구조를 완전히 이해하게 되었을 때 유아는 자신의 문학적 스타일의 창작을 돕는다.

예를 들면, 『아기돼지 삼형제』의 패러디 그림책(『늑대가 들려주는 아기돼지 삼형제』, 『아기돼지 세 자매』, 『아기늑대 세 마리와 아기돼지』)을 읽은 유아는 이야기 꾸며 보기 활동에서 자신이 들었던 패러디 그림책에서 알게 된 새로운 창작 방법을 자신의 글쓰기에 적용한다. 이 이야기를 들은 유아는 뒷이야기 꾸미기에서 자신이 들은 패러디 그림책의 시작 부분을 기억하며, 창작에 도움이 되는 아이디어를 얻게 된다.

	아기돼지 삼형제의 패러디 동화		
아기돼지 삼형제 (꿈바라기 엮음/한국가우스, 2016)	늑대가 들려주는 아기돼지 삼형제(존 셰스카 글/레인 스미스 그림/황의방 역/보림, 2008)	아기돼지 세자매(프레데릭 스테르 글·그림/최윤정 역/파랑새, 2018)	아기 늑대 세 마리와 못된 돼지(유진 트리비자스 글/헬린 옥슨버리 그림/김경미 역/시공주니어, 2006)

출처: 보건복지부(2014).

토론 및 토의

그림책의 문학적 요소 중 '플롯(Plot; 구성)' 의 단선식(나열식) 플롯, 연쇄식 플롯, 누적식 플롯, 순환식(회귀적) 플롯을 정의한 후, 이에 대하여 동화를 예를 들어 보고, 그 적합성에 대하여 논의하시오.

3 PART

영유아를 위한 문학 내용

Chapter 08

영유아를 위한 문학

이 장에서는 영아(0~만 2세)와 유아(만 3~5세)를 위한 문학의 특성과 교육적 가치를 이해한다.

1. 영아를 위한 문학

1) 영아 그림책의 개념

영아 그림책은 0~만 2세까지를 대상으로 하는 그림책을 의미한다. 그림을 위주로 그려진 영아 그림책은 페이지 수가 적으며, 내용과 형식이 영아 주변의 친숙한 사람들과 사물, 의인화된 동물과 식물 등을 다루며, 배경은 배색이 없거나, 있더라도 단순하다. 또한 어떤 사건이나 상황을 시간의 흐름에 따라가거나 에피소드(남에게 알려지지 않은 재미있는 이야기)식의 단순한 플롯이고, 시간적 배경은 현재를 다룬다.

2) 영아 그림책의 특징

영아 그림책은 글 위주가 아닌 그림이 주가 되어 글과 함께 어우러지는 책으로서(현은자 외, 2008), 글이 중심이 되고 삽화가 중간에 삽입된 책과는 구별된다(김세희, 2000). 이와 같이 영아 그림책은 글과 그림이 서로 상호보완하며 조화를 이루어 하나의 이야기를 만들어 내므로 그림책 속의 그림이 그 이야기 내용을 표현하는 중요한 요소가 된다(강민정, 한선아, 2013).

그림책은 글과 그림의 조화 속에서 풍부한 감성을 느낄 수 있고, 예술적인 잠재력을 뒷받침해 주어 그림책을 통한 경험은 풍부한 의사소통의 기회와 영아의 언어, 사회, 정서, 인지 등 모든 영역의 발달에 긍정적인 영향을 미친다(최은주, 2002). 마쯔이 다다시(松居直, 1990)는 영아들이 자발적으로 그림책에 관심을 갖는 게 아니라 성인이 그림책을 적극적으로 보여 주고 그림책을 통해서 여러 가지 활동을 하기 때문에 영아의 관심이 그림책에 쏠린다고 하였다. 왜냐하면 다른 연령대와 달리 영아기의 책 읽기는 성인이 읽어서 들려주는 소리를 들으면서 그림을 보고 내용을 이해하기 때문이다(오애순, 2004).

영아 그림책의 특징을 구체적으로 살펴보면 다음과 같다.

첫째, 페이지 수가 적으며, 영아 주변의 친숙한 사람이나 사물, 의인화된 동식물 등을 소재로 다루며 배경은 아주 단순하다.

둘째, 단순한 이야기를 다루며, 시간적 배경은 '여기, 지금' 현재를 다룬다. 주제는 영아 주변의 가족관계, 사물과 인물의 명칭, 생활습관, 자조기술, 간단한 수 · 과학적, 사회적 개념 등이다.

셋째, 재질은 주로 두꺼운 종이나 독성 없는 플라스틱, 헝겊으로 된 책이다.

영아 그림책은 성인과의 언어적 상호작용을 통해 영아의 정서, 언어, 사회성, 인지 등 모든 영역발달에 긍정적인 영향을 주며, 영아들이 성장하면서 스스로 생각과 느낌을 받아들이며 자신의 요구와 바람을 적절하게 표현하는 능력을 발달시키는 데 효과적인 매체이다.

그림책에 대한 영아의 반응은 다음과 같다(Schickedanz, 1999).

월령	반응
2~4개월	영아는 그림을 손으로 만지지는 않지만 시선은 그림을 본다.
5~10개월	영아는 책을 잡고 그것을 입으로 가져가서 빨리 빨고, 책을 흔들고, 구기고, 휘두른다.
6~8개월	영아는 두 손을 이용하여 딱딱한 책을 쥐고 손 조작 능력이 발달하면서 책장을 넘기면서 책을 탐색하는 것이 가능하다.
8~10개월	영아는 성인에게 책을 주며 읽어 달라고 하고, 읽기가 끝난 후는 책을 받아서 그것을 성인에게 다시 건네주면서 반복적으로 읽어 주기를 요구한다.
8~12개월	영아는 신체발달이 활발히 이루어지며 책을 다루는 행동은 줄어드는 반면 시각적으로 주의 집중을 하는 것은 증가한다.
11~15개월	영아는 거꾸로 놓인 책을 돌려놓거나 바로 보기 위해 고개를 돌려서 그림을 보며 책장을 잘 넘길 수 있다.
16~20개월	영아는 그림을 바로 놓으려는 시도를 하는데 실제로 위아래가 잘못되었을 때는 책을 돌려서 바르게 놓는다.
16~18개월	영아는 책에 그려진 대상을 인식하고, 책 속에 있는 그림과 대상을 구분할 수 있으며, 성인과 함께 그림을 보며 초점을 맞추면서 책 속의 그림을 탐색해 보려고 한다.

3) 발달에 적합한 영아 그림책

영아기의 성장과 발달 속도가 빠르기 때문에 영아 그림책은 월령별 발달 주기에 적합하게 선정해 주는 것이 중요하다. 연령에 적합한 그림책의 종류를 선정하여 제시하면 다음과 같다.

생후 3개월 정도	단순한 큰 그림으로 배경과 대조적인 디자인의 그림책을 제시해 준다.
4~6개월	부드러운 비닐이나 헝겊으로 된 책으로 배경과 대조를 이루는 단순하며 밝은 색깔의 매력적인 그림의 유형으로 이 시기는 노래를 들려주거나 동요를 낭송해 주는 것이 좋다.
7~12개월	엄지와 검지를 사용하여 손가락으로 집기가 가능하므로 하드보드지처럼 두껍고 딱딱한 책이 좋으며 책장을 넘길 때 다음 장이 자연스럽게 넘겨지는 것이 좋다. 또한 물체에 호기심을 갖고 탐색할 때 종이를 찢고, 구기며, 깨물기 때문에 잘 찢을 수 있는 오래된 잡지 등을 제시해 준다.
12~18개월	영아는 좋아하는 텔레비전 주인공, 친숙한 동물, 자신과 같은 어린 아기, 주변의 친숙한 물체, 상황이 있는 책을 좋아하며 노래나 반복적인 구절이 있는 책도 즐긴다.
18개월부터	실제 생활 이야기에 흥미를 갖기 시작하므로 주제가 있는 책을 제시해 준다.
19~30개월	영아는 자신의 경험과 관련되어 실질적인 이야기를 즐기는 시기이므로, 각 책장마다 짧고 단순하며 글의 내용을 명확히 반영하는 그림으로 된 책이 영아에게 매력적이다. 또한 이 시기에는 반복된 문장으로 단어에 운율이 있고, 글과 그림의 내용이 일치하는 책을 좋아하며, 사건을 순서 지을 수 있으며 친근하고 순차적 상황에서 다음을 예상하는 능력이 있음으로 단순하고 예상 가능한 책에 매력을 느낀다.

출처: 이민경(2004).

피아제에 발달단계에 의하면 영아기는 감각운동기로 이 시기는 사물의 감각을 통해 경험하기 때문에 영아가 직접 조작하고, 감각적으로 탐색할 수 있는 책이 바람직하다(고우리, 2013). 따라서 영아가 직접 만지고 조작할 수 있는 '장난감 책(toy book)' 같은 책이 적합하다. 또한 다양한 촉감을 만져 볼 수 있는 책, 누르면 소리가 나는 책, 잡아당기거나 펼치면 입체적인 장면들이 나오는 'pop-up book' 이나, 끌어올리거나 들추어 볼 수 있는 다양한 날개(flaps)가 있는 책들은 영아의 관심을 끌어 흥미를 느끼게 한다(최은주, 현은자, 2002).

영아 그림책의 형태에 따른 활동의 예는 다음과 같다.

보드책을 활용한 활동의 예(만 1세)

활동 명	선생님 무릎에 앉아 책을 보아요
활동 목표	선생님이 들려주는 그림책에 관심을 가진다. 선생님과 안정적인 애착을 형성한다.
활동 자료	간단한 이야기가 있는 그림책, 부드러운 헝겊책, 짧은 운율로 읽을 수 있는 그림책 등
활동 방법	1. 다양한 책을 함께 보며 영아가 좋아하는 책을 고른다. – ○○야~ 선생님과 함께 책을 읽어 볼까요? – 여기 여러 가지 책이 있네? ○○는 어떤 책을 좋아해요? – 이 책을 좋아하는구나! 선생님 무릎에 앉아 함께 읽어 볼까요? 2. 영아를 무릎에 앉히거나 곁에 앉고 그림책을 살펴본다. – 이 책에는 어떤 그림이 있을까요? – 아, ㅁㅁ도 있구나. – 다음 장을 넘겨 볼까요? 3. 흥미 있어 하는 장면이나 그림책을 반복하여 읽어 본다. – 이번에는 어떤 책을 볼까요? – ○○가 선생님에게 △△ 그림이 나오는 그림책을 주었구나. – 선생님과 함께 볼까요?  

출처: 보건복지부(2014).

비닐책을 활용한 활동의 예(만 1세)

활동 명	물에 뜨는 그림책
활동 목표	그림책을 보며 흥미를 갖는다. 물에 뜨는 그림책을 탐색한다.
활동 자료	물에 뜨는 그림책, 수조, 매트 
활동 방법	1. 물에 들어가도 젖지 않는 재질의 그림책을 탐색한다. – ○○아, 그림책을 만져 볼까요? – 이불처럼 푹신푹신하네요. – 비닐처럼 미끌미끌하기도 하구나. 2. 교사가 수조에 담긴 물에 그림책을 띄운다. – 그림책이 물에 동동 뜨네요. – 물에서 그림책을 한 장 한 장 넘겨 볼까요? – 젖지 않아서 물에서도 그림책을 볼 수 있구나. – (그림책을 보며) 물을 만지면서 책을 보니깐 정말 차갑네요. – 물 안에서도 ㅁㅁ그림이 보인다!  

출처: 보건복지부(2014).

헝겊책을 활용한 활동의 예(만 0세)

활동 명	헝겊 그림책을 보아요
활동 목표	헝겊 그림책에 흥미를 가진다. 헝겊 그림책의 질감을 느껴 보며 눈과 손으로 탐색한다.
활동 자료	헝겊 그림책  
활동 방법	1. 영아가 헝겊 그림책에 관심을 가지면 교사는 영아와 함께 탐색하여 본다. – ○○야, 이게 뭐지? – 헝겊 그림책이구나. 빵빵 자동차가 있고, 슈웅 비행기도 있네. 2. 헝겊책을 함께 넘겨 보며 그림책을 만졌을 때의 느낌이나 소리를 언어로 표현하여 준다. – 그림책이 보들보들하구나. – 이 부분은 거칠거칠하기도 하네. – 그림책의 버튼을 누르니 빠~앙 소리도 나네. – ○○이가 손으로 잡으니 부스럭부스럭 소리가 난다. – ○○이가 책을 흔드니 방울 소리가 들린다.

출처: 보건복지부(2014).

소리 나는 그림책을 활용한 활동의 예(만 1세)

활동 명	소리 나는 그림책을 보아요
활동 목표	그림책에서 나오는 소리에 관심을 가진다. 운율 있는 소리와 동요를 즐겨 듣는다
활동 자료	소리가 나는 그림책 또는 동요가 나오는 그림책
활동 방법	1. 소리 나는 그림책을 보며 탐색한다. - 이것은 무슨 책일까요? 선생님과 함께 볼까요? - (그림책 앞표지를 보며) 그림책 속에 어떤 그림이 그려져 있나요? - 그래요, ○○ 그림이 그려져 있구나. - 다음 장을 넘겨 그림책을 볼까요? 2. 그림책을 보며 소리가 나는 부분을 눌러 소리를 들어본다. - 어? 그런데 여기를 누르니 소리가 나는구나. - 어떤 소리가 나요? - □□가 누르니 소리가 나네.   3. 좋아하는 장면을 다시 보며 들리는 소리를 흉내 낼 수 있도록 한다. - 다시 한 번 그림책을 볼까요? - △△야! 들리는 소리를 따라해 볼까요?

출처: 보건복지부(2014).

영아 그림책을 내용과 주제에 따라 분류해 보면 다음과 같다.

내용과 주제에 따른 분류	내용	제목과 저자	그림책의 예
개념책	구체적인 개념을 소개하는 책 크기, 색깔, 형태, 공간적 관계, 시간, 자신과 가족	우리아기 첫 보들보들 촉감책-색깔 (스텔라 배곳, 어스본코리아, 2016)	
알파벳그림책	알파벳 26개의 순서에 따라 정보를배열한 책	기차 ㄱㄴㄷ (박은영, 비룡소, 1997)	
수 세기책	수의 순서에 따라 내용 조직된 사물의 인식을 도와주는 기능 강조한책	잘잘잘 123 (이억배, 사계절, 2006)	
확인책	사물의 이름을 가르치는 책명명하기 책	갈색곰아, 갈색곰아, 무엇을 보고 있니? (에릭 칼, 더큰, 2005)	
짧은 이야기가 있는 책	서사를 담은 책	달님 안녕 (하야시 아키코, 한림, 1998)	
운문 그림책	시와 동요를 그림책으로 꾸민책	시리동동 거미동동 (권윤덕, 창비, 200)	
글없는 그림책	글 없이 그림으로 이야기를 전달하는 책	TRUCK (도널드 크루즈, 제이와이, 2002)	

출처: 현은자, 김세희(1995).

영아에게 적합한 그림책을 선정할 때, 고려해야 할 점은 다음과 같다.

- 그림책의 외적인 면: 영아의 신체발달 단계에 적합하게 넘기고 조작하기 쉬우며, 믿을 만한 작가가 쓰고 그린 것으로 재질이 무독성으로 안전하고 견고해야 한다.
- 그림책의 내적인 면: 밝은 색 대비가 있고, 초점이 되는 그림이 중앙에 위치하고 명확하며, 그림은 디자인이 명확하고 배경이 어지럽지 않으며, 그림책 내에서 익숙한 것과 그렇지 않은 것의 균형을 갖춘 것, 간단한 이야기 속에 운율과 리듬이 있는 것, 영아가 모방할 수 있는 소리와 행동이 있는 것, 단순하고 정확한 개념을 줄 수 있는 것이어야 한다(고우리, 2013).

4) 영아에게 적절한 그림책 선정 기준

영아기 그림책 선정 기준은 다음과 같다(이대균 외, 2006 재인용).

첫째, 영아들은 구체적인 경험에 의해 학습하고, 사물의 이름을 습득하고, 한 단어, 두 단어 말을 사용하며, 질문을 통해 개념과 정보를 습득한다. 이에 운율, 리듬, 노래를 즐기며, 사물에 대한 호기심이 증가하고 상상력과 자아개념이 발달하기 시작한다. 그러므로 영아기 그림책 선정 시에는 영아에게 친숙한 어휘를 사용하여, 단순하고, 반복적이고 운율이 있는 형식의 그림책이 좋다. 또한, 글보다 그림이 중심이 되어 그림만 보고도 그 이야기나 내용을 추측할 수 있어야 한다(오애순, 2004).

둘째, 그림책의 그림이나 사진은 실제를 반영하듯 사실적이어야 하고, 페이지의 수가 적고 단순한 그림책이 좋다.

셋째, 영아 주변의 친숙한 사람들과 사물, 동물과 식물을 다루며, 배경은 색깔이 없거나 있더라도 아주 단순해야 한다.

2. 유아를 위한 문학

1) 유아 그림책의 개념

유아 그림책은 인간의 정서와 사상을 언어로 형상화한 예술작품인 문학의 유형으로 유아의 발달적 특징에 맞는 작품이다. 유아 그림책은 만 3세~ 5세까지의 유아를 대상으로 유아의 발달적 특성을 고려한 내용과 형식을 갖춘다.

2) 유아 그림책의 특징

첫째, 유아 그림책은 문자를 해독할 수 있거나 또는 아직 문자를 해독하지 못하는 유아를 대상으로 하므로, 전달하고자 하는 내용이 문자가 아닌 시각적인 방법에 의존하여 이해시키는 '시각언어'이어야 한다. 인간의 오감 중에서 시각이 차지하는 비중은 75% 이상이라고 한다. 아직 글을 읽지 못하는 유아라 할지라도 그림책을 보며 내용을 추측하여 이해할 수 있다. 아직 글에 익숙하지 않은 유아에게는 그림이 글자와 마찬가지로 언어이다. 어쩌면 글보다 그림이 더 확실한 소통도구가 될 수 있는데, 인물의 동작과 움직이는 인물이 처한 공간과 시간의 관계가 그림을 통해 충분히 형상화될 수 있다는 점은 유아 그림책에 있어서 가장 중요한 특성이다.

둘째, 유아를 위한 그림책은 대부분이 현실과 상상의 세계를 구체적이고 적극적인 방법으로 이야기라는 그릇으로 담아낸다. 유아는 두 세계를 자유롭게 넘나들면서 자신을 둘러싸고 있는 현실에서의 불안을 떨쳐 버리고, 있는 그대로의 현실을 받아들이며, 두 세계의 대립과 조화를 통해 새로운 통찰을 더해 갈 수 있다.

셋째, 유아 그림책은 대부분 이야기가 짧고, 내용이 단순하며, 주제 또한 이해하기 쉬운 특성을 지닌다. 이는 유아 그림책의 전달자는 성인이나 피전달자는 유아이기 때문이다. 유아 그림책에는 분명하게 실재감이 있는 언어가 있고, 그 언어가 리듬을 가지면서 이야기의 세계가 펼쳐진다. 언어에는 리듬감이 있고 그 리듬에 따라 이야기가 전개될 때 유아는 언어적 체험의 즐거움과 재미를 느끼게 된다.

넷째, 유아 그림책은 윤리적이고 교육적인 특성을 지닌다. 그림책은 유아들을 대상으로 하기 때문에 극히 단순화된 플롯으로 구성되지만 흥미와 오락성이 가미된 올바른 인격체로 성장하기 위한 지침서라고 할 수 있다(이수진, 2005).

3) 발달에 적합한 유아 그림책

첫째, 유아의 사고력 발달을 도울 수 있는 그림책이다. 그림책은 모험과 환상의 세계를 통해 유아에게 모험심을 길러 주고, 꿈을 실현시켜 주며, 고정관념을 벗어나는 상상력을 키워 준다.

둘째, 유아의 언어능력 발달을 도울 수 있는 그림책이다. 그림책 속의 풍부한 언어는 유아에게 언어에 대한 감각을 길러 주며 읽기, 쓰기, 말하기, 듣기를 통합적으로 교육한다. 또한 어휘력을 키워 주어서 문법을 자연스럽게 익히게 하고 문해 능력을 발달시키는데, 이를 통해 유아는 타인과의 의사소통 능력을 높일 수 있다.

셋째, 유아의 정서 및 사회성 발달을 도울 수 있는 그림책이다. 유아는 그림책이 주는 즐거움을 통해 만족감과 정서적인 안정감을 느끼고, 이야기 속 등장인물과의 감정이입을 통해 타인의 감정을 존중하고 이해하게 한다. 또한 그림책을 통해 여러 상황을 접하면서 문제해결 능력을 배우게 되고, 다양한 세계의 지식과 정보에 대한 간접 경험을 통해 사회성을 발달시킬 수 있다.

넷째, 유아에게 올바른 가치관을 길러 줄 수 있는 그림책이다. 그림책은 대부분 권선징악과 인과응보를 주제로 하여 유아로 하여금 옳고 그름, 선과 악의 개념을 알게 하고 올바른 가치관을 길러 주어 인격 형성에 도움을 주는 역할을 한다.

4) 유아에게 적절한 그림책 선정 기준(Pattricia, 1987)

첫째, 성인이 유아에게 읽어 주든, 유아가 혼자서 그림과 인쇄 글자를 보든 내용과 그림의 구성이 적절하고 주인공은 믿음이 가고 구성은 생동감이 있어야 한다. 시간과 공간에 있어 오래전, 아주 먼 곳, 오늘날 등이 정확하게 나타나 있는 것이 좋다. 특히,

글씨와 그림은 유아의 발달수준에 적절하고 감각적 이미지를 자극하는 것이 좋다.

둘째, 이야기의 내용이 유아의 경험적 배경을 반영하거나 유아의 이해 수준 안에 있어야 한다. 유아에게 낯선 환경 속에서도 친근감을 주고 새로운 간접경험을 줄 수 있는 것이 좋다. 무엇보다 유아에게 즐거움을 주어야만 유아는 소리에 귀를 기울이거나 혼자서 삽화와 글자를 읽으려고 노력하기 때문이다.

셋째, 그림은 내용을 구체적으로 만들기 때문에 언어적 전달 수준 이상의 것이야 유아가 인쇄글자에 관해 관찰하고 생각하며 느낄 수 있게 된다. 그러나 그림이 지나치게 강조되기 보단 전체 이야기에 따른 통합구성에 맞아야 한다.

넷째, 인쇄 글씨는 쉽고 과장되지 않아야 한다. 자연스럽게 유아가 이해할 수 있어야 하고 유아에게 친숙해야 하며, 이야기 속의 단어가 유아에게 친근하지 않을 때에는 그림을 통해 의미를 이해할 수 있어야 한다(심은희, 1997 재인용).

5) 유아에게 적절한 그림책 선정 시 고려해야 할 사항(Jalongo, 1998).

(1) 그림책의 질이 다른 그림책과 비교하였을 때 양질의 것인가?

(2) 그림책이 전문가의 추천을 받고 있는가?

(3) 주제, 구성, 인물, 배경 등의 문학적 요소가 잘 표현되었는가?

(4) 그림이 이야기를 보완하고 있는가?

(5) 이야기 속에 인종과 성역할 등 고정관념이 없는가?

(6) 그림책의 내용이 유아의 발달 수준에 적합한가?

(7) 유아가 그림책에 반응하는가?

(8) 그림책이 부모나 교사의 흥미를 유발시키는가?

(9) 그림과 글이 연관된 의미를 지니는가?

(10) 그림의 표현이 글의 내용과 일치하는가?

(11) 유아가 그림을 봄으로써 기본적 개념이나 이야기의 줄거리를 알게 되는가?

(12) 그림책의 그림에서 아름다움을 느낄 수 있는가?

(13) 인쇄(명확성, 형태, 선, 사진)가 양질의 것인가?

(14) 유아가 그림을 볼수록 더 많은 것을 느끼고 알게 되는가?

토론 및 토의

영유아를 위한 그림책의 특징에 대하여 논의하시오.

Chapter 09

국가수준 교육 · 보육과정과 문학

이 장에서는 제4차 어린이집 표준보육과정에서의 영아(0~만 2세) 문학과, 2019 개정누리과정에서의 유아(만 3~5세) 문학의 의사소통 영역의 목표와 내용에서의 실제, 그리고 초등학교 아동문학교육으로의 연계에 대하여 살펴보고자 한다.

1. 제4차 어린이집 표준육과정에서의 0~만 1세 영아 문학

1) 목표: 의사소통 능력의 기초를 형성한다.

2) 내용

내용범주	내용
책과 이야기 즐기기	• 책에 관심을 가진다. • 이야기에 관심을 가진다.

(1) 책과 이야기 즐기기

영아가 책과 이야기에 관심을 가지는 내용이다.

(2) 내용범주: 책과 이야기 즐기기

(3) 내용

• 책에 관심을 갖는다.

: 0~1세 영아가 다양한 형태의 책을 탐색하는 경험을 하며 책에 대한 관심을 가지고 책과 자신의 경험을 관련짓고 상징 행동을 하며 상상해 보면서 책에 대한 선호가 생기는 내용이다.

• 이야기에 관심을 가진다.

: 0~1세 영아가 이야기를 자주 접하게 되면서 점차 자신이 좋아하는 이야기에 대한 선호가 생기게 되는 것과 관련되는 내용이다.

영아 경험의 실제 1.	책을 읽어 보아요.

서우는 바닥에 앉아 책을 거꾸로 넘기다가 거울을 발견한다.
거울을 바라보고, 웃고, 손가락으로 가리키고, 가까이 들여다본다.

서우는 시선을 옮겨 거울 옆 페이지를 본다.	그리고 강아지 그림을 가리키며 웃는다.	책장을 넘겨, 다른 페이지에서 다시 강아지 그림을 가리킨다.	다시 책장을 넘겨 전 페이지 그림을 본 후 교사를 바라보고 옹알이를 한다(서우 18개월).

영아 경험 이해

- 서우는 책에 있는 그림(강아지)에 관심을 보이고, 손가락으로 가리키고, 교사를 응시하였다. 그리고 교사에게 옹알이를 하며 표정, 몸짓, 말소리로 자신의 의사를 표현하며 소통을 시도하였다.
- 서우는 책 속 거울에 비친 자신의 모습을 발견하고, 손가락으로 얼굴을 가리키고, 얼굴을 가까이 들여다보며 책을 다양한 방식으로 탐색하고 책에 관심을 가졌다.
- 서우는 거울 속에 비친 자신의 모습을 보고, 손가락으로 거울에 비친 얼굴을 가리키고, 자신의 얼굴을 자세히 들여다보며 자신을 인식한다.

교사 지원

- 공간
  - 영아가 자유롭고 편안하게 책을 즐길 수 있는 푹신한 매트가 깔린 공간을 마련하였다.
- 자료
  - 거울이 있는 그림책을 제공하였다.
- 상호작용
  - 영아의 행동을 말로 바꾸어 표현해 주었다.
    예) "여기 서우 얼굴이 보이네~"라고 말하였다.
  - 영아가 그림책을 읽는 과정을 따라가며 반응하였다.
    예) 영아가 강아지 그림을 가리키면, "강아지 그림이네~ 멍멍~"이라고 말하였다.
  - 책을 보는 영아의 시선, 손짓, 몸짓, 표정에 주목하고, 그 의미를 영아에게 말해 준 후 다시 영아의 반응을 살피며 소통하였다.

영아 경험의 실제 2.	사과가 쿵!
	설아가 『사과가 쿵』 책을 손으로 가리키며 사과 그림에 관심을 가진다.
	손가락으로 사과를 집는 시늉을 한다. 설아: 냠냠냠 설아는 페이지를 넘길 때마다 사과 먹는 시늉을 한다.
	교사: 설아야 그림책에 있던 토끼가 여기에 있네. 안녕? 나는 토끼야. 나에게도 사과를 줄래? 설아: 아~ 토끼 인형에게 사과를 먹여 준다.
	시은이가 다가와서 그림책의 사과를 집어 먹는 시늉을 한다. 시은: (입에 사과를 넣는 시늉을 하며) 냠냠냠. 교사: 시은아, 설아야 친구에게도 사과를 먹여 줄 수 있니? 설아: (시은이에게 사과를 내미는 시늉을 하며) 아~ (설아 19개월, 시은 20개월)

영아 경험 이해

- 설아는 교사의 이야기에 주의를 기울여 듣고, 또래의 몸짓에 반응하며 소통하였다.
- 설아는 이전에 교사와 함께 읽어 보았던 그림책을 혼자 보면서 사과 그림에 관심을 가지고 손가락으로 가리키며 사과 그림이 의미하는 상징에 관심을 갖고 있었다.
- 설아는 사과를 먹는 몸짓, 토끼인형과 다른 영아에게 먹여 주는 시늉을 반복하면서 이야기에 관심을 갖고 새롭게 지었다.
- 설아는 스스로 사과를 집어서 먹고, 다른 동물이나 또래에게 먹여 주기도 하며 음식을 즐겁게 먹는 놀이를 하였다.
- 설아는 시은이와 함께 그림책 속 사과 그림을 먹고 먹여 주는 상징행동을 하면서 상상놀이를 함께 하였다.

교사 지원
• 공간 – 영아가 자유롭게 책을 탐색할 수 있도록 편안하고 책을 즐길 수 있는 공간을 마련하여 지원하였다. • 자료 – 그림책 『사과가 쿵!』을 보고 사과를 먹는 몸짓을 하며 이야기를 만드는 영아에게 교실에 있던 토끼 인형을 책 속에 등장하는 토끼와 연결시켜 상상할 수 있도록 소개하였다. • 상호작용 – 영아가 책을 반복하여 즐길 수 있도록 하였고, 영아가 관심을 보이는 부분을 반복하여 표현할 수 있도록 영아가 만드는 이야기 흐름에 따라 지원하였다. – 유사한 관심을 보이며 몸짓으로 표현하고 있는 영아들이 함께 상상하며 이야기를 이어 나갈 수 있도록 영아들이 함께 이야기를 연결할 수 있는 상황을 말로 제안하였다. 예) "친구에게도 사과를 먹여 줄 수 있니?"

출처: 제4차 어린이집 표준육과정, 보건복지부

2. 제4차 어린이집 표준육과정에서의 만 2세 영아 문학

1) 목표: 의사소통 능력과 상상력의 기초를 기른다.

2) 내용

내용범주	내용
책과 이야기 즐기기	• 책에 관심을 가지고 상상한다. • 말놀이와 이야기에 재미를 느낀다.

(1) 책과 이야기 즐기기

영아가 다양한 책과 이야기에 관심을 가지고 상상하기를 즐기며, 말놀이와 이야기 짓기에 재미를 느끼는 내용이다.

(2) 내용범주: 책과 이야기 즐기기

(3) 내용

- 책에 관심을 가지고 상상한다.

  : 2세 영아가 주변의 다양한 책을 보는 것을 즐기며 책의 내용을 자유롭게 상상하는 내용이다. 영아는 선호하는 책이 생기고, 책을 만들기도 하며 책 보기를 즐기게 되는 내용이다.
- 말놀이와 이야기에 재미를 느낀다.

  : 2세 영아가 다양한 표현의 말과 이야기 짓기를 즐기면서 말과 이야기의 변화에 재미를 느끼게 되는 내용이다.

<table>
<tr><th>영아 경험의 실제 1.</th><th colspan="2">도깨비 책에서 늑대가 나타나다.</th></tr>
<tr><td></td><td></td><td>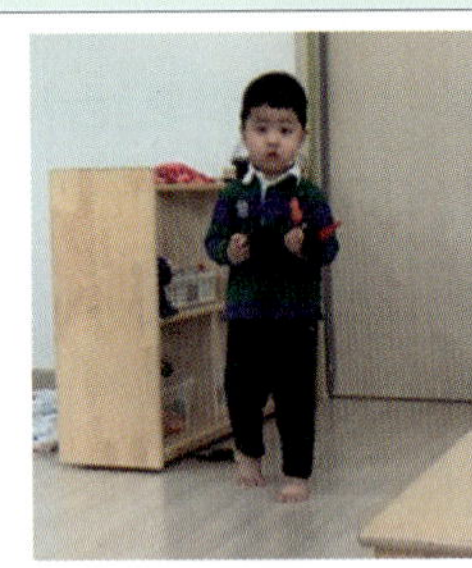</td></tr>
<tr><td>다은: 여기 괴물이 생겼어.
리아: 진짜 생겼어~</td><td>리아: 얘는 도깨비야! 뿔이 있어.
다은: 도깨비다~</td><td>옆에서 점토 놀이를 하던 예준이가 이야기를 듣고 도깨비 뿔 머리띠를 가져온다.
예준: 우리 반에 도깨비가 있는데...</td></tr>
<tr><td></td><td colspan="2">교사의 도움을 받아 머리띠를 한 예준이가 도깨비 흉내를 내며 다은이와 리아에게 다가온다. 다은이도 도깨비 뿔 머리띠를 혼자 써 보려고 하지만 잘되지 않았고, 리아는 교사에게 머리띠 하는 것을 도와달라고 한다.</td></tr>
</table>

예준이와 리아가 함께 그림책을 본다.
예준: 눈이 많아~
리아: 많아~
예준: 하나, 둘, 셋 많다.
리아: (등에 돋은 뿔을 보며) 뿔이야 뾰족해.

예준: 뾰족뾰족해.
리아: 여기가 진짜 뾰족뾰족해.
예준: 으아~

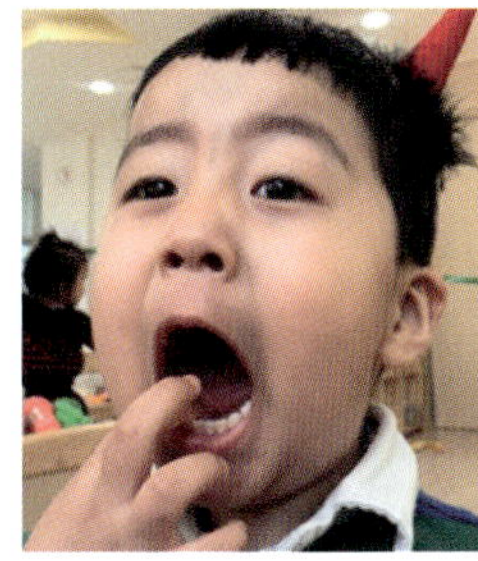

예준: 으아~
교사: 늑대다~

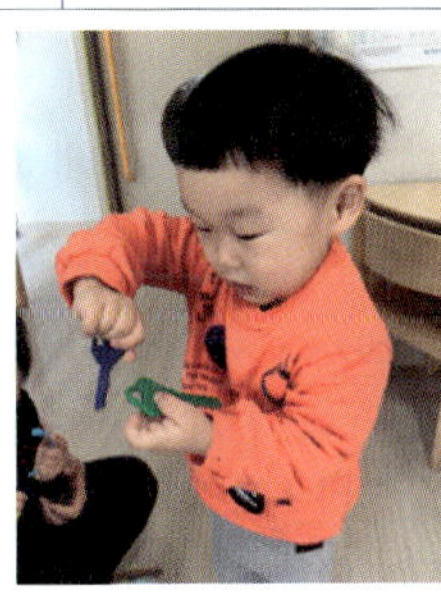

예준이가 늑대 소리를 내며 놀이를 시작하고, 영아들은 교사 뒤로 숨는다.
교사: 늑대 오지 못하게 하자~
준환이가 열쇠로 문을 잠그는 척한다.

그래도 예준이가 "으아아아~" 소리를 내면서 다가오자 다은이가 도깨비 뿔 머리띠를 하고 늑대로 변신한다.
다은: 내가 늑대야, 내가 예준이를 멀리 가게 할게.
교사와 영아는 늑대를 피해서 숨거나 문을 잠그는 척하면서 놀이를 지속한다.
(다은, 리아 39개월, 예준 29개월, 준환 31개월)

영아 경험 이해

- 다은이와 리아는 그림책을 함께 보면서 뿔이 달린 그림에서 괴물, 도깨비를 상상하고 몸으로 뿔을 표현하며 책 보기를 즐기고 있었다. 이 이야기를 관심 있게 듣던 예준이가 도깨비 뿔 머리띠를 쓰고 도깨비로 변신하였다. 도깨비 뿔을 쓴 리아와 예준이가 그림책을 함께 보며 그림을 단서로 상상의 이야기를 만들고 있었다.
- 예준이가 무서운 소리를 내자 교사는 늑대 이야기로 만들었고, 예준이는 늑대 소리를 내며 자신의 역할을 더욱 열심히 하였다. 영아와 교사는 늑대를 물리칠 수 있는 상상의 이야기 짓기를 즐겼다.

교사 지원

- 공간
  - 영아가 책에 관심을 가질 수 있도록 다양한 그림책과 편안한 공간을 제공하였다.

- 영아가 이야기를 짓고 극놀이를 즐길 수 있는 극놀이 소품과 공간을 제공하였고, 놀잇감의 이동을 허용하였다.
- 영아에게 다양한 놀이 공간(점토 놀이, 극놀이, 책 읽기 등)을 제공하였다.

• 자료
- 영아가 극놀이를 즐길 수 있는 소품을 제공하였다.

• 상호작용
- 영아가 자신의 경험, 책에서 본 이야기, 상상한 이야기를 바탕으로 새로운 이야기를 지어 말할 때 이를 수용하고 이야기를 경청하고 적극적으로 반응하였다.
- 영아가 자유롭게 원하는 책을 볼 수 있도록 하였고, 영아의 상상놀이에 적극적으로 참여하였다.

영아 경험의 실제 2.	재후의 이야기 짓기
	교사는 주사기를 들고 있는 재후에게 "아이스크림 맛이 있어서~~"라고 노래를 부른다. 재후는 주사기를 바닥에 던지고 배를 만지며 인상을 찌푸린다. 재후: (옷을 올려 배를 보여 주며) 아파. 교사: 재후 배 아파? 주사 맞을까? 재후: (울먹이며) 아파. 재후가 말하며 배를 만진다. 교사는 재후의 표정이 너무 진지하여 아픈지 다시 물어보자, 재후는 장난치듯 웃으며 노래를 따라 부른다.
	8개월 후, 재후는 오이를 꼬치에 꽂아 본다. 재후: <u>뾰조뾰조해</u>.
 	재후: (오이 꼬치를 아래로 돌리며) 해파리야. 오이 해파리! 재후는 꼬치에 오이를 꽂아 본다. 교사: 해파리 본 적 있어? 재후: 아니. 그런데 해팔 독 있어~ (오이 하나가 꼬치에서 떨어지자) 독이 없어져서 해파리 죽었다. 교사가 해파리를 살려 달라고 말하자 재후는 다시 오이를 꼬치에 꽂고 살아났다고 이야기를 짓는다.

영아 경험 이해
• 재후는 이야기를 몸짓으로 표현하며 가상놀이를 즐겼다. 상상과 실제를 넘나드는 가상의 이야기 짓기를 즐겼다. • 재후는 다양한 매체를 활용하여 주변의 사물을 가작화하여 이야기 짓기를 즐기고 있었다. 재후는 변형된 사물에서 새로운 이야기를 떠올리는 방식으로 이야기 짓기를 이어 갔다. 재후는 교사와 함께 상상 이야기를 주고받는 경험을 하였다. • 영아는 주사기를 이용하여 병원놀이를 하며 배가 아프다는 가상 상황에 따라 상상의 표현을 하였다. • 영아는 오이와 꼬치로 자신에게 익숙한 동물인 해파리를 자유롭고 창의적으로 표현하였다.
교사 지원
• 자료 – 영아에게 주사기 등 병원놀이 자료를 제공하였다. – 영아가 자유롭게 탐색하며 놀이할 수 있는 매체(적당한 크기의 식재료, 꼬치 등)를 제공하였다. • 상호작용 – 영아가 다양한 공간에서 상상하여 이야기 짓는 것에 호응하였다. – 영아와 함께 상상의 이야기 짓기에 참여하였다.

출처: 제4차 어린이집 표준육과정. 보건복지부

3. 2019 개정누리과정에서의 만 3~5세 유아 문학

1) 목표: 일상에서 필요한 의사소통 능력과 상상력을 기른다.

2) 내용

내용범주	내용
책과 이야기 즐기기	• 책에 관심을 가지고 상상하기를 즐긴다. • 동화, 동시에서 말의 재미를 느낀다. • 말놀이와 이야기 짓기를 즐긴다.

(1) 책과 이야기 즐기기

유아가 다양한 책에 관심을 가지고 상상하며, 동화, 동시에서 말의 재미를 느끼고, 말놀이와 이야기 짓기를 즐기는 내용이다.

(2) 내용범주: 책과 이야기 즐기기

(3) 내용

- 책에 관심을 가지고 상상하기를 즐긴다.
- 동화, 동시에서 말의 재미를 느낀다.
- 말놀이와 이야기 짓기를 즐긴다.

<table>
<tr><th>내용 이해</th><th>유아 경험의 실제</th></tr>
<tr><td>책에 관심을 가지고 상상하기를 즐긴다.
유아가 책에 흥미를 가지며 책 보는 것을 즐기고 상상하는 즐거움을 경험하는 내용이다.

동화, 동시에서 말의 재미를 느낀다.
유아가 동화와 동시를 자주 들으며 우리말의 재미와 아름다움을 느끼는 내용이다.

말놀이와 이야기 짓기를 즐긴다.
유아가 끝말잇기, 수수께끼, 스무고개 등 다양한 말놀이를 즐기는 내용이다. 자신의 경험, 생각, 상상을 기초로 새로운 이야기를 만드는 과정을 즐기는 내용이다.</td><td>유아가 여러 책을 한꺼번에 쌓아 두고 읽는다. 다른 유아가 와서 "내가 좋아하는 공룡책 여기 있어?"하며 책을 찾는다. 유아가 책장을 넘기며 공룡 이름 맞추기를 하다가 브라키오사우루스가 나오자 "와! 정말 길다. 여기서 여기 끝까지 미끄럼 타면 진짜 재미있겠다." "그런데 여기까지는 어떻게 올라가지?" 하며 낄낄낄 웃는다.

서은이가 친구들에게 이야기를 한다.
서은: 그 공주님이 사는 성에는 아~ 주 유명한 사다리가 있어. 그런데 그 사다리는 하늘까지 올라가고, 또 하늘을 넘어 가지고~
하영: 우주도 넘어?
서은: 어. 우주에 우주까지도 넘는대.
유아들: 헤엑~

3세 반에서 교사가 동시를 읽어 주자 유아들이 서로 "꼬불꼬불"이라고 말하며 까르르 웃는다. 그리고 유아들은 리본 막대를 흔들고 휘두르며 "꼬불꼬불"하며 서로 까르르 웃는다.</td></tr>
<tr><th colspan="2">의사소통 영역의 통합적 이해</th></tr>
<tr><td colspan="2">말놀이
끝없이 이어지는 아이들의 이야기

유아들이 모여 솔비가 풍부한 상상력을 발휘하여 지어낸 이야기를 듣고 있다. 솔비는 운율과 리듬을 실어 자신이 상상으로 지어낸 이야기를 신나게 펼쳐 내고, 친구들은 서로 맞장구를 치며 재미있게 듣고 있다.</td></tr>
</table>

솔비 어떤 아이가~ 엄~~청 엄청 부잣집에 살고 있었는데↗, 그 집은...엄~청 밥도↘ 많고↗ ~♬ 장난감도 ↘ 많고↗ 돈도↘ 많고↗♬ 쌀도 많고↗♬ 가구도 엄청 좋은 거고~♬

지호 변기통도↘ 많고↗~♬ 바가지도↘ 많고↗~♬

아이들 하하하하

솔비 근데 방이... 만~개가 되는 거야.

정훈 옛날 집인데도?

솔비 (속삭이며) 옛날 집 아니야. 근데 그 옆에는 엄~~~청 가난한 집이 있었어. 쌀도 한 개도↘ 없고 집에 방도 하나도↘ 없고~♬ 아예 집에~ 코딱지 한 개도 없는 거야.

지호 벌레 하나도 없어 가지고~~~ 하하하

솔비 그런데 거기는 아~~주 유명한 공주 장난감이 있었는데, 그 공주 장난감에는 사다리가 하늘까지 하늘을 넘어 가지고 우주를 넘어 가지고 저어~~~~우주를 넘는 사다리가 아주 긴~~사다리가 나오는데, 그게....만 원도↘ 넘고↗ ♬ 그 다음 백만 원도↘ 넘고↗♬ 너~무 비싼 거야~~

현민 일억도 넘어?

솔비 (고개를 끄덕임) 너~~무 비싸 가지고... 억만 백천구백 원이었대.

아이들 헤엑~~~

지호 만 원 백 개로 살 수 있겠다.

현민 만 원 백 개 있으면 백만 원인데?

솔비 그래서~ 나무를 팔아 가지고 책상도↘ 만들고↗~♬ 의자도↘ 만들고↗~♬ 해서, 그 가난한 집은 금방 부자가 됐대~~.

출처: 교육부, 보건복지부(2019).

4. 초등학교와의 연계

영유아는 교육을 통해 변화해 가고 성장 · 발달한다. 이때 교육에 있어서 필요한 것이 있는데, 바로 연계성이다. 연계성은 타일러(Tyler, 1949)의 학습경험 조직의 원리에 따라 다음과 같이 설명할 수 있다(김진숙, 2006).

첫째, 계속성(continuity)이다. 계속성은 '반복성'이라고도 하며 같은 요소, 지식, 기능 등의 교육내용이 두 개의 교육과정에 동일하게 계속 선정되고 조직되는 것을 일컫는다.

둘째, 계열성(sequence)이다. 계열성은 교육내용의 어떤 요소, 지식, 기능이 발전적인 형태로 두 개의 교육과정에 선정 · 조직됨을 말한다.

셋째, 통합성(integration)이다. 통합성은 교육과정에서 수직적 및 수평적으로 두 개 이상의 교과 교육과정 간에 교육내용의 어떤 요소, 지식, 기능 등이 서로 유기적인 관련성을 갖고 선정, 조직됨을 의미한다.

문학교육 역시 연계성을 가지고 영유아 시기를 거쳐 초등학교의 아동문학교육으로 이어져야 한다. 특히 초등학교 1~2학년 아동은 유아와 발달 특성이 유사하다. 피아제의 인지발달 단계상 유아와 초등학교 1~2학년은 전조작기 중 직관적 사고단계인 만 4~7세에 함께 속하는 연령대에 있다. 이러한 발달의 동질성은 문학교육의 연계를 용이하게 한다.

〈표 9-1〉 **누리과정 의사소통 영역의 내용**

내용 범주	내용
듣기와 말하기	말이나 이야기를 관심 있게 듣는다.
	자신의 경험, 느낌, 생각을 말한다.
	상황에 적절한 단어를 사용하여 말한다.
	상대방이 하는 이야기를 듣고 관련해서 말한다.
	바른 태도로 듣고 말한다.
	고운 말을 사용한다.
읽기와 쓰기에 관심 가지기	말과 글의 관계에 관심을 가진다.
	주변의 상징, 글자 등의 읽기에 관심을 가진다.
	자신의 생각을 글자와 비슷한 형태로 표현한다.
책과 이야기 즐기기	책에 관심을 가지고 상상하기를 즐긴다.
	동화, 동시에서 말의 재미를 느낀다.
	말놀이와 이야기 짓기를 즐긴다.

출처: 교육부 · 보건복지부(2019).

유아는 교사가 혹은 다른 유아가 읽어 주는 문학 작품을 들으며 감상(感想)하고, 자신의 느낌이나 생각을 말하기를 통해 표현할 수 있다. 또한 낮은 소리로 읊조리듯 혹은 큰 소리로 시와 같은 문학 작품을 낭송하면서 문학 작품을 향유할 수 있다. 유아는 문학 작품을 읽은 후 자신의 느낌을 글로 표현하기도 하며, 내가 그 등장인물이었다면 어떻게 그 다음 과정을 이어갈지를 이야기로 만들거나 글로 쓰기도 한다. 더 나아가 작가와는 다른 시각으로 줄거리를 바꾸어 개작하기도 한다. 이렇듯 창의성 발달의 절정기라 할 수 있는 유아와 문학은 밀접한 관계이며, 유아에게서 문학은 친밀성과 접근성이 매우 높다고 할 수 있다.

〈표 9-2〉 2015 개정 교육과정의 문학

핵심개념	일반화된 지식	초등학교 1~2학년 내용요소
▸ 문학의 본질	문학은 인간의 삶을 언어로 형상화한 작품을 통해 즐거움과 깨달음을 얻고 타자와 소통하는 행위이다.	
▸ 문학의 갈래와 역사 • 서정 • 서사 • 극 • 교술 ▸ 문학과 매체	문학은 서정, 서사, 극, 교술(敎述)의 기본 갈래를 중심으로 하여 언어, 문자, 매체의 변화와 함께 시대에 따라 변화해 왔다.	• 그림책 • 동요, 동시 • 동화
▸ 문학의 수용과 생산 • 작품의 내용 · 형식 · 표현 • 작품의 맥락 • 작가와 독자	문학은 다양한 맥락을 바탕으로 하여 작가와 독자가 창의적으로 작품을 생산하고 수용하는 활동이다.	• 작품 낭독 · 감상 • 작품 속 인물의 상상 • 말놀이와 말의 재미 • 일상생활에서 겪은 일의 표현
▸ 문학에 대한 태도 • 자아 성찰 • 타자의 이해와 소통 • 문학의 생활화	문학이 가치를 인식하고 인간과 세계를 성찰하며 문학을 생활화할 때 문학 능력이 효과적으로 신장된다.	• 문학에 대한 흥미

출처: 교육부 고시 제2015-74호 별책 5

2015 개정 교육과정에서는 문학의 본질을 이해하는 것을 추구한다. 이에 더하여 글이나 작품을 정확하고 비판적으로 이해하고, 효과적이고 창의적으로 표현하며, 소통하는 데 필요한 기능 익히기를 목표로 한다. 또한 읽기와 쓰기 등의 문학 향유에 도움이 되는 기본 지식 갖추기를 지향한다.

이에 대한 문학 활동으로 교사는 아동 자신의 생각이나 겪은 일을 시나 노래, 이야기 등으로 자연스럽게 표현하도록 이끌 수 있다. 이러한 일련의 문학교육은 문학적 완성도에 제한을 받지 않도록 하며, 일상적 언어생활의 연장선상에서 문학에 접근하도록 함으로써 아동으로 하여금 문학에 대한 친밀감을 형성하도록 지도한다. 또한 노래와 시, 이야기 외에도 만화, 애니메이션, 역할극 등을 활용함으로써 아동의 흥미와 관심을 유발하도록 한다.

토론 및 토의

영유아교육기관의 문학교육 시 영유아의 경험의 이해와 교사의 지원에 대하여 실제 사례를 들어 논의하시오.

4

PART

아동문학 활동의 실제

Chapter 10

영유아문학의 환경구성과 교사의 역할

이 장에서는 영유아를 위한 문학 환경의 구성과 교사의 역할에 대한 내용을 다룬다. 영유아를 위한 문학 활동을 할 때 교사는 조용한 공간을 제공하여야 하며, 영유아로 하여금 안정감 속에서 집중할 수 있는 분위기를 조성해 주어야 한다. 교사는 영유아가 다양한 장르와 다양한 주제의 책을 경험할 수 있도록 책을 비치해야 한다. 영유아가 편안한 환경에서 책을 보며, 책을 통하여 즐겁고 신나는 시간이 되도록 환경을 조성하여야 한다.

1. 환경구성

1) 0~만 1세 영아를 위한 문학 환경

0~만 1세 영아를 위한 문학 환경구성은 보육실 중 가장 조용하고 밝은 곳으로 하되 출입구, 화장실, 피아노 등과 떨어진 곳에 배치한다. 영아와 교사의 언어적 상호작용을 풍부하게 경험할 수 있도록 공간을 구성한다. 교사와 함께 앉아 책을 읽어 줄 수 있을 만큼의 공간을 확보하는 것이 좋다.

이 공간에는 영아를 위한 감각책, 그림책뿐만 아니라 인형이나 그림, 사진 같은 다양한 자료를 준비하여 언어적 상호작용이 빈번하게 일어날 수 있도록 한다. 또한 책을 읽거나 놀이를 하면서 영아와 교사가 편안한 느낌을 경험하도록 아늑한 분위기의 공간을 구성한다.

(1) 놀잇감 및 교재교구

- 낮은 소파나 푹신한 등받이 쿠션, 방석, 책장이나 상자

출처: 보건복지부 · 육아정책연구소(2013).

• 단순한 그림책, 감각 그림책, 스펀지책, 헝겊책 등 영아용 그림책

출처: 보건복지부 · 육아정책연구소(2013).

• 영아에게 친숙한 환경 인쇄물

• 손인형, 그림이나 사진, 끼적거릴 도구

• 모형 전화기나 카세트

(2) 구성의 예

출처: 보건복지부 · 육아정책연구소(2013).

(3) 유의점

• 영아용 책꽂이에 그림책을 비치할 경우에는 글을 모르는 영아의 특성을 고려하여 책의 앞면을 볼 수 있도록 정리한다.

• 책이나 자료를 사용한 뒤에 영아가 정리하는 습관을 기르도록 돕는다.

• 자연조명이 잘되는 밝은 곳에 배치하는 것이 좋으며, 아늑한 분위기를 위해 적절한 조명을 할 수도 있다.

2) 만 2세 영아를 위한 문학 환경

만 2세 영아는 자신의 의사를 말로 표현하기 시작하며 즐기는 시기로 언어를 이용한 의사소통에 많은 흥미를 보인다. 영아가 말하고, 듣고, 읽고, 쓰는 의사소통의 기회를 충분히 경험할 수 있도록 공간과 놀잇감을 배치한다. 성인인 교사뿐만 아니라 또래와의 언어적 상호작용을 풍부하게 경험할 수 있도록 배려한다. 또한 문자에도 관심이 확장되는 시기이므로 교사와 함께 앉아 책을 읽어 줄 수 있을 만큼의 공간을 확보하고 영아와 교사가 편안한 느낌을 경험하도록 아늑한 분위기로 구성한다.

이 공간에는 그림책뿐만 아니라 사진책, 포스터, 동시판, 노래판, 팜플렛, 전단지, 메뉴판 등을 준비하여 영아가 생활 속에서 문자의 역할을 이해하고 문자와 친숙해질 수 있도록 돕는다. 또한 벽면에는 칠판이나 커다란 전지를 붙여 주고 분필, 크레파스, 색연필, 사인펜 등을 비치하여 영아의 끼적거리는 활동을 격려한다. 카세트와 녹음기, 마이크 등을 이용하여 자신의 말소리를 녹음하고 듣는 등의 말하기와 듣기 경험을 확장하도록 한다.

(1) 놀잇감 및 교재교구

- 낮은 소파나 푹신한 등받이 쿠션, 방석, 책장
- 다양한 주제의 그림책, 사진책

출처: 보건복지부 · 육아정책연구소(2013).

- 포스터, 동시판, 노래판, 팜플렛, 전단지, 메뉴판
- 칠판이나 전지 및 끼적거릴 도구(분필, 크레파스, 색연필, 사인펜)
- 영아들에게 익숙한 환경 인쇄물

• 녹음기, 마이크, 카세트

(2) 구성의 예

출처: 보건복지부 · 육아정책연구소(2013).

(3) 유의점

• 영아용 책꽂이에는 그림책의 앞면을 볼 수 있도록 정리한다.
• 책이나 자료는 사용 후 제자리에 스스로 정돈할 수 있도록 환경구성 시 배려한다.
• 자연조명이 잘되는 밝은 곳에 배치하는 것이 좋으며, 아늑한 분위기를 위해 적절한 조명을 할 수도 있다.
• 공간이 부족한 경우 언어 영역을 안락하게 구성하여 휴식 영역으로 공유할 수도 있다.

3) 만 3~5세 유아를 위한 문학 환경

만 3~5세 유아를 위한 문학 환경은 듣기와 말하기, 읽기와 쓰기 관련된 경험이 용이하도록 구성하는 것이 좋다. 이는 유아로 하여금 교사가 문학 작품을 읽어 줄 때 몰입하여 듣게 하며, 유아 자신이 책을 읽은 후 그 느낌을 말하거나 쓰는 활동을 격려하는 환경이 된다. 유아는 문학의 경험을 통해 일상생활에 필요한 언어 능력을 향상시키고 올바른 의사소통 능력 및 태도를 기를 수 있다. 또한 문학 감상의 태도를 기를 수 있다. 따라서 유아 문학을 위한 공간은 조용하고 안정된 공간에 배치하는 것이 좋다. 유아 문학과 관련하여 읽기와 쓰기 활동이 잘 이루어지도록 하며, 안락한 의자나 쿠션 등을 두어 편안하게 문학 활동에 집중하도록 구성한다.

(1) 놀잇감 및 교재 · 교구

- 듣기 자료: 다양한 종류의 책, CD 플레이어, 헤드폰, 카세트 레코드와 테이프 등
- 말하기 자료: 이야기 꾸미기 자료와 융판, 그림 카드, 막대 인형이나 퍼펫, 인형극 틀, 녹음기, 마이크 등

그림을 단서로 내용 이해하기		

상황이 잘 표현되어 있는 짧은 그림책을 보며 장면 그림이나 내용에 대해서 교사에게 질문하고 충분히 이야기를 나눈다.	또래가 함께 그림책을 보며 주인공과 다른 등장인물들이 한 일을 이야기 나누고 그다음에는 어떤 일이 일어날지를 서로 이야기해 본다.	책을 읽어 주면 유아는 사건 속에서 주인공은 그때 어떤 기분이었는가를 이야기 나누거나 이야기의 결과가 어떻게 될지를 추측해 본다.
만 3세	만 4세	만 5세

출처: 보건복지부 · 교육과학기술부(2014).

궁금한 것 책에서 찾아보기	

주제와 관련된 다양한 종류의 도서를 비치하되, 언어 영역뿐 아니라 수 · 조작 영역, 미술 영역 등 주제 관련 책이 필요한 여러 영역에 구비하여 유아가 궁금한 것을 수시로 찾아볼 수 있도록 한다.	백과 사전류나, 잡지, 개념책, 친구들과 함께 만든 주제책 등을 비치하여 궁금한 것을 수시로 찾아볼 수 있도록 하며, 책에서 알게 된 내용을 다른 친구들에게 소개하기로 연결해 본다.
만 4세	만 5세

출처: 보건복지부 · 교육과학기술부(2014).

- 읽기 자료: 종류별 책과 책꽂이, 그림책, 잡지류, 글씨가 적혀 있는 다양한 종류의 카드(예: 친구 이름카드, 글자 카드, 모래 글자 카드) 등
- 쓰기 자료: 각종 필기구, 단어 카드, 컴퓨터와 프린터, 한글 고무 글자판과 스탬프, 잉크, 소형 화이트보드와 마커 팬, 가위, 펀치, 스테이플러 등

(2) 연령별 영역 구성의 예

만 3세	친숙한 글자를 모양으로 인식하여 주변의 친숙한 인쇄물에 많은 관심을 보이며, 그림책을 즐겨 본다. 만 3세에게는 다양한 그림책을 제공해 주는 것이 필요하다. 듣기 활동을 위해 카세트와 테이프, 이어폰을 비치해 주어 동화 듣기나 유아의 목소리를 녹음하여 들어볼 수 있게 한다. 말하기 활동을 위해 융판에 활동 주제 관련 자료를 제시해 주어 유아가 이야기를 재구성하고 확장할 수 있도록 하며, 여러 가지 인형 등 다양한 말하기 자료를 제시한다. 읽기 활동을 위해 질적으로 내용이 우수한 그림책을 제공하여 주고 읽기에 관심을 나타내지 않는 유아를 위해서는 직접 조작할 수 있는 책, 책장을 넘기면 입체가 되는 책, 헝겊책 등 다양한 종류의 책을 구비하여 흥미를 갖도록 한다. 쓰기활동을 위해서는 자석 쓰기판, 화이트보드와 마커펜, 필기류와 다양한 재질의 종이 등의 활동자료를 제시해 준다.
만 4세	쉬운 단어와 짧은 문장 읽기가 가능해진다. 따라서 짧고 반복되는 단어와 문장이 있는 동시, 동화를 제시해 주어 유아 스스로 글자 읽기에 흥미를 가지도록 한다. 듣기자료는 CD플레이어와 CD, 카세트테이프, 다양한 책 등으로 구성한다. 말하기 자료에는 이야기 꾸미기 자료와 융판, 이야기 꾸미기 그림카드, 여러 종류의 인형과 인형극 틀, 그림동화, 녹음기, 공 테이프, 마이크 등을 제공한다. 쓰기 자료로는 자신과 친구 이름을 코팅, 자석판과 마커 펜, 음각글자판과 종이, 모래상자 등을 제공한다.
만 5세	듣고 말하기 활동에서 나아가 읽고 쓰는 활동이 보다 활발하게 이루어진다. 만 4세의 언어영역 자료 외에도 슬라이드, 주제에 따른 화보 모음책, 잡지류, 사전 등을 제시하며 자신, 또래친구, 가족들에게 하고 싶은 이야기를 글로 적어 보거나 단어카드를 이용해 문장을 만들어 볼 수 있으며, 활동주제와 관련하여 작은 책 만들기 활동도 가능하도록 한다.

만 3세

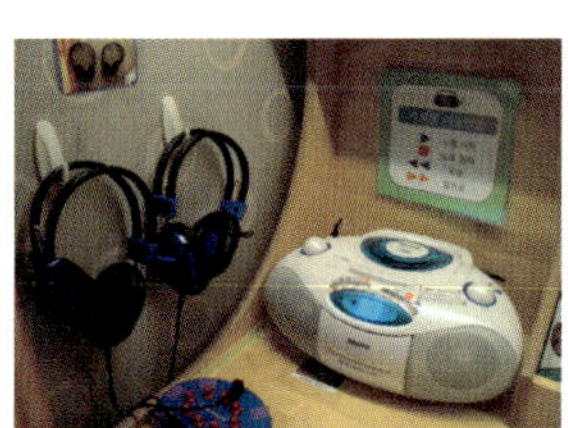
만 4세

만 5세

출처: 보건복지부 · 교육과학기술부(2014).

(3) 유의점

- 책이나 자료는 사용한 후 제자리에 정리 정돈할 수 있도록 한다.
- 유아가 이야기를 직접 만들거나 소리를 녹음해 보는 기회를 가질 수 있도록 다양한 손인형이나 동화를 준비한다.
- 초기에는 주로 책 보기나 듣기 등의 활동을 계획하고, 점차 읽기나 쓰기를 위한 활동을 구성하는 것이 좋다.
- 읽기나 쓰기 활동을 위해서는 자연조명이 되는 밝은 곳에 배치하도록 하는 것이 좋으며, 조금 더 아늑한 곳에서 듣기나 말하기 활동을 하기 원하는 유아를 위해 적절한 조명을 할 수 있도록 한다.

2. 교사의 역할

영유아에게 의미 있는 문학 활동이 이루어지기 위해서는 교사의 역할이 매우 중요하다. 교사는 무엇보다도 영유아의 연령과 그에 따른 특성을 고려하여 문학 활동이 진행되도록 해야 한다.

1) 환경 조성

영유아를 위한 문학 활동을 할 때 교사는 조용한 공간을 제공하여야 하며, 영유아로 하여금 안정감 속에서 집중할 수 있는 분위기를 조성해 주어야 한다(홍은숙, 2008). 교사는 영유아가 다양한 장르와 다양한 주제의 책을 경험할 수 있도록 도서를 비치해야 한다. 영유아가 편안한 환경에서 책을 보며, 책을 통하여 즐겁고 신나는 시간이 되도록 환경을 조성하여야 한다. 이를 통해 영유아는 책에 있는 글씨와 그림, 겉표지부터 마지막 장에 이르기까지 책이 어떻게 구성되었는지 자세히 살펴볼 수 있다. 교사는 책을 본 후 인상 깊었던 장면에 대하여 그려 보게 하거나 써 보게 할 수 있다. 이러한 문학 경험은 영유아로 하여금 사람, 사물, 장소 등에 대한 경험을 확장하게 하며, 자신과 다른 사람에 대해서 보다 더 잘 이해하도록 이끈다.

2) 안내

교사는 문학 작품에 드러난 예술적 특성이나 수준인 문학성을 영유아에게 전달하는 안내자 역할을 한다. 교사가 영유아에게 책을 읽어 주는 동안 교사는 책의 글과 그림 간의 유기적인 관계를 영유아에게 안내하게 된다. 교사는 책의 내용과 영유아의 경험을 연결시키며, 책에 대한 생각과 다양한 경험을 안내한다. 이를 통해 영유아는 책과의 의미 있는 경험을 하게 된다. 이러한 의미 있는 경험은 이와 관계되는 또 다른 책에 대한 관심으로 이끌기에 용이하며, 영유아는 책과의 소통을 보다 더 원활하게 할 수 있다. 영유아는 자신에게 의미 있는 타인인 교사의 목소리를 통해 문학 작품의 분위기를 느끼게 되고, 문학적 감수성을 키우게 되며, 책을 가까이 하게 된다. 즉, 책을 좋아하는 독자로 성장하게 된다.

3) 상호작용

상호작용은 두 사람 간에 일정한 시간 동안 지속적으로 이루어지는 사회적 관계로 양방향의 소통이 이루어진다. 교사는 문학교육 시 다양한 매체의 활용을 통해 교사와 영유아, 영유아 간, 문학 작품과 영유아의 적절한 상호작용이 이루어지도록 한다. 특히 문학 작품을 통한 상호작용 과정에서 영유아는 흥미를 가짐으로써 관심과 주의를 기울이게 되고, 재미를 느끼므로 동기 유발과 몰입을 가져올 수 있으며, 즐거움 속에서 긴장이나 부정적인 정서를 해소하고, 만족감이나 성취감을 느낄 수 있다.

최근 전자미디어로 인해 상호작용에 있어서 방향성의 변화가 일어나고 있다. 디지털 원주민인 영유아는 매우 이른 시기부터 전자 매체를 접한다. 2014년 이전 연구에 생후 11개월 미만 영아가 전자미디어를 접한다는 연구 결과가 있다(안우철, 2020). 최근에는 이보다 이른 시기인 생후 5~6개월경에도 전자미디어를 접하게 하기도 한다.

그런데 이렇게 전자미디어에 노출이 된 주된 이유는 상호작용의 대체물로서의 역할에 있다. 영유아기는 대면의 형식으로 상호작용을 하며 대인관계를 배워 나가야 하는 시기이다. 특히 영아기에는 오감발달을 통해 전인교육이 이루어져야 할 때이다. 시각과 청각에 집중화되어 있고 손가락으로 터치하는 데에만 국한되어 있으며 비대면 형식의 상호작용이 이루어지는, 전자미디어에 대한 과의존이나 과몰입은 뇌가 자극적이고, 누르면 즉각적으로 반응하는 매체에만 흥미를 갖게 되는 팝콘 브레인으로 성장하게 한다.

따라서 영유아 문학교육은 가정과의 연계하여 이루어져야 한다. 교사는 영유아가 주양육자와의 상호작용 속에서 문학 작품을 접하게 하고, 주양육자의 목소리를 통해 문학적 감수성과 태도를 함양할 수 있도록 도서 선정 기준에 대하여 안내하고, 자녀와 책 읽기를 권장하도록 한다.

영유아 교육기관에서도 전자미디어로 인해 상호작용에 있어서 방향성의 변화가 일어나고 있다. 노상경(2016)은 자신의 연구에서 책은 많지만 교사가 읽어 주거나 상호작용하는 과정 없이 비치되고, 대집단 활동으로 멀티미디어 형태의 동화를 단지 클릭함으로써 교사와 유아 간의 상호작용이 차단되고 있다고 제시하였다. 이에 교사는 디지털 세상에서 통용되는 매체를 적절하게 활용하면서, 이에 적합한 상호작용이 이루어지도록 주의를 기울여야 한다.

4) 책의 선정

영유아교육기관에서 영유아가 책을 접하게 되는 경우는 대부분 교사로 인해서이다. 즉, 교사는 영유아의 독서환경을 조성하는 중요한 역할을 한다. 이때 교사가 영유아에게 읽어 주기 위한 책을 선정하는 일은 무엇보다도 중요하다.

교사는 영유아에게 읽어 주기 위한 책을 선정할 때 영유아의 개별적 특성, 교사의 경험 등에 기초하여 책을 선정한다. 교사는 책을 선정할 때 대부분 영유아의 발달 수준에 적합한지와 영유아의 흥미와 요구를 반영하는가를 고려한다. 이에 대하여 김지연(2017)의 연구를 토대로 좀 더 구체적으로 살펴보면 〈표 10-1〉과 같다. 여기서의 설문 대상은 만 2~5세 영유아의 교사 200명이다.

〈표 10-1〉 **교사의 영유아를 위한 책 선정기준**

순위	내용	응답률
1	영유아의 발달수준에 적합해야 한다.	4.66
2	영유아의 흥미와 요구를 반영해야 한다.	4.61
3	생활주제와 연계되어야 한다.	4.22
4	문학성이 높아야 한다.	4.01
5	유아의 개별적 상황을 반영해야 한다.	3.95
6	예술성이 높아야 한다.	3.93
7	교육성이 높아야 한다.	3.87
8	많은 사람들이 구매한 책이어야 한다.	2.80
9	수상작이어야 한다.	2.79
10	작가의 인지도가 있어야 한다.	2.71
11	출판사의 인지도가 있어야 한다.	2.50

출처: 김지연(2017) 재구성.

교사는 영유아에게 적합한 책을 선정할 때 고려해야 할 점이 있다. 이를 바탕으로 영유아를 위한 좋은 책의 선정기준에 대하여 살펴보면 다음과 같다(허현, 2021).

첫째, 그림책은 글과 그림이 조화를 이루며 이야기를 전개해 나가야 한다.

둘째, 구성이 간결하고 작품 주제가 분명해야 한다.

셋째, 배경, 분위기, 등장인물의 행위를 잘 묘사해야 한다.

넷째, 언어가 분명하고 적절해야 한다.

다섯째, 그림이 아름다워야 한다.

여섯째, 내용이 쉽고 영유아의 정서에 긍정적인 영향을 주어야 한다.

교사는 영유아의 문학교육을 위해 좋은 책을 선정할 수 있어야 한다. 이에 대하여 살펴보면 다음과 같다(변윤희, 현은자, 2004).

첫째, 주제가 단순하더라도 의미 있는 진리가 담겨 있어야 한다.

둘째, 줄거리가 명확하고 움직임과 긴장감이 있으며 유머가 있어야 한다.

셋째, 책 속의 인물이 어린이다운 성격을 가지고 있어야 한다.

넷째, 언어표현이 영유아를 좌절시키지 않으며, 한 번에 읽기에 적당한 길이여야 한다.

다섯째, 그림 자체가 아름답고 이야기 내용에 도움을 주며, 글과 통합된 의미가 있어야 한다.

여섯째, 영유아의 발달에 적합해야 하며, 내용자체가 선하고 영유아에게 흥미를 주는 것이어야 한다.

이렇듯 영유아의 문학교육에서 의미의 이해는 중요하다. 의미 없는 문학교육은 영유아의 흥미와 동기를 유발시킬 수 없다. 교사는 언어로 상호작용할 수 있는 문맥 속에서 의미를 알 수 있게 하는 결정적인 촉진자이다. 따라서 교사는 영유아를 위한 책의 선정 시 영유아의 의미 이해에 대하여 초점을 두어야 한다.

5) 문학 활동지도

영유아를 위한 문학교육 시 교사는 영유아에게 심미적 감상력의 발달, 독서에 대한 취향과 태도 형성 등을 자연스럽게 이끌어 주어야 한다. 교사는 영유아로 하여금 책을 좋아하고 또한 즐거운 마음으로 문학교육에 임하도록 힘써야 한다. 그리하기 위해서는 이에 따른 교수-학습 방법이 적합하게 펼쳐져야 한다. 영유아를 위한 문학교육 시 교수-학습 방법에 대하여 살펴보면 다음과 같다(최경숙, 2009 재인용).

첫째, 영유아를 위한 문학교육 시 교수-학습은 전체에서 부분으로 진행된다.

둘째, 문학수업은 영유아 중심이어야 한다. 즉, 문학수업은 영유아가 경험하고 아는 것으로 시작하며, 영유아가 능동적으로 참여하는 활동으로 이루어져야 한다. 활동은 영유아의 흥미와 관심에서 시작하며, 이때 교사는 단순히 지식의 전달자가 아닌 영유아가 지식을 구성할 수 있는 상황을 만들어 주어야 한다.

셋째, 수업은 영유아를 위한 의미와 목적을 가져야 한다. 여기서 의미는 독자가 부과하는 것과 저자가 의도하는 바가 융합되어 나타난 결과로, 독자에 의해 창조된 의미인 것이다.

넷째, 영유아 간의 상호작용을 중시한다.

다섯째, 구두 언어와 문자 언어는 동시에 습득될 수 있다. 즉, 읽고, 쓰고, 말하고 듣는 과정은 모두 함께 상호작용한다.

여섯째, 영유아는 스스로 학습하는 방법을 안다는 것에서 출발한다. 따라서 교사는 영유아에게 선택권을 부여하고, 영유아의 관심과 흥미 그리고 배경지식을 최대한 존중한다.

일곱째, 문학 활동의 목적은 실제성과 진정성을 바탕으로 실행되어야 한다. 문학의 궁극적 목적은 인간성 변화와 사회순화에 있다(김미향, 2015). 즉, 아름다운 인간성 및 정서 함양이라는 문학교육의 목적이 진정성 있게 실현되어야 한다.

문학교육 시 교사가 유의해야 할 점이 있다. 영유아가 공감하지 못한, 즉 의미 이해기 되지 않은 상황에서의 교사의 발문과 활동지 등의 진행은 영유아에게 있어서 의미가 없다. 이로 인해 문학교육이 지루해질 수 있으므로 교사는 이를 염두에 두어야 한다.

또한 교사는 문학교육과정을 조직할 때 유아의 즐거움이나 여운에 방해되지 않도록 유의해야한다(김현희, 박상희, 2008). 이는 학습자가 내용을 이해한 후 자연스럽게 나타날 수 있는 반응을 위주로 교수-학습 방법이 펼쳐져야 함을 의미한다.

교사는 문학 작품을 소개하며 읽어 주거나 읽게 하고, 작품의 내용과 관련된 경험 이야기해 보기, 수수께끼 등을 통하여 작품의 내용을 다시 한 번 회상해 보기를 진행할 수 있다. 또한 내 생각 써 보기, 나만의 책 만들기, 동시 짓기, 주인공에게 편지쓰기, 뒷이야기 만들기, 동극활동, 작품의 내용 속 특정주제를 가지고 토의하기 등의 활동을 할 수 있다. 활동 후에는 다른 친구들과 자신의 생각을 공유할 수 있도록 발표를 하거나, 결과물을 전시할 수 있다.

6) 평가

영유아문학의 목적은 영유아의 읽기 능력, 이해 능력, 표현 능력에 있어서의 문학능력 증진에 있다. 영유아문학의 목표는 문학적 감수성 증진, 문학 감상 및 이해, 문학적 경험의 내면화, 문학적 지식 및 태도의 형성에 있다. 이의 교육적 실천으로 교사가 읽어 줄 때 잘 듣기, 친구와 함께 책 읽기, 이야기를 재구성하기, 경험한 것을 바탕으로 읽기 자료 만들기, 읽고 싶은 책 골라 읽기, 극본 쓰기, 일기 쓰기, 색 · 길이 · 크기 · 도형 · 공간과 같은 기본 개념에 관한 책 만들기 등의 영유아문학 활동을 진행할 수 있다. 이와 같은 영유아문학 활동 후 평가는 다양한 형태로 학습상황 속에서 지속적으로 진행할 수 있으며, 이를 다음 문학 활동에 반영한다.

(1) 교사 평가

교사는 교사 자신의 문학교육에 대하여 평가하여야 한다. 또한 장르별 문학의 갈래에 대하여 잘 알고, 이를 영유아에게 잘 적용해야 한다. 교사는 양질의 문학 작품의 선정 기준을 알고 있어야 하며, 이를 영유아에게 잘 접목할 수 있어야 한다. 문학 활동이 다양하게 이루어지도록 영유아의 문학교육에 대한 정보를 얻는 방법이나 정보원에 대하여 알고 이를 적극적으로 활용해야 한다. 문학교육의 목적에 따라 그에 적합한 교수-학습 방법을 실천하였는지 스스로 돌아보아야 한다.

교사는 영유아 문학교육의 특성을 살려 영유아에게 적합한 지원적 환경을 사전에 계획하고 구성하여야 한다. 문학교육에서 영유아를 주체로 인식하고 그들의 흥미와 관심을 우선으로 고려하며 효과적으로 증진할 수 있는 교수-학습방법을 탐색하고 활용하려는 노력이 필요하다. 하지만 교사의 일방적인 활동이 진행되거나, 지나친 교육적 접근은 영유아의 문학교육에 대한 흥미를 떨어뜨릴 수 있다는 점을 염두에 두어야 한다.

영유아를 위한 문학교육 시 교사의 교수-학습 방법에 대한 평가에 대하여 살펴보면 다음과 같다(최유리, 2020).

첫째, 영유아를 위한 문학 작품을 영유아에게 어떻게 읽어 줄지, 어떤 활동을 경험해보게 할 것인지 등에 대한 사전 계획을 하였는가?

둘째, 영유아를 위한 문학 작품을 영유아에게 들려주기 전 도입을 자연스럽게 진행하였는가?

셋째, 영유아를 위한 문학 작품을 영유아에게 들려줄 때 그에 적합한 상호작용을 하였는가?

넷째, 영유아를 위한 문학 작품을 영유아에게 들려 준 후 추후활동을 진행하였는가?

다섯째, 영유아를 위한 문학교육 시 다양한 매체를 활용하였는가?

여섯째, 영유아를 위한 문학교육을 지원하기 위한 환경을 조성하였는가?

일곱째, 영유아를 위한 문학교육에 대한 영유아의 흥미와 관심을 증진시켰는가?

(2) 유아 평가

교사는 유아의 문학적 능력인 읽기 능력, 이해 능력, 표현 능력에 대하여 관찰을 통해 파악하고 있어야 한다. 또한 유아의 문학적 태도인 읽기 습관이나 선호하는 책 등에 대하여도 관찰을 통해 파악하고 있어야 한다. 그러려면 영유아 발달수준에 적합한 문학 작품과 영유아의 문학적 능력 및 태도에 대한 정보제공과 이를 공유할 수 있는 네트워크를 구축해야 한다.

교사는 다양한 평가방법을 활용하여 개별 영유아의 문학 작품이나 책 읽기에 대한 성향을 파악하여 문학교육과정 계획과 운영에 적용해야 하므로(김정화, 2008), 문학교육에서 다양한 방법으로 영유아 평가를 실시함으로써 차후의 활동 계획과 개별 교육에 반영하는 것이 필요하다.

교사는 영유아 문학교육을 실시한 후 관찰법(일화기록, 행동목록법, 행동평정법 등)을 통해 영유아에 대한 평가를 실시한다. 관찰법은 영유아를 이해하고 평가하기 위한 가장 보편적인 방법으로, 영유아의 문학 활동의 과정을 집중적으로 관찰하면서 평가하는 방법이다. 주로 자연적인 상황에서 관찰하며, 객관적이고 정확한 관찰을 하기 위해서는 관찰 대상을 있는 그대로 기술하는 일화기록법이나, 체크리스트나 평정척도 등을 이용한다. 경우에 따라서는 비디오 녹화를 한 후 분석하기도 한다(박현수, 2009).

교사는 영유아 문학교육을 실시한 후 포트폴리오를 통해 영유아 평가를 실시할 수 있다. 포트폴리오는 개별 학습자가 직접 쓰거나 만든 작품을 지속적이면서도 체계적으로 모아 둔 작품집을 평가하는 방법이다. 이 방법은 학습자가 자신의 변화 발전 과정을 스스로 파악할 수 있고, 다른 사람에게도 평가받을 수 있다는 장점이 있다.

(3) 문학 활동 평가

교사는 영유아 문학교육을 실시한 후 문학 활동에 대한 평가를 실시함에 있어서 작품 내용 및 활동 선정과 관련지어 활동을 평가한다. 또한 영유아 문학교육 시 사용한 교수매체와 관련지어 활동을 평가한다. 교사는 영유아 문학교육 시 교수-학습 방법의 적절성과 관련지어 활동을 평가해야 하며, 영유아의 발달수준에 대한 적합성과 관련지어 활동을 평가해야 한다.

토론 및 토의

영유아를 위한 문학 환경 조성 시 교사의 역할에 대하여 논의하시오.

Chapter 11

영유아 문학교육 방법

이 장에서는 영유아 문학교육 방법 중 그림책 중심의 통합교육과 주제중심의 통합 교육을 계획하고 적용하며 평가해 본다. 통합적 접근법이란 유아교육기관에서 그림책이나 생활주제를 중심으로 각 교과 영역이 자연스럽게 통합되도록 교육과정을 구성하는 접근법이다.

1. 그림책 중심의 통합교육

1) 그림책 중심의 통합교육

그림책은 유아에게 문학적 경험을 제공하는 중요한 매체이다. 유아가 좋은 그림책을 보는 경험은 다음과 같은 교육적 의의를 갖는다(Schickedanz, 1986).

첫째, 문해 발달을 돕고 이야기 내용을 예측하여 내용을 잘 이해할 수 있다.

둘째, 유아가 책을 사랑하고 즐기며 상상력과 추론능력이 발달하게 된다.

셋째, 유아들이 그림책을 보면서 간접적으로 책 속의 다양한 문제들을 체험할 수 있고 나아가 이야기의 전체적인 맥락을 이해하게 된다.

그림책은 통합적인 교수활동을 전개할 수 있는 중요한 매체로 그림책의 내용을 토대로 언어, 수학, 과학, 사회, 미술, 음률 및 신체표현 등이 통합된 활동을 하며, 그러한 과정에서 유아들은 자연스럽고 즐겁게 듣기와 말하기, 읽기와 쓰기를 경험하게 된다(윤진주, 2009).

그림책을 중심으로 한 통합적 활동은 유아가 가지고 있는 기존의 지식을 확장시킬 수 있다.

2) 그림책 중심의 통합교육의 예(배고픈 애벌레)

그림책『배고픈 애벌레』로 그림책 중심의 통합교육 활동들을 제시하면 다음과 같다(신애선, 임경례, 2020에서 부분 인용함).

배고픈 애벌레

〈언어〉
- 이야기 나누기
- 생각 분류하기
- 주제망 조직하기
- 나비 종류 사전 만들기
- 글자 낚시하기
- 저자에게 편지쓰기

〈문학〉
- 동화 듣기: 배고픈 애벌레
- 동시 짓기
- 애벌레 책 만들기
- 극놀이 초대장 만들기

〈과학〉
- 알, 번데기, 애벌레 탐색하기
- 나비 관찰하기
- 나비 키우기
- 애벌레와 나비 비교하기

〈사회〉
- 역할극: 애벌레가 좋아한 과일 가게 놀이
- 현장견학: 나비축제 현장
- 언어게임
- 과일 가게 광고지 홍보하기

〈수학〉
- 내가 좋아하는 과일 조사하고 그래프 완성하기
- 애벌레와 번데기의 같은 점과 다른 점 벤다이어그램 그리기
- 애벌레가 좋아한 과일 가게 놀이에 필요한 소품 조사하기
- 과일 세어 보기

〈미술〉
- 나비 꾸미기
- 점토로 애벌레 만들기
- 애벌레가 좋아한 과일 가게 놀이에 필요한 소품 만들기
- 과일 가게 광고지 그리기
- 조충도 감상하기

〈음률 및 신체표현〉
- 새노래: 나비야~
- 애벌레 모습 표현하기
- 내가 만약 나비라면~

〈표 11-1〉 **그림책 중심의 통합교육의 예**

〈문학〉 동화 듣기	
활 동 명	『배고픈 애벌레』 동화 듣기
활동자료	그림책
활동방법	① 그림책의 표지를 보며 그림책의 내용을 예측해 본다. ② 책의 내용을 읽어 준다. ③ 그림책 내용을 바탕으로 그림책 내용의 이해를 위한 이야기를 나눈다. ④ 동화를 즐겁게 들었는지 이야기 나눈다. ⑤ 애벌레에 관련된 또 다른 그림책을 준비하여 언어 영역에 비치해 준다.

〈언어〉 이야기 나누기	
활 동 명	애벌레에 대해 이야기해요.
활동자료	애벌레 관련 사진과 동영상 자료
활동방법	① 유아들에게 실제 애벌레가 나오는 사진과 동영상 자료를 보여 준다. ② 애벌레에 대한 다양한 경험을 회상해 보게 한다. ③ 순서대로 자신의 경험을 이야기해 보도록 한다. ④ 친구의 이야기를 듣고 궁금한 내용은 질문해 본다. ⑤ 친구의 질문에 대해 자신의 경험을 소개한 유아가 대답을 하거나 다른 친구들에게 말할 수 있는 기회를 준다.

〈언어〉 생각 분류하기	
활 동 명	'애벌레'에 대한 생각을 분류해 봐요.
활동자료	포스트 잇, 분류판, 쓰기 도구(연필, 색연필 등)
활동방법	① '애벌레' 하면 생각나는 것을 단어 중심으로 종이에 써 본다. ② 비슷한 범주끼리 나누어 분류해 본다. ③ 나누어진 범주끼리 소제목을 붙여 준다.

〈언어〉 주제망 조직하기	
활 동 명	나비에 대한 생각을 모아 봐요.
활동자료	주제망 기록지, 분류판, 쓰기도구
활동방법	① '나비' 하면 생각나는 단어를 분류하고 유사한 단어를 모아 범주별로 묶는다. ② 주제 조직망에 범주명을 쓰고 해당 범주에 내용들을 기록한다. ③ 새롭게 알게 된 내용들을 추가로 기록하며 주제조직망을 수정해 나간다.

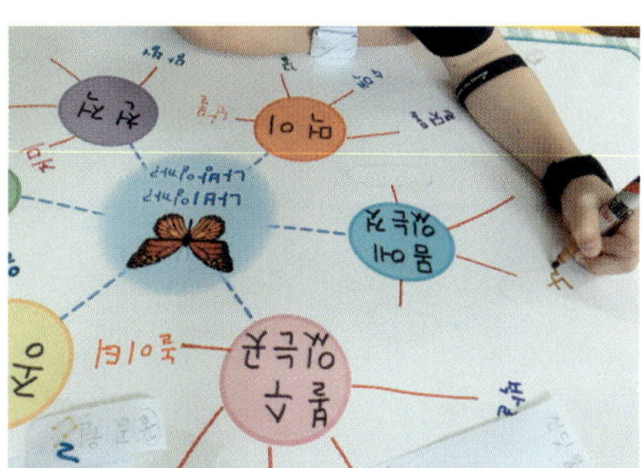

〈문학〉 동시 짓기	
활 동 명	나비 동시 짓기
활동자료	활동지, 쓰기도구
활동방법	① '나비' 하면 떠오르는 생각들을 말해 본다. ② '나비'라는 주제로 동시를 지어 본다.

〈언어〉 단어 만들기	
활 동 명	낱자를 조합하여 나비 이름 만들기
활동자료	나비 이름카드, 낱자 조합판
활동방법	① 나비의 카드를 보고 낱자의 모양을 살펴본다. ② 낱자 조합판에서 단어카드에 나오는 낱자를 찾아서 나비의 단어를 완성해 본다.

〈언어〉 애벌레가 좋아하는 과일 사전 만들기	
활 동 명	과일 사전을 만들어요
활동자료	그림책에 나온 과일 그림카드, 책 모양 종이, 가위와 풀, 쓰기도구
활동방법	① 책에 나온 과일 모양 그림과 글자를 따로 오린다. ② 오려 놓은 그림을 그림사전에 붙이고 과일 이름을 적는다.

오렌지	자두	딸기	배
오렌지	자두	딸기	배

〈언어〉 글자 낚시하기	
활 동 명	과일 이름 낚시하기
활동자료	그림책 안의 과일 이름이 적힌 문장카드, 과일 물고기, 낚싯대
활동방법	① 그림책 속의 과일 이름이 적힌 문장카드를 읽는다. ② 해당하는 글자 하나하나를 낚시하여 올린다.

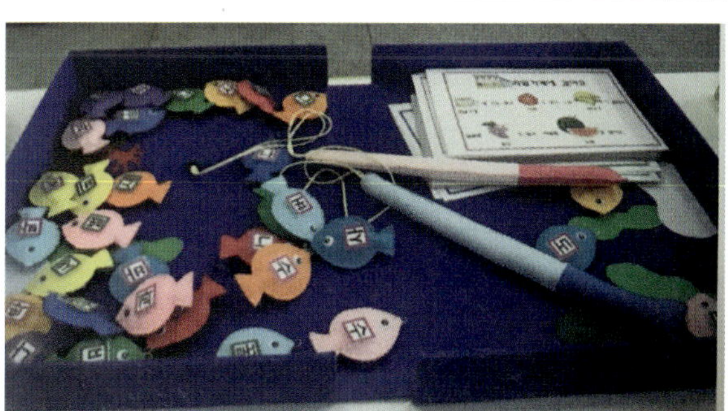

〈과학〉 애벌레와 나비 관찰하기	
활 동 명	내가 좋아하는 애벌레와 나비 관찰하기
활동자료	관찰기록지, 쓰기도구
활동방법	① 나비를 탐색한다. ② 애벌레에서 나비가 되는 과정을 살펴본다. ③ 애벌레와 나비의 모양, 크기, 촉감 등을 관찰한다. ④ 관찰한 내용을 기록지에 써 본다.

〈애벌레와 나비 관찰하기〉

<table>
<tr><td>날짜</td><td>년 월 일 요일</td><td colspan="2">이름:</td></tr>
<tr><td></td><td>애벌레</td><td colspan="2">나비</td></tr>
<tr><td>모양</td><td></td><td colspan="2"></td></tr>
<tr><td>크기</td><td></td><td colspan="2"></td></tr>
<tr><td>촉감</td><td></td><td colspan="2"></td></tr>
<tr><td>색</td><td></td><td colspan="2"></td></tr>
<tr><td rowspan="2">애벌레가</td><td rowspan="2"></td><td>애벌레와
나비의 같은 점</td><td></td></tr>
<tr><td>애벌레와
나비의 다른 점</td><td></td></tr>
</table>

〈수학〉 조사하고 그래프 그리기	
활 동 명	우리 반이 가장 좋아하는 과일은?
활동자료	조사용지, 스티커
활동방법	① 여러 가지 종류의 과일을 기록판에 붙여 놓는다. ② 자신이 좋아하는 빵을 선택한 뒤 이름을 쓰도록 한다. ③ 우리 반 아이들이 가장 좋아하는 과일 그래프를 만든다.

〈과학〉 애벌레, 번데기, 나비 관찰하기	
활 동 명	애벌레, 번데기, 나비 관찰하기
활동자료	사진
활동방법	① 애벌레, 번데기, 나비를 관찰한다. ② 관찰을 통해 알게 된 것을 친구들과 이야기한다.

〈미술〉 나비 만들기	
활 동 명	내가 좋아하는 나비 만들기
활동자료	셀로판지, 모루, 사인펜, 풀 등
활동방법	① 내가 좋아하는 나비에 대해 이야기 나눈다. ② 내가 만들고 싶은 나비를 만들고, 친구들과 서로 함께 감상한다.

〈신체표현〉 나비의 한 살이를 신체로 표현해 봐요	
활 동 명	나비의 한 살이를 신체로 표현해 봐요
활동자료	애벌레 옷
활동방법	① 나비의 한 살이에 대해서 이야기 나눈다. ② 알 → 번데기 → 애벌레 → 나비의 한 살이에 대해 신체로 표현해 본다.

2. 주제중심의 통합교육

1) 주제중심의 통합적 활동

주제중심의 통합적 활동이란 유아교육현장에서 가장 많이 알려진 통합적 활동으로 한 주제를 중심으로 각 교과영역에서 자연스럽게 문학교육을 실행하는 것이다. 주제중심의 통합교육은 유아들의 발달수준과 흥미, 요구를 반영하여 유아들이 일상생활에서 경험할 수 있고 경험해야 할 내용으로 선정하여야 한다.

2) 주제중심의 통합교육의 예(동물)

'동식물과 자연'을 주제로 언어영역과 다른 교과영역 간의 통합을 한 문학교육 활동들을 제시하면 다음과 같다(보건복지부, 2013의 동식물과 자연 중 동물 관련 내용만 발췌함).

동물

〈언어〉
- 동물 수수께끼
- 공룡에게 무슨 일이 일어났을까?
- 누구의 무늬일까요?

〈문학〉
- 동시: 누가 누구를
- 극놀이: 코를 킁킁
- 동화: 나 이제 기차에서 내릴래

〈과학〉
- 땅 속 벌레를 만나고 싶어요
- 배추애벌레 기르기
- 불개와 상상의 동물들

〈사회〉
- 자연사박물관 견학하기
- 동물들의 집을 어떻게 지을까?
- 아픈 동물들을 돌봐 줘요

〈수학〉
- 거북이 퍼즐 게임
- 옷걸이로 상상의 동물을 만들어요
- 동물의 소리 연주하기

〈미술〉
- 상상의 나무 만들기
- 이 그림에는 이 동물이 있으면 더 멋지겠어
- 공룡 발자국 찍기

〈음률 및 신체표현〉
- 동물의 소리 연주하기
- 동물의 사육제 「캥거루」를 감상해요
- 토끼야, 우리 산책할래?

〈표 11-2〉 주제 중심의 통합적 문학교육과정의 예

활동 명	〈문학〉 나 이제 기차에서 내릴래
활동 목표	• 멸종위기에 처한 동물에 관심을 가진다. • 동화의 내용을 재구성해 본다.
활동 자료	동화 「야, 우리 기차에서 내려!」(존 버닝햄 글 · 그림, 비룡소, 1995), 멸종위기 동물 그림5장(코끼리, 물개, 두루미, 호랑이, 북극곰)
활동 방법	1) 「야, 우리 기차에서 내려!」(존 버닝햄 글 · 그림, 비룡소, 1995) 동화를 듣는다. 2) 동화의 내용을 회상하며 이야기를 나눈다. – 아이는 기차를 타고 가다가 어떤 동물을 만났었니? – 코끼리는 왜 기차를 태워 달라고 했니? – 호랑이는 왜 숲에서 살 수 없다고 했었니? 3) 동화 속 동물들이 멸종되지 않게 하기 위해서 우리들이 할 수 있는 일을 이야기를 나눈다. – 물개는 왜 바닷가에서 살 수가 없다고 했니? – 바닷가를 더럽히지 않는 방법에는 무엇이 있을까? 4) 3)에서 나눈 이야기를 바탕으로, 잘못을 깨닫고 생각과 행동을 고치려는 노력을 하는 사람들을 보고 기차에 탄 동물들이 각각 자기가 살던 곳에서 내리는 이야기로 바꾸어, 교사와 유아들이 번갈아 대화해 본다. 5) 기차에서 동물들이 다 내리고 난 후, 주인공은 집에 돌아와 편안하게 잠을 자게 되었다는 이야기를 들려주고 활동을 마무리한다.

출처: 교육과학기술부 · 보건복지부(2013) 재구성.

활동 명	〈문학〉 코를 킁킁
활동 목표	• 동화를 듣고 동물의 봄철 습성에 관심을 갖는다. • 자신의 생각을 극놀이로 표현한다. • 극놀이로 표현하기 위한 의견 모으기 활동을 친구들과 협력하여 할 수 있다.
활동 자료	동화 「코를 킁킁」(루스 크라우스 · 마크 사이먼트, 비룡소, 2009), 동극 준비물(부직포로 만든 나무, 눈 내리는 것 표현 장식물), 동극용 동물 머리띠(곰, 달팽이, 다람쥐, 마르모트, 들쥐) 그림  〈동극용 꽃과 동물 머리띠 도안〉

<table>
<tr><td>활동 방법</td><td>1) 「코를 킁킁」 동화를 들려 준다.

2) 동화 내용을 떠올리며 이야기를 나눈다.
– 잠을 자던 동물들이 모두 눈을 떴을 때 왜 코를 킁킁거렸니?
– 동물들이 천천히 가지 않고 왜 달려갔을까?
– 동물들이 왜 멈춰 서서 웃었을까?
– 동물들이 '와' 한 것은 무엇을 보고 소리 낸 거니? 우리도 동물들처럼 해 보자.
– 동물들이 눈 속에서 피어나 노란 꽃을 보고 어떤 표정을 지었을까? 우리도 지어 보자.
– 하얀 눈이 소복소복 내릴 때 잠을 자던 동물을 깨운 것은 무엇이었는지 기억나니?
– 동화 속의 동물들은 노란 꽃을 보고 어떤 생각을 했을까?
– 너희도 봄이 오기를 기다렸니?

3) 「코를 킁킁」 동화를 바탕으로 동극을 하기 위해 준비해야 할 것들에 대해 이야기를 나눈다.
– 동물들처럼 보이기 위해서는 무엇이 필요할까?
– 하얗게 눈이 내린 것처럼 보이기 위해서는 어떻게 하면 좋을까?
– 동물들이 잠자는 곳은 어디로 하면 좋을까?

4) 동극의 역할을 정한다.
– 동화에 어떤 동물들이 나왔니?
– 어떤 역할을 맡고 싶은지 생각해서 결정해 보자.

5) 배역을 맡은 유아들이 동극을 준비한다.
– 동극을 하는 친구들은 자기가 맡은 동물 그림이 붙어 있는 머리띠를 하자.
– 어디에서 등장하는 것으로 할까?

6) 유아들과 계획한 동극을 해 본다.
– 자기가 맡은 역할과 이름을 소개해 줄래?
– 우리가 할 동극의 제목은 무엇이니?

7) 동극을 한 후 평가를 한다.
– 동극을 해 보니 어땠니? 무엇이 재미있었니?
– (역할을 한 유아와 관람한 유아에게) 가장 생각나는 것이 무엇이니?
– 다시 동극을 한다면 어떻게 하면 더 재미있을 것 같니?</td></tr>
</table>

출처: 교육과학기술부 · 보건복지부(2013) 재구성.

활동명	〈문학〉 누가 누구를
활동목표	• 먹이사슬 속 다양한 동물 간 관계에 대해 관심을 갖는다. • 동시를 듣고 동시의 일부를 바꾸어 본다.
활동 자료	동시 「누가 누구를」(이희경 지음) 플래시, 사진 4장(메뚜기, 개구리, 오리, 여우)  〈메뚜기〉  〈개구리〉  〈오리〉  〈여우〉
활동 방법	1) 동시를 들으며 감상한다.  누가 누구를 글: 이희경  간다 간다 메뚜기, 풀~밭으로 샤악~~  간다 간다 개구리, 메뚜기 잡으러 폴~짝

	간다 간다 오-리, 개구리 잡으러 뒤뚱뒤뚱
	간다 간다 여우, 오-리 잡으러 덥~썩

출처: 동시 '누가 누구를'(이희경)

2) 융판에 사진 자료를 차례로 붙여 가며 먹이사슬 관계에 대하여 이야기 나눈다.
   - 누가 누구(무엇)를 잡았는지 순서대로 말해 보자.
   - 여우는 누구를 잡은 것일까?(메뚜기, 개구리, 오리, 여우를 차례로 덮는다.)

3) 플래시로 동시를 감상한다.

4) 들려 준 동시를 회상하며 낭송한다.

5) 유아들이 원하는 시어로 바꾸어 함께 낭송해 본다.
   - '간다간다' 대신 어떤 말로 바꾸어 볼 수 있을까?
   - 어떤 동물로 바꾸어 볼 수 있을까?

6) 활동에 대한 평가를 한다.

출처: 교육과학기술부 · 보건복지부(2013) 재구성.

활동명	(미술) 이 그림에는 이 동물이 있으면 더 멋지겠어
활동목표	• 다양한 동물을 활용하여 그림을 재구성한다. • 그림에 대한 생각과 느낌을 언어로 표현한다
활동 자료	 〈황묘농접도-김홍도〉  〈재배치한 명화〉  〈파적도-김득신〉  〈재배치한 명화〉
활동 방법	1) 명화를 보며 이야기를 나눈다. – 이 그림을 본 적 있니? – 이 그림의 제목은 무엇일까? – 그림 속에 어떤 동물들이 보이니? – 이 동물은 무엇을 하고 있니? – 이 동물을 길러 본 적이 있니? – 만약 ○○가 그림 속의 ㅁㅁ과 함께 있다면 무엇을 하고 싶니? 2) 명화 속에 어울릴 수 있는 동물을 바꾸어서 명화를 재구성한다. – 이 명화 속에 어떤 동물이 있으면 더 어울릴 것 같니? (유아가 나와 원하는 동물을 골라 보게 한다.) – 왜 이 동물이 있으면 어울릴 것 같니? – 이렇게 동물을 바꾼 그림을 보니 어떤 느낌이니? – 또 어떤 동물이 어울릴까? 3) 재구성해 본 명화를 보며 이야기 나눈다. – 이 작품의 제목을 어떤 것으로 지어 볼까? – 우리가 바꾼 이 그림을 어떻게 하면 교실에 두고 친구들과 함께 감상할 수 있을까?

출처: 교육과학기술부 · 보건복지부(2013) 재구성.

활동명	(언어) 누구의 무늬일까요?
활동목표	• 동물의 무늬를 보고, 해당 동물을 찾는다. • 동물의 무늬에 대해 아는 것에 대해 서로 이야기를 나눈다.
활동 자료	'누구의 무늬일까요?' 이야기 나누기 PPT 자료 
활동 방법	1) '누구의 무늬일까요?' PPT 자료를 통해 각 동물이 가진 무늬를 보고 어떤 동물인지 맞춰 본다. – 어떤 동물의 무늬인지 알아볼까? 2) 동물이 가진 무늬를 보며 특징에 대해 이야기 나눈다. – 어떤 모양의 무늬가 있니? – 무슨 색이니? – 어떤 동물의 무늬일까? – ㅇㅇ의 무늬가 맞는지 확인해 볼까? – 몸의 전체에 있는 무늬를 보니 어떠니? 3) 그 외 다양한 동물과 곤충의 무늬를 찾아본다.

출처: 교육과학기술부 · 보건복지부(2013) 재구성.

활동명	(사회) 동물들의 집을 어떻게 지을까?
활동목표	• 동물들이 사는 다양한 종류의 집에 관심을 갖는다. • 다양한 블록을 이용하여 동물의 집을 구성한다. • 친구와 협력하여 동물의 집을 창의적으로 짓는다.
활동 자료	여러 가지 집 사진 또는 모형(아파트, 단독주택, 기와집), 다양한 동물 모형과 사진(강아지, 고양이, 토끼 등), 다양한 블록(종이블록, 유니트블록, 할로우블록 등)  〈아파트〉  〈기와집〉  〈단독주택〉  〈강아지〉  〈고양이〉  〈토끼〉
활동 방법	1) 쌓기놀이 영역에 다양한 동물 인형(강아지, 고양이, 토끼 등)과 사람의 집 사진을 제시하고 동물의 집에 관심을 갖도록 질문한다. – 동물들도 집이 필요할까? – 동물들은 어떤 집이 필요할까? – 사람들이 사는 집과 동물이 사는 집은 다를까? 2) 동물들이 사는 집을 유아들이 직접 만들어 본다. – 동물들이 살고 있는 집은 어떻게 만들 수 있을까? – 너희들이 동물들에게 지어 주고 싶은 집이 있니? – 강아지 집은 무엇으로 어떻게 만들어야 될까? – 산속에 사는 동물들도 집이 있을까? – 토끼집은 어떻게 생겼을까? – 토끼 굴속에 방을 몇 개나 지으면 좋을까?  〈강아지야, 따뜻한 집을 만들어 줄게〉  〈동물의 집을 어떻게 지을까?〉  〈강아지 집을 만들어요〉

출처: 교육과학기술부 · 보건복지부(2013) 재구성.

활동명	(사회) 아픈 동물들을 돌봐 줘요
활동목표	• 동물을 아끼고 사랑하는 마음을 가진다. • 아픈 동물을 위해 수의사가 있음을 안다.
활동 자료	동화 「존 선생님의 동물원」(이치카와 사토미, 다산어린이, 2012), 다친 동물 사진 PPT자료, 동물병원이나 그 외 다친 동물이 치료받고 있는 사진, 동물 인형, 병원놀이 기구, 의사 가운   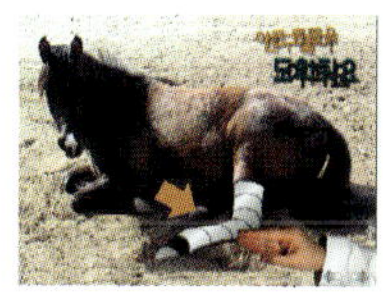 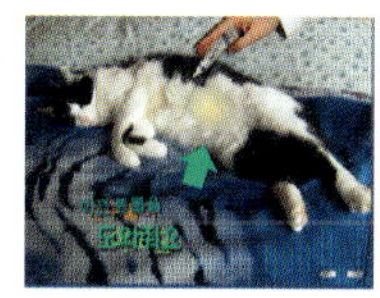
활동 방법	1) 다친 동물의 PPT 자료를 본다. – 다친 동물을 본 적이 있니? 어디에서 보았니? – 다친 동물들을 보면 우리는 어떻게 해야 할까? 2) 역할놀이에 필요한 물건을 알아본다. – 아픈 동물을 치료하는 놀이를 하려면 무엇을 준비해야 할까? – 아픈 동물이 쉬는 곳은 어디로 할까? – 동물을 치료하기 위해서는 무엇이 필요할까? (약, 주사, 붕대, 연고 등) – 수의사가 사용하는 물건에는 무엇이 있니? (청진기, 반사경 등) – 더 필요한 것은 없을까? 3) 아픈 동물들을 돌봐 주는 역할놀이를 해 본다. – 누가 존 선생님처럼 아픈 동물을 돌봐 주는 사람이 되어 보겠니? – 누가 노라처럼 아픈 동물을 데려오는 사람의 역할을 할까? – 수의사는 어떤 일을 할까? – 누가 수의사를 해 보겠니? 4) 원하는 역할을 바꾸어서 활동을 진행한다.

출처: 교육과학기술부 · 보건복지부(2013) 재구성.

활동명	(언어) 동물 수수께끼
활동목표	• 동물의 특성에 관심을 가진다. • 동물 특성에 관한 이야기를 듣고 해당 동물을 찾는다.
활동 자료	동물의 그림이 있는 숲속 배경판, 이야기가 녹음된 CD, CD 플레이어, 정답판, 숫자카드  〈숲속 배경판〉  〈정답판의 예〉

활동 방법

1) 숲속 배경판의 그림을 보며 무엇이 있는지 살펴본다.
   - 이 숲속에 어떤 동물이 살고 있니?(코끼리, 기린, 앵무새 등)
   - 동물들이 어디에 있니?

2) 활동방법에 대해 알아본다.
   - 녹음기에서 번호에 해당하는 동물의 특성을 듣는다.
   - 준비한 숫자카드 중에서 해당 동물의 번호를 찾는다.
   - 숫자카드를 배경판의 해당 동물 그림 위에 올려놓는다.

3) 준비한 정답판을 보며 답을 비교해 본다.

1번	나는 육지에 사는 동물 중 가장 큰 동물이예요. 손처럼 움직이는 긴 코가 있어요	코끼리	
2번	나는 키가 아주 크고 긴 목을 가진 동물이예요. 노란색 몸에는 갈색 얼룩 무늬가 있어요.	기린	
3번	나는 열대 밀림에서 살아요. 알록달록한 깃털을 가지고 있고 말을 따라할 수 있어요.	앵무새	
4번	나는 넓적한 부리와 날개를 가졌어요. 물갈퀴가 있는 2개의 다리로 헤엄을 잘 칠 수 있어요.	오리	

5번	나는 물가에서 살아요. 그리고 단단한 등껍질을 가지고 있어요	거북이	
6번	나는 긴 주둥이와 날카로운 이빨을 가진 동물이예요. 강하고 큰 꼬리로 헤엄치거나 먹이를 잡기도 해요.	악어	
7번	나의 몸은 가늘고 길어요. 독이 있는 뾰족한 이빨과 갈라진 혀가 있어요.	뱀	
8번	나는 나무를 잘타요. 사람 같은 손과 발, 그리고 긴 꼬리를 가지고 있어요.	원숭이	
9번	나는 작고 둥근 공처럼 생겼어요. 날개에는 작은 반점이 있어요.	무당벌레	
10번	나는 아프리카 초원에서 살아요. 몸에는 아름다운 줄무늬가 있어요.	얼룩말	

〈동물 수수께끼〉

출처: 교육과학기술부 · 보건복지부(2013) 재구성.

활동명	(언어) 공룡에게 무슨 일이 일어났을까?
활동목표	• 공룡이 사라진 이유에 대해 관심을 가진다. • 그림을 보고 창의적으로 이야기를 짓는다.
활동 자료	공룡 삽화 4장(공룡들이 평화롭게 사는 모습, 놀란 표정으로 도망치는 공룡 모습, 메마른 공룡 마을, 얼어붙은 공룡들의 모습)
활동 방법	1) 공룡이 등장하는 여러 그림을 보면서 이야기를 나눈다. – 그림에 무엇이 있니? – 공룡들은 지금 무엇을 하고 있는 걸까? – 공룡들이 지금 무슨 말을 하고 있는 것 같니? – 공룡들에게 무슨 일이 일어난 걸까? 2) 그림을 이용해서 이야기를 지어 본다. – 2장의 그림으로 이야기를 만들어 보자. – 3장의 그림으로 이야기를 만들어 보자. – 그림의 순서를 바꾸어 이야기를 만들어 보자. 3) 만든 이야기에 제목을 붙여 본다. – 너희가 지은 이야기의 제목을 무엇으로 하면 좋을까?  〈삽화를 보며 이야기 짓기〉  〈친구들에게 나의 이야기 들려주기〉  〈그림의 순서 바꾸어 보기〉

출처: 교육과학기술부 · 보건복지부(2013) 재구성.

활동명	(수학) 거북이 퍼즐 게임
활동목표	• 눈과 손을 협응하여 거북이 퍼즐을 맞춘다. • 수를 세며 놀이한다.
활동 자료	거북이 그림 퍼즐판(2개), 거북이 등딱지 퍼즐 조각(2세트), 거북이 먹이 주사위  〈퍼즐판〉  〈퍼즐조각〉  〈주사위〉
활동 방법	1) 거북이 퍼즐 게임 자료를 보여 주며 이야기 나눈다.

- 어떤 것들이 있니?
- 이것으로 무엇을 할 수 있을까?

2) 게임 방법에 대해 알아본다.
   - 게임 방법에 어떻게 하라고 쓰여 있는지 읽어 볼까?

〈게임 방법〉
① 차례를 정한다.
② 주사위를 굴린다.
③ 나온 수만큼의 퍼즐조각을 가져다 맞춘다.
④ 퍼즐조각을 다 맞추면 게임이 끝난다.

3) 게임 방법대로 주사위를 굴려 퍼즐을 맞춘다.

4) 놀이를 마무리한다.

〈활동자료 제작방법〉

■ **재료**
고무자석, 함석판(30×20cm), 양면테이프, 5mm 두께의 EVA(생략 가능), 첨부된 도안(거북이 주사위, 거북이 퍼즐판, 등딱지 퍼즐 조각)

■ **자료 제작방법**
① 퍼즐판과 퍼즐 제작방법
   - 퍼즐판: 첨부된 거북이 그림(30×20cm)을 출력하여 코팅한 후, 양면테이프를 사용하여 밑면에 함석판을 붙인다(함석판 아래에 EVA를 부착하여 견고성을 높일 수 있다). 2인 게임이므로 퍼즐판을 2개 제작한다.
   - 퍼즐: 첨부된 등딱지 도안을 출력하여 코팅한 후, 양면테이프를 사용하여 각각의 조각에 고무자석을 붙인다(16조각씩). 2인 게임이므로 퍼즐을 2세트 제작한다.
② 주사위 제작방법
   - 첨부된 주사위 도안을 출력하여 코팅한 후, 주사위를 완성한다. (견고성을 위하여 2번 코팅하거나 두꺼운 종이에 출력하여 코팅할 수 있다.)

출처: 교육과학기술부 · 보건복지부(2013) 재구성.

활동명	(미술) 상상의 나무 만들기
활동목표	• 무엇이든 열리는 나무에 대해 상상해 본다. • 상상의 나무를 창의적으로 만든다.
활동 자료	신문지, 접착용 테이프, 그리기 도구, 가위
활동 방법	1) 상상의 나무에 대해 이야기 나눈다. – 원하는 것은 무엇이든 열릴 수 있는 나무가 있을까? – 원하는 것은 무엇이든 열리는 나무를 '상상의 나무'라고 하자. – 상상의 나무에 어떤 열매가 열리기를 원하니? – 왜 그 열매가 열리기를 원하니? 2) 신문지를 이용해 여러 가지 방법으로 나무둥치와 가지를 만들어 벽면에 붙인다. – 상상의 나무를 한 번 만들어 보자. – 신문지로 나무를 어떻게 만들 수 있을까? (신문지를 막대 모양으로 길게 말아 나무모양을 잡으며 연결한다.) (신문지를 뭉쳐 쌓아 가며 나무를 만든다.) 3) 원하는 열매를 그리고 오린 후 상상의 나무에 붙인다. – 내가 원하는 열매를 그려서 상상의 나무에 붙여 보자. 4) 각자 만든 상상의 나무를 소개하고 감상하는 시간을 갖는다. – 나무에 열린 열매는 무엇이니? – 누구를 위해 만들었니? 5) 활동을 평가한다. – 활동을 하면서 재미있었던 점(어려웠던 점)은 무엇일까? – 다른 친구의 작품 중 가장 재미있게 느낀 작품은 무엇이니?

출처: 교육과학기술부 · 보건복지부(2013) 재구성.

활동명	(음률) 동물의 소리 연주하기
활동목표	• 악기를 이용하여 동물의 소리를 만든다. • 상상 속 동물의 소리를 다양한 방법으로 표현한다. • 박자에 맞춰 즐겁게 악기를 연주한다.
활동 자료	여러 가지 동물의 소리, CD 플레이어, 다양한 악기–두꺼비 귀로, 목재 딱따구리, 산새소리 내기(bird call), 손잡이 캐스터네츠, 플레이 우드, 카쥬, 회전 개구리울음 악기, 오리 소리 스틱, 오카리나 등, 상상 속의 동물 그림(불사조, 봉황, 유니콘, 용, 방아 찧는 토끼, 담배 피우는 호랑이 등)

<table>
<tr><td>활동 방법</td><td>1) 여러 가지 동물의 소리를 듣는다.
- 이 소리는 어떤 동물의 소리일까?
- 이 동물 소리는 어떤 악기로 표현할 수 있을까?

2) 준비된 다양한 악기를 탐색한다.
- 이 악기는 어떻게 소리를 낼까?
- 어떤 소리가 나니?
- 어떤 동물의 소리와 비슷하니?

3) 악기를 이용하여 동물의 소리를 만들어 본다.
- 어떻게 연주하면 동물의 소리와 비슷할까?

4) 상상 속의 동물 그림을 보며 그림 속 동물의 소리를 악기로 표현한다.
- 이 동물은 어떤 소리를 낼 것 같니?
- 배고플 때는 어떤 소리를 낼까?
- 재밌을 때는 어떤 소리를 낼까?
- 슬플 때는 어떤 소리를 낼까?

5) 만든 소리를 녹음해서 들어본다.
- 어떤 소리를 녹음해 볼까?
- 만든 소리를 들어보자. 네가 원하는 소리니?
- 아니라면 어떻게 바꾸어 볼까?

〈동물의 소리 연주하는 모습〉</td></tr>
</table>

출처: 교육과학기술부 · 보건복지부(2013) 재구성.

<table>
<tr><td>활동명</td><td>(사회) 자연사박물관 견학가기</td></tr>
<tr><td>활동목표</td><td>• 자연사박물관 견학을 통하여 사라진 동식물에 대해 관심을 가진다.
• 견학 시 지켜야 할 약속을 지킨다.</td></tr>
<tr><td>활동 자료</td><td>자연사박물관 안내 책자, 공룡에 관한 책, 자연사박물관 사이트

〈자연사박물관〉
– 태백고생대자연사박물관 http://www.paleozoic.go.kr/
– 서대문 자연사박물관 http://namu.sdm.go.kr/
– 계룡산자연사박물관 http://www.krnamu.or.kr/
– 목포자연사박물관 http://museum.mokpo.go.kr/
– 고성 공룡박물관 http://museum.goseong.go.kr/
– 부산 해양자연사박물관 http://sea.busan.go.kr/</td></tr>
<tr><td>활동 방법</td><td>1) 견학 가기 전 안내책자나 홈페이지 접속을 통해서 자연사박물관에 대해 이야기 나눈다.
– 이곳은 어디일까?
– 자연사박물관에 간 본 적 있니?
– 자연사박물관에서 볼 수 있는 것은 어떤 것일까?

2) 자연사박물관을 견학할 때 지켜야 할 약속에 대해 이야기 나눈다.
– 견학할 때 어떤 약속이 필요할까?
(전시물에 손대지 않고 눈으로만 본다.)
(음식물은 밖에서 먹고 박물관 안으로는 들고 가지 않는다.)
(다른 관람객들에게 방해되지 않도록 조용히 관람한다.)
(박물관 안에서는 사뿐사뿐 걸어 다닌다.)

3) 자연사박물관에 도착하여 전시관을 둘러본다.

4) 견학 후 자연사박물관에서 찍은 사진이나 동영상을 보면서 평가한다.
– 자연사박물관을 다녀온 느낌은 어떠니?
– 자연사박물관에서 어떤 것들을 보았니?
– 지금 볼 수 없는 동물과 식물은 무엇이었니?
– 기억에 남는 것은 무엇이니?
– 견학 가기 전에 정했던 약속들을 잘 지켰니?</td></tr>
</table>

활동명	(과학) 땅 속 벌레를 만나고 싶어요
활동목표	• 주변에서 쉽게 발견할 수 있는 벌레의 생김새와 움직이는 모습에 관심을 가진다. • 주변에서 벌레를 찾아보고 관찰한다.
활동 자료	유아용 작은 삽, 종이컵, 빛을 가릴 수 있는 재료(검정색의 두꺼운 종이, 나무판 등), 다양한 벌레먹이(젤리, 과일, 햄, 멸치 등)
활동 방법	1) 유아들이 벌레를 찾을 수 있는 방법에 대해 이야기를 나눈다. – 밖에 나가서 어디를 살펴보면 땅속 벌레를 찾을 수 있을까? (놀이터, 화단 등) – 만약에 벌레가 없을 때는 어떻게 하면 벌레가 있는 곳을 알 수 있을까? (흙에 있는 구멍을 찾기) (벌레 먹은 나뭇잎 찾기) – 그럼 이제 바깥으로 나가서 ○○반 친구들의 생각처럼 벌레를 찾아보자. 2) 바깥으로 이동하여 유아들이 벌레를 찾을 때 필요한 재료를 소개하고 나눠 준다. – 선생님이 무엇을 들고 있니? – 땅을 팔 때 쓸 수 있는 삽과 벌레를 담을 수 있는 종이컵이란다. – 삽과 종이컵을 한 명씩 나눠 줄게. 여기에다 벌레를 찾아 담아 보도록 하자. 3) 찾은 벌레를 관찰한다. – 어떤 벌레를 찾았니? – 벌레가 어떻게 움직이고 있니? 4) 찾은 벌레를 놓아 주고 활동을 마무리한다. – 오늘 벌레를 찾아보았는데 힘든 점은 없었니? – 이제 벌레들이 가족들과 함께 행복하게 살도록 다시 원래 집으로 보내 주도록 하자.

활동명	(수학) 옷걸이로 상상의 동물을 만들어요
활동목표	• 여러 가지 재료를 사용하여 상상 속의 동물을 창의적으로 꾸민다. • 옷걸이의 모양을 이용하여 새로운 모양을 만들어 본다.
활동 자료	「옷걸이로 놀아요」(노사카 유사쿠, 아람, 2012) PPT, 옷걸이(여러 모양으로 구부려 놓은 것, 구부려 놓지 않은 것 여러 개), 수수께끼 상자, 검은 종이, 크레파스, 여러 가지 자연물, 카메라 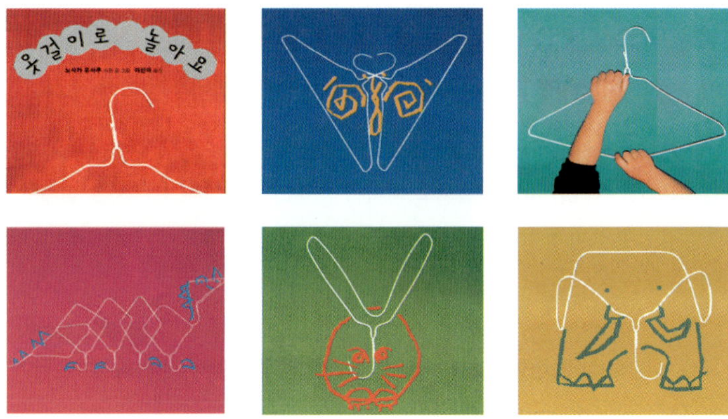 출처: 동화 「옷걸이로 놀아요」(노사카 유사쿠, 아람, 2012)
활동 방법	1) 수수께끼 상자를 이용하여 주의를 집중한다. - 이 안에는 무엇이 들어 있을까? - 만져 보니 느낌이 어떠니? - 만져 보니 무엇인 것 같니? (옷걸이) 2) 「옷걸이로 놀아요」 PPT 동화를 회상한다. - 옷걸이가 무엇으로 변할 수 있었니? - 어떤 동물들이 나왔니? - 동물을 표현하기 위해 옷걸이의 모양을 어떻게 만들었니? - 동물을 만들려면 옷걸이가 몇 개가 필요했니? 3) 옷걸이를 이용하여 만들 수 있는 상상의 동물에 대해 이야기 나눈다. - (구부려 놓은 옷걸이를 보여 주며)이 옷걸이의 모양으로 어떤 동물을 만들 수 있을까? - 너희가 생각하는 새로운 동물을 만들려면 어떤 옷걸이가 필요하니? - 어떻게 꾸미면 멋진 동물이 될 수 있을까? (크레파스로 그리기/돌멩이, 나뭇잎, 나뭇가지 등을 이용하여 꾸미기) 4) 검은 종이 위에 원하는 모양의 옷걸이를 놓고 크레파스와 자연물을 이용하여 상상의 동물을 만들어 본다. - ○○이는 무시무시한 용을 만들었구나. - ◇◇이는 다리가 4개가 달린 새를 만들었네.

	5) 완성한 작품은 사진을 찍은 후 자연물은 다시 원래대로 놓고 활동을 마무리한다. – 돌멩이와 나뭇잎은 원래대로 자연에 놓아 주도록 하자. 6) 교실로 돌아와 작품 사진을 보며 자신이 만든 동물에 대해 발표한다. – 어떤 동물을 만들었니? – 무엇을 사용하여 만들었니? – 이 동물에 어떤 이름을 지어 줄 수 있을까? 7) 유아들의 작품 사진을 벽면에 전시하여 준다.

출처: 교육과학기술부 · 보건복지부(2013) 재구성.

활동명	(과학) 배추애벌레 기르기
활동목표	• 애벌레의 특성에 관심을 가지고 알아본다. • 애벌레의 성장과정에 관심을 갖는다. • 애벌레 돌보는 방법을 알고 우리가 할 수 있는 일을 찾아본다.
활동 자료	배추애벌레, 배추애벌레를 넣을 투명한 채집통(뚜껑이 있는 투명통), 배춧잎, 배추애벌레와 관련된 책
활동 방법	1) 배추애벌레를 채집해서 관찰한다. – 배추애벌레는 어떻게 생겼니? – 배추애벌레는 어떻게 움직이니? – 배추애벌레가 배춧잎을 어떻게 먹고 있니?  〈배추애벌레 관찰하기〉 2) 배추애벌레와 관련된 책을 통해 궁금한 것을 알아본다. – 배추애벌레는 왜 이름이 배추애벌레일까? – 배추애벌레는 어떻게 자라날까? – 배추애벌레가 잘 자라려면 무엇이 필요할까? 3) 배추애벌레에 대해 알게 된 것을 친구들과 이야기 나눈다. 4) 배추애벌레를 지속적으로 기르며 〈애벌레→번데기→나비〉가 되는 과정을 관찰한다. 5) 나비가 되면 날개가 마를 수 있도록 하루 건조한 후 방생한다.

출처: 교육과학기술부 · 보건복지부(2013) 재구성.

활동명	(음률 및 신체표현) 동물의 사육제 '캥거루'를 감상해요
활동목표	• 음악을 주의 깊게 들으며 감상한다. • 캥거루의 움직임을 흉내 내며 즐거움을 느낀다.
활동 자료	생상스의 「동물의 사육제」 중 제6곡 '캥거루' 음원, 캥거루의 움직임을 담은 동영상, 캥거루 사진 6장   〈동영상–동물의 사육제〉  〈동영상–캥거루 움직임〉
활동 방법	1) 생상스의 「동물의 사육제」 중 '캥거루' 음악을 들으며 느낌에 대해 이야기 나눈다. – 음악을 들으니 어떤 느낌이 드니? – 어떤 악기의 소리가 들리니? – 피아노 소리가 어떻게 들렸니?(빠르게 또는 느리게) – 이 곡의 작곡자는 누구일까? – 이 음악을 들으니 떠오르는 동물이 있니? 2) 동영상으로 캥거루의 움직임을 살펴본다. – 풀을 먹을 때는 어떻게 먹었니? – 캥거루가 걸을 때는 어떻게 걸었니? – 캥거루가 뛸 때는 어떻게 뛰었니? 3) 캥거루의 움직임을 상상하며 다시 음악을 들어본다. – 캥거루의 어떤 모습을 음악으로 표현했을까? – 풀을 뜯어 먹고 있는 캥거루의 모습을 상상해 보자. – 네 다리로 걷는 캥거루의 모습을 상상해 보자. – 뒷다리로 껑충껑충 뛰어다니는 캥거루의 모습을 상상해 보자. – 음악의 느린 부분에서는 캥거루의 어떤 모습을 표현하고 있을까? – 음악의 빠른 부분에서는 캥거루의 어떤 모습을 표현하고 있을까? 4) 음악을 들으며 캥거루의 움직임을 몸으로 표현하고 느낌을 나눈다. – 캥거루의 움직임을 몸으로 표현해 보니 어떠니? – 어떻게 표현한 것이 재미있었니?

출처: 교육과학기술부 · 보건복지부(2013) 재구성.

토론 및 토의

그림책을 선정하고, 그 그림책을 가지고 진행할 수 있는 그림책 중심의 통합교육에 대하여 논의하시오.

Chapter 12

매체를 활용한 아동문학 활동

이 장에서는 영유아문학 활동을 위한 다양한 매체를 정의하고 장점을 살펴보며, 제작방법과 제시방법을 살펴본다. 문학의 제시방법은 시각적 방법과, 청각적 방법, 시청각적 방법(김세희, 박남숙, 1999)이 있다. 시각적 방법으로는 그림책이 있으며, 시청각적 방법으로는 낱장 그림 동화, 융판동화, 자석동화, 테이블동화, 앞치마동화, 텔레비전동화, 그림자동화, OHP동화, 플래시동화, 청각적 방법으로는 구연동화 등 다양한 유형이 있다.

1. 그림책 읽어 주기

1) 그림책 읽어 주기의 정의

그림책 읽어 주기란, 영유아가 이야기를 들으면서 그림 장면 하나하나를 감상하며 이야기의 내용을 이해할 수 있도록 교사가 그림책을 소리 내어 읽어 주는 활동이다.

2) 그림책 읽어 주기의 장점

첫째, 영유아가 그림책 읽기가 재미있는 것이라고 느끼도록 하여 그림책에 대한 흥미를 유도해 준다.

둘째, 영유아가 이야기의 시작과 사건 그리고 결말 등의 이야기의 구조를 깨닫도록 해 준다.

셋째, 영유아가 인쇄 글자에 대한 원리를 깨닫게 하여 문해력(literacy: 글을 읽고 이해하는 능력) 증진을 돕는다. 영유아는 그림책 읽기 경험이 축적될수록 인쇄 글자가 의미를 가진 매체로 작용하게 되며, 인쇄된 본문은 반복해서 읽을 수 있다는 것을 알게 된다. 또한 인쇄된 글자를 읽는 것은 일정한 방향으로 읽는 것이며 구어(sporken word: 직접 입으로 주고받는 말)와 연합되어지는 것이고 그림은 의미를 전달하는 것이라는 것을 깨닫게 된다.

넷째, 영유아가 그림책의 작가나 일러스트레이션, 장르 등의 문학과 관련된 지식을 이해할 수 있다.

다섯째, 영유아가 자연스럽게 새로운 단어와 어휘를 배우는 기회를 제공한다. 문자 언어의 음가(낱자가 지니고 있는 본바탕 소리의 측정치)를 소개하며 어휘와 문장의 패턴을 자연스럽게 익숙하게 한다.

여섯째, 영유아가 좋아하는 그림책의 이야기를 반복하여 읽어 주기가 가능하다. 마르틴제와 틸리(Martinze & Teale, 1988)의 연구에서, 영유아들에게 반복해서 그림책을 읽어 주는 기회를 부여하는 것은 영유아가 도서영역에서 더 자주 혼자 책을 읽어 보는 횟수를 증가시켜주고, 책에 익숙해질수록 그림책에 대해 더 자주 언급하며 질문하였다.

일곱째, 교사가 영유아들과 언어교육의 4가지 측면(듣기와 말하기, 읽기와 쓰기)을 통합할 수 있는 활동이다(Trealess, 1995). 그림책의 이야기를 듣는 영유아들은 더 잘 들으려고 하고 이를 통해 말하는 기술 및 쓰기를 통해 자신을 표현하려는 열망을 갖는다.

3) 그림책 읽어 주기의 제시방법

첫째, 영유아에게 일방적으로 읽어 주는 것보다 영유아의 반응을 살피면서 읽어 준다. 영유아가 원하면 대화를 나누면서 읽어 주되, 소집단으로 읽어 줄 때는 한두 영유아의 질문에는 간단히 대답하고 넘어가 이야기의 흐름이 끊기지 않도록 한다.

둘째, 자연스러운 목소리로 천천히 똑똑한 발음으로 읽어 준다. 지나친 기교나 연극적 제스처, 성우 같은 능란한 구연보다는 교사의 밝고 따뜻한 목소리와 태도가 효과적이다.

셋째, 그림책은 읽어 줄 때, 2~3명의 영유아의 경우에는 되도록 읽어 주는 교사와 영유아가 같은 방향에서 앉는 것이 그림과 글씨를 같은 방향으로 보기 때문에 좋고 친근한 분위기 속에서 읽을 수 있으며, 그림책을 교사의 무릎에 놓을 수 있어서 그림책을 들지 않아도 되기 때문에 편하다. 그러나 소집단 영유아들에게 그림책을 읽어 줄 때는 책을 세워 영유아들이 볼 수 있도록 하고, 포스트 잇(post-it) 등을 사용하여 교사는 뒤에 적힌 글을 읽어 영유아들이 그림을 볼 수 있는 시간을 최대한 늘려 주면 좋다.

넷째, 교사의 읽어 주는 속도가 너무 빠르지 않아야 한다. 천천히 읽어 주면 영유아는 자기가 방금 들은 것을 정신적으로 그림으로 그릴 충분한 시간을 갖게 된다.

다섯째, 그림책 읽어 주기는 자연스럽게 영유아의 문자언어 발달을 가져오도록 돕는데, 이는 영유아의 한글을 깨우치게 하기 위한 수단이 되거나 지식을 주입하는 것이 되어서는 안 된다. 그림책을 읽어 주는 첫 번째 목적은 영유아에게 즐거운 경험과 감동을 주기 위한 것이다. 만일 책을 한 글자 한 글자 읽어 주고 익히는 주입식 방법으로 영유아의 지식 획득이나 문자 언어 발달을 가져왔다고 하면 이것은 일시적으로는 효과를 볼지 모르지만 그 영유아에게는 후일 책은 '재미있는 것'이기보다는 '지겨운 것'이라는 부정적 태도를 줄 수 있다.

여섯째, 그림책의 저자에 대한 정보를 영유아들에게 알려 준다. 이로 인해, 영유아는 그림책이 기계가 아닌 사람이 쓴 것임을 알게 되어, 영유아 자신도 글을 써 보고자 하는 동기를 가질 수 있으며 그림책 작가로서 꿈을 키울 수도 있다.

4) 그림책 읽어 주기에 적합한 그림책 선정 시 유의할 점

첫째, 가장 중요한 것은 좋은 그림책을 선정하는 것이다. 질이 좋다는 것은 충분히 영유아의 관심을 끌 수 있으면서 등장인물의 성격이 잘 발달되어 있고 대화가 쉽게 읽을 수 있게 되어 있는 것이다(Treleasr, 1995).

둘째, 그림책의 내용이 영유아의 연령에 적합해야 한다.

셋째, 다양한 장르(동시에서부터 정보그림책에 이르기까지)의 그림책을 선정하여야 하는데 문학의 장르에는 각각의 독특한 특성과 장점이 있기 때문이다. 또한, 성별에 따른 기호도 참고하여야 하는데, 템플(Temple, 1998)의 연구에서 교실에 있는 영유아들에게 읽어 주기를 원하는 책을 선택해 보라고 하였을 때, 여아들은 교사가 선정하였던 그림책을 가져왔는데 남아들은 대부분 교사가 골라 준 적이 없었던 책만을 가져왔다고 한다.

넷째, 그림책 이야기의 요소가 영유아에게 흥미로워야 한다. 등장인물에 대한 묘사가 탁월하여 풍부한 이야기의 전개가 이루어질수록 좋은 문학 작품이다.

다섯째, 그림책 이야기 속의 주인공이 영유아들의 흥미를 끌 수 있으며 대화가 흥미롭고 읽어 주기에 편한 작품이 좋다.

여섯째, 그림책을 20분 이상 길게 읽어 주는 것은 영유아들의 주의 집중을 유지하는데 어려울 수 있으므로 주의한다. 20분 이상 내용의 경우 적절하게 이야기를 끊어서 다음에 어떤 내용이 전개될 것인지를 예측해 보게 한다.

2. 낱장 그림동화

1) 낱장 그림동화의 정의

낱장 그림동화는 그림책에 있는 그림을 큰 종이에 각 장면을 다시 그려서 완성된 낱장그림을 한 장씩 넘겨 가며 읽어 주는 동화이다.

2) 낱장 그림동화의 장점

첫째, 낱장 그림동화는 영유아들에게 세상에 대한 즐거움과 호기심, 감동을 준다. 낱장 그림동화는 아름다운 색채와 형상을 토대로 영유아들이 현실에서 경험할 수 있는 세상일을 담고 있어 자신을 둘러싼 신기한 세상과 접할 수 있게 된다. 영유아들은 그림을 통하여 새로운 것을 눈으로 보고 느끼며 큰 즐거움 및 감동을 느낀다.

둘째, 낱장 그림동화는 영유아들에게 책에 대한 취향과 태도를 형성해 준다. 낱장 그림동화의 그림은 영유아들에게 읽고 싶은 욕망을 갖게 하고 실제 글을 읽는 것에 도움을 준다. 영유아는 그림의 도움으로 부담을 갖지 않고 이야기를 충분히 즐기게 된다.

셋째, 낱장 그림동화는 영유아들의 올바른 인성을 길러 줄 수 있다. 영유아들은 그림동화를 읽으면서 자신을 둘러싸고 있는 현실세계를 자연스럽게 배울 수 있게 되고 자연스럽게 삶의 소중한 가치를 깨닫게 된다. 예를 들어, 성 문제를 다룬 낱장 그림동화를 통하여 성에 따른 역할이나 아기가 생기는 신비함에 대하여 알게 되고 이혼문제를 다룬 낱장 그림동화를 통하여 어른의 고민을 이해하고 실제 현실에서 벌어질 수 있는 일에 대하여 이해하는 힘을 기를 수 있다.

넷째, 낱장 그림동화는 영유아들에게 언어발달과 인지발달에 도움을 준다. 글과 그림의 상호작용을 통하여 이야기가 전개되는 낱장 그림동화는 글로만 표현할 수 없는 것들을 영유아들에게 제공해 주고 언어와 인지발달을 효과적으로 도와준다. 영유아들은 그림을 보면서 교사와 대화를 통하여 풍부한 어휘를 습득하게 되어 글자를 알아가는 기초를 마련하고 정확한 문장력을 습득할 수 있다.

다섯째, 낱장 그림동화는 영유아들에게 아름다움을 살필 수 있는 안목을 길러 준다. 낱장 그림동화는 글과 그림으로 이루어져 있는데, 좋은 그림은 예술적인 안목과 감상능력을 신장시킨다. 낱장 그림동화의 그림은 정서와 감성을 풍부하게 발달시키기 때문에 영유아가 좋은 그림을 보고 아름다움을 느끼고 발견하며 예술의 아름다움을 충분히 즐길 수 있는 능력을 길러 준다.

여섯째, 낱장 그림동화는 영유아들의 상상력을 신장시킨다. 낱장 그림동화의 그림은 글로는 표현할 수 없는 공간과 이미지를 영유아들에게 제공해 준다. 이러한 공간과 이미지는 상상력을 풍부하게 해 주며 현실에는 없는 사물과 시공간을 구체화하는데 도움을 준다.

일곱째, 낱장 그림동화는 영유아들에게 지식에 대한 욕구를 길러 주고 올바른 듣기 태도를 길러 준다. 동화의 주제와 소재는 매우 다양해서, 전 세계의 인종, 종교, 사회, 경제와 같은 내용이 될 수도 있고 다양한 문화가 반영되어 있을 수도 있다. 영유아들은 이러한 내용이 담긴 낱장 그림동화를 감상하면서 자신의 경험세계를 넓히며 지식에 대한 욕구를 점점 키워 가게 된다(신헌재, 권혁준, 곽춘옥, 2010).

3) 낱장 그림동화의 제작방법

첫째, 동화의 그림을 만들려고 하는 사이즈의 두꺼운 재질의 도화지에 확대하여 그린다.

둘째, 그림을 채색한다.

셋째, 보존율을 높이기 위해 투명 아스테이지로 싸거나 투명 락커를 2~3회 반복하여 뿌린다.

넷째, 그림 뒷면에 그림에 대한 내용을 적거나 붙인다. 이때 꼭 번호를 기록한다. (주의할 것은 그림 1 뒷면 내용은 그림 2에 관한 것이어야 넘기며 읽을 수 있다.)

4) 낱장 그림동화의 제시방법

첫째, 낱장 그림동화를 제시하기 전 이야기의 순서를 확인한 다음, 영유아들이 잘 볼 수 있을 위치에 떨어져 앉는다.

둘째, 낱장 그림동화의 내용을 완전히 파악한 후, 영유아의 반응을 살피면서 이야기 내용을 흥미 있게 진행한다.

셋째, 낱장 그림동화의 그림을 너무 높이 올려 보여 줘서 교사의 얼굴 부분이 가려져 알아듣지 못하는 일이 없도록 한다.

넷째, 낱장 그림동화의 그림을 쥘 때, 교사의 손에 의해 그림이 가려지지 않도록 가장자리만을 살짝 쥐고 한 장씩 넘기면서 이야기를 들려 준다. 그림을 넘길 때에는 이야기가 끊기는 일이 없도록 한다.

다섯째, 낱장 그림동화를 들려 준 다음 다시 한 번 영유아들이 내용을 감상할 수 있게 그림만 처음부터 끝까지 보여 주거나 게시판을 활용하여 그림동화를 순서대로 게시해 둔다.

여섯째, 낱장 그림동화는 영유아들에게 들려주기 며칠 전에 순서대로 게시해서 영유아 스스로 이야기를 구성해 본 것과 다른 친구와 또는 교사가 들려주는 내용을 비교해 본다.

3. 융판동화

1) 융판동화의 정의

융판동화는 동화의 내용에 따라 준비된 그림 자료를 융판 위에 붙이거나 떼면서 이야기를 진행하는 그림동화의 한 종류를 의미한다.

2) 융판동화의 장점

첫째, 융판동화는 융판 위에 복잡한 배경 그림을 생략하고 등장인물 중심으로 그림 자료를 붙였다 떼었다 하며 동화를 들려주므로 유아들의 집중도를 높일 수 있다.

둘째, 이야기 전개 과정에서 교사가 임의로 진행 속도나 제시 순서, 방법 등을 자유롭게 조정할 수 있어서 편리하다.

융판동화에 적합한 동화(예, 「커다란 무」, 「장갑」 등)

첫째, 이야기의 플롯이 구나 문장이 하나씩 더해지는 누적적 이야기
둘째, 등장인물의 수가 적고 배경이 중요하지 않으며, 사건이 분명하고 간단한 이야기
셋째, 유머가 있으면서도 쉽게 기억할 수 있는 이야기

3) 융판동화의 제작방법

첫째, 융판의 배경을 다양하게 표현할 수 없기 때문에 배경의 변화가 많지 않은 것을 선정한다.

둘째, 등장인물과 소품들을 그려서 색칠하거나, 펠트지로 인형을 만든다.

셋째, 그림을 오린 후 종이인형을 코팅하거나 또는 펠트지 인형 뒷면에 까끌이(찍찍이)를 붙인다.

넷째, 인물의 크기는 전체 배경인 융판 크기에 맞춰 그린다.

4) 융판동화의 제시방법

첫째, 교사는 융판동화를 들려주기 전 동화의 내용을 충분히 이해한 후에 들려 준다.

둘째, 융판은 영유아들의 시야를 가리지 않도록 하고 눈이 피로해지지 않도록 거리를 조정하여 배치한다.

셋째, 그림을 순서대로 정리한다. 융판동화를 제시하는 도중에 그림을 찾느라고 이야기의 흐름이 끊어지게 되거나, 교사가 당황해하면 영유아들의 주의 집중이 흩어지게 된다.

넷째, 융판동화 시간이 끝난 후 사용한 자료를 순서대로 정리하여 상자나 봉투에 놓은 후 제목과 간단한 내용을 적은 후 보관한다.

다섯째, 영유아들과 시선을 맞추어 영유아의 주의를 유지한다.

여섯째, 이야기를 천천히 들려 준다.

일곱째, 그림 자료를 떼어 낼 때 주의가 흐트러지지 않고 신속하고 부드럽게 한다.

여덟째, 동화를 다 들려 준 후 '이야기 다시 해 보기' 활동을 할 수 있다.

4. 자석동화

1) 자석동화의 정의

자석동화는 융판동화와 거의 유사하며, 자석으로 등장인물의 움직임을 조금 더 자연스럽게 연출해 낼 수 있다.

2) 자석동화의 장점

자석동화의 제시방법은 융판동화와 같으나 등장인물이나 물체를 원판 뒤에서 조정

함으로써 움직임과 겹쳐진 모습을 표현할 수 있어 영유아들에게 재미를 준다.

3) 자석동화의 제작방법

첫째, 융판동화의 제작방법과 유사하다(단, 융판 대신 자석판을 이용하고, 주인공들에게 찍찍이 대신 자석을 붙인다). 마닐라지나 부직포에 등장인물, 특정배경 등의 동화전개에 필요한 그림을 그린 후 색칠한다.

둘째, 색칠한 그림을 보존율을 높이기 위해 코팅한다.

셋째, 각 조각그림 뒷면에 작은 자석을 붙인다.

(유의점: 인물끼리 서로 겹치게 붙일 경우 자석의 N극과 S극에 유의하여 붙인다.)

넷째, 자석은 자료의 무게를 견딜 수 있도록 강력한 자석을 쓰도록 하며, 자료 뒤의 자석보다 조정한 자석의 세기가 더 세야 잘 움직인다.

4) 자석동화의 제시방법

첫째, 교사는 자석동화를 들려주기 전 동화의 내용을 충분히 이해한 후에 들려 준다.

둘째, 제시방법도 융판동화와 유사하지만, 자석을 통해 주인공들의 움직임을 나타낼 수 있고 뒤에서 조정할 수 있으며 겹치는 모습을 표현할 수 있다.

셋째, 동화의 배경(장소)을 그림판으로 만들어 놓고 등장하는 인물을 입체적으로 만들어 뒷면에 자석을 붙여서 이야기의 진행과정을 따라 붙이면서 동화를 들려 준다.

5. 테이블동화

1) 테이블동화의 정의

테이블동화는 테이블 위에서 인형들을 이동시키며 이야기를 들려주거나 테이블 위에 배경을 만들어 입체적으로 부착한 다음 인형을 손으로 이동시키며 동화를 들려주는 인형극 형태이다.

출처: 보건복지부(2014).

2) 테이블동화의 장점

첫째, 주변에서 쉽게 구할 수 있는 캐릭터 인형이나 소품들을 함께 이용하면 제작에 드는 노력과 비용을 절약하고 효과를 높일 수 있다.

둘째, 무대가 되는 테이블은 교실의 책상에 천을 씌워 활용하거나 빈 상자 등을 활용할 수 있으며, 이야기에 필요한 배경을 간략히 꾸며 주면 더욱 효과적이다.

3) 테이블동화의 제작방법

첫째, 테이블 위에 적당한 배경을 만든다.

둘째, 등장인물과 소품 등을 프린트하여 색을 칠하거나, 펠트지로 인형을 만든다.

셋째, 등장인물이 만들어지면 손으로 쥐고 움직일 수 있도록 막대를 붙인다.

※ 막대를 등장인물의 아래에 또는 위에 붙여 자유롭게 움직일 수 있고, 상황에 따라서는 야쿠르트병 같은 폐품에 등장인물을 붙여 세워 놓고 움직여 줄 수도 있다.

4) 테이블동화의 제시방법

첫째, 교사는 테이블동화를 들려주기 전 동화의 내용을 충분히 이해한 후에 들려준다.

둘째, 등장인물의 순서에 따라 정리하여 둔다.

셋째, 등장인물의 출현 순서와 동화 내용을 잘 익혀 둔다.

넷째, 손으로 인형을 움직여 가며 이야기를 들려 준다.

다섯째, 두 인형이 등장할 때는 두 손을 사용하며 움직임을 준다.

6. 앞치마동화

1) 앞치마동화의 정의

앞치마동화는 융판동화의 융판 대신 교사가 융이나 부직포로 만든 앞치마를 입고, 앞치마를 배경으로 융판 자료를 앞치마에 붙여 가며 동화를 들려주는 것이다.

2) 앞치마동화의 장점

첫째, 앞치마동화도 융판동화처럼 영유아의 집중도를 높여 주는 동화다.

둘째, 앞치마가 동화 속의 배경이 되어 등장인물이나 사물이 붙게 되므로 유아들에게 새로운 시각을 제시한다.

3) 앞치마동화의 제작방법

첫째, 앞치마동화로 제작하기에 적절한 동화는 융판동화와 자석동화와 마찬가지로 등장인물의 수가 점차 늘어나거나 줄어드는 동화이다.

첫째, 앞치마의 배경색은 이야기의 주가 되는 색으로 한다.

둘째, 앞치마에 동화의 주인공들을 붙였다 떼었다 할 인물을 마닐라지 또는 부직포에 그린 후 색칠하거나, 펠트지로 인형을 만들어 사용한다.

4) 앞치마동화의 제시방법

첫째, 교사는 앞치마동화를 들려주기 전 동화의 내용을 충분히 이해한 후에 들려준다.

둘째, 앞치마를 입는다. 필요하면 의상의 색도 앞치마의 배경과 맞춰 입으면 좋다. 장갑을 끼고 해도 좋다.

셋째, 앞치마에 주머니를 달아 그림 조각을 넣어 두었다가 꺼내어 사용하면 편리하다.

넷째, 동화 내용의 순서에 맞춰 주인공들을 붙였다 필요하면 떼면서 제시한다.

다섯째, 교사가 시연할 때 앞치마를 입은 옷이 너무 눈에 띄거나 무늬가 있으면 동화를 들려주기에 효과를 떨어지므로 주의한다.

7. 텔레비전동화

1) 텔레비전동화의 정의

텔레비전동화는 텔레비전 모양의 상자와 같은 틀을 이용해서 그림책의 내용을 보여 주는 것이다. 사용되는 그림을 두루마리 형식으로 그려 TV상자에 그림을 고정시키고 한쪽에서 다른 쪽 방향으로 그림을 감아 가면서 동화를 들려 준다.

출처: 보건복지부(2014).

2) 텔레비전동화의 장점

첫째, 텔레비전 상자 그 자체가 영유아들의 흥미와 호기심을 충족시켜 준다.

둘째, 텔레비전동화는 조작이 간단하다.

셋째, 실제 텔레비전처럼 화면을 통한 현실감은 없지만 영유아의 이해와 흥미에 맞추어 반응을 살필 수 있기 때문에 교사와 영유아 모두 친밀감을 느낄 수 있다.

3) 텔레비전동화의 제작방법

첫째, 텔레비전 틀이 될 상자와 봉(두루마기 형식의 동화를 오른쪽 또는 왼쪽으로 돌리려고 할 때 필요한 양쪽에 세워질 봉), 동화의 내용을 그릴 수 있는 재료를 준비한다.

둘째, 상자의 한쪽 측면을 네모 모양으로 오려 내어 TV의 앞 화면을 만든다(화면의 크기는 가로 36cm, 세로 27cm 정도가 적당).

셋째, 상자의 윗부분의 양쪽에 봉을 끼울 수 있도록 구멍을 낸다(구멍의 크기는 모서리에서 약 3cm 정도 떨어진 곳에 지름 3cm 정도가 적당).

넷째, 상자의 전체를 원하는 텔레비전의 색의 시트지로 싼 후 구멍에 봉을 끼운다.

다섯째, 동화의 내용에 적합한 TV 내용을 그린다(TV 틀을 고려하여 사방 6cm의 여분을 두며 종이는 너무 두껍지 않은 것으로 선택한다).

여섯째, 이야기할 내용을 각 정면의 뒤에 붙인다.

일곱째, 각 장면을 순서대로 붙인다. 처음과 끝은 한 장면 크기의 여분을 둔다.

여덟째, 양면의 원기둥에 두루마리 그림 끝부분을 테이프로 고정시키고 그림을 말아서 끼운 후, 봉을 한쪽으로 돌릴 때마다 동화의 장면이 텔레비전 화면에 정확하게 잘 나오는지 확인한다.

4) 텔레비전동화의 제시방법

첫째, 교사는 텔레비전동화를 들려주기 전 동화의 내용을 충분히 이해한 후에 들려 준다.

둘째, 텔레비전동화를 들려주기 위해서는 전체 영유아들이 모두 볼 수 있는 위치와 거리, 높이를 고려하여 텔레비전동화 틀을 배치한다.

셋째, 교사의 얼굴이 텔레비전동화 틀에 가려지지 않도록 하고 영유아들과 시선을 마주하고 영유아들의 반응을 살펴가며 이야기를 들려 준다.

넷째, 영유아가 텔레비전 틀을 처음 접한 경우, 텔레비전 틀을 탐색할 시간을 주면 동화를 들려줄 때 영유아의 관심이 텔레비전 틀로 가는 것을 막을 수 있다.

8. 그림자동화

1) 그림자동화 정의

인형극 틀의 뒷면에서 등장인물을 움직여 주면, 인형극 틀 앞쪽에서는 까만 그림자의 형태로 이야기를 들려주는 방법이다.

2) 그림자동화의 장점

등장인물은 모두 까만 그림자로 비쳐지기 때문에 형체로서 누군가를 감지해야 하는 과정에서 유아들의 상상력을 높일 수 있고, 그림자동화를 들으면서 특별한 느낌을 받을 수 있다.

3) 그림자동화의 제시방법

첫째, 교사는 그림자동화를 들려주기 전 동화의 내용을 충분히 이해한 후에 들려준다.

둘째, 등장인물의 순서에 따라 그림자동화 막대기를 정리하여 둔다.

셋째, 등장인물의 출현 순서와 동화 내용을 잘 익혀 둔다.

넷째, 상대적 크기와 상황에 따라 그림자의 크기를 조절해 가며 동화를 들려 준다 (예: 「아기 돼지 삼 형제」의 집, 늑대가 숨을 크게 들이쉬는 부분 등).

다섯째, 생동감 있는 전달을 위하여 대사에 맞게 막대기를 움직이며 진행한다.

4) 그림자동화의 제작방법

(1) 그림자동화 무대

첫째, 상자의 마주 보는 두 면을 적당한 크기로 잘라 낸다.

둘째, 잘라 낸 한 면의 안쪽에 얇은 흰색 종이를 덧붙인다.

셋째, 흰색 종이를 덧붙인 면을 제외한 나머지 안쪽 부분에 흰색 우드락을 붙인다.

넷째, 상자의 겉면에 색 도화지를 붙여 심미성을 높여 준다.

다섯째, 유아의 안전을 위해 모서리 등 마감 처리를 꼼꼼하게 한다.

(2) 그림자동화 주인공 만들기

첫째, OHP 필름에 등장인물 및 배경, 소품 등의 도안을 프린트한다.

둘째, 잉크가 벗겨질 수 있으므로 프린트된 부분에 시트지를 붙여 준다.

셋째, OHP 필름을 연속으로 2번 코팅한다.

넷째, 코팅한 OHP 필름을 적당한 크기로 잘라 막대기를 만든다.

다섯째, 유아의 안전을 위해 막대기의 모서리를 둥글게 잘라 낸다.

여섯째, 막대기에 프린트해 둔 도안을 오려 붙인다.

9. OHP동화

1) OHP동화 정의

OHP동화는 투명한 TP 위에 그림을 그려서 OHP(overhead projector)를 활용하여 스크린에 비춰서 보는 동화다.

출처: 보건복지부(2014).

2) OHP동화의 장점

첫째, 작은 화면을 크게 확대하여 보여 주어 영유아들이 흥미를 갖는다.

둘째, 빛을 통과시키는 물체를 제물대 위에 올려놓으면 그 물체의 본래의 색이 나타나므로 보다 생동감 있는 장면을 연출할 수 있다.

셋째, 필름을 여러 번 겹쳐 일부 그림을 가리거나 펼쳐 보임으로써 새로운 요소를 쉽게 첨가하거나 삭제할 수 있어 원작의 내용을 원활하게 나타낼 수 있다. 그러므로 한 요소는 그대로 있고 다른 요소들이 계속 변화하는 동화가 이 매체에 적합하다.

3) OHP동화의 제시방법

첫째, 교사는 OHP동화를 들려주기 전 동화의 내용을 충분히 이해한 후에 들려준다.

둘째, 교사는 동화를 들려줄 때 TP자료를 조작하면서 들려줄 수 있고 녹음기를 사용할 수도 있다. 교사가 들려줄 때는 작품을 완전히 숙지하고 교사 자신의 언어로 재화하여 들려 준다.

셋째, 필름을 올리고 내리는 과정이 동화의 흐름을 끊지 않도록 주의한다.

넷째, 필요시 음향효과, 즉 음악이나 소리를 녹음해서 활용한다.

4) OHP동화의 제작방법

첫째, OHP 필름에 그림을 바로 그리거나 얇은 도화지에 밑그림을 그린 후 필름에 옮겨 그릴 수 있다.

둘째, 유성펜을 이용하여 색을 칠한다.

셋째, 완성된 그림을 고정 프레임에 붙인다.

넷째, 그림을 다 붙인 후 예상한 그림이 나오는지 확인해 본다.

10. 플래시동화

1) 플래시동화 정의

플래시동화는 컴퓨터로 볼 수 있도록 디지털화된 정보, 즉 그림, 글, 음향, 움직이는 영상이 함께 나오는 멀티미디어 동화이다.

2) 플래시동화의 장점

첫째, 사용의 편리함이다. 인터넷과 스마트폰, 테블릿 등의 발달로 인해 시간과 장소에 구애받지 않고 원하는 때에 플래시동화를 들을 수 있다.

둘째, 집중력을 높인다. 영유아들은 화면의 음악과 전환에 빠져들고 성우의 목소리에 집중하여 동화를 듣는다. 동화를 듣는 그 순간만큼은 몰입해서 듣는 것이다.

셋째, 이해력을 높일 수 있다. 동화 내용과 관련한 음악을 배경으로 동화 내용에서 중요시하는 부분은 화면을 강조해 줌으로써 영유아가 보다 더 자세히 그 장면을 인식하고 이해할 수 있다. 교사가 플래시동화의 장점을 잘 파악하여 교수-학습계획을 수립하고 활용한다면 영유아의 듣기 능력 발달에 효과를 볼 수 있다.

3) 플래시동화의 제시방법

첫째, 교사는 플래시동화를 들려주기 전 동화의 내용을 충분히 이해한 후에 들려준다.

둘째, 플래시동화를 영유아들이 모두 잘 볼 수 있게 반원의 형태로 앉아 볼 수 있도록 한다.

4) 플래시동화의 예

동화 명: 「해바라기야, 고마워!」

동화 「해바라기야, 고마워!」(조재은, 여원미디어, 2010) 플래시 자료, 해바라기 개화 과정 사진, 해바라기 개화 동영상

해바라기야, 고마워!

조재은

작고 뾰족한 씨앗 하나, 땅 속에 쏙 넣어요.
나래가 흙을 덮으며 말해요. "어서어서 싹을 틔우렴."

동글동글 떡잎 두 장, 땅 위로 쏘옥 나왔어요.
강아지가 킁킁대며 말해요. "어, 잎이 나왔네."

떡잎 사이로 초록 잎이 쏘옥, 기다란 줄기도 삐죽 돋아났어요.
해님이 찾아와 말해요. "따뜻한 햇빛 받고 쑥쑥 자라렴."

튼튼한 줄기가 쭈욱 쭉쭉, 하늘 향해 쭉쭉 자라요.
구름이 찾아와 말해요. "시원한 빗물 먹고 꽃봉오리를 맺으렴."

꽃봉오리가 점점 크게 자라 동글동글 콩 같아요.
달님이 찾아와 말해요. "단잠 자고 일어나 꽃을 피우렴."

우아, 커다란 꽃이 활짝! 노란 해바라기 꽃이에요.
나래가 찾아와 깡총 뛰며 인사해요. "키다리 해바라기야, 안녕!"

11. 구연동화

1) 구연동화의 정의

구연은(story-telling)은 '이야기하다'라는 뜻으로 문학 작품을 글이나 그림이 아닌 음성으로 소개하는 것을 의미한다.

2) 구연동화의 장점

첫째, 구연동화는 영유아에게 동화를 들려주는 방법 중 가장 오래되고, 안정적이며 효과적인 방법으로 가장 큰 장점은 마주 보고 이야기를 들을 수 있어 영유아와 교사간에 서로의 표정, 감정 등을 느낄 수 있다는 것이다.

둘째, 구연동화는 정서적 즐거움 뿐 아니라 상상력과 창의성 및 언어표현력을 발달시킨다. 영유아가 귀를 통하여 이야기를 듣는 동안 영유아들의 상상력을 자극하여 상상력의 폭을 넓혀 주고 동화에 나오는 인물들에 대한 경험을 간접적으로 경험함으로써 발산적 사고를 발달시킬 수 있다(Myers, 1990).

셋째, 구연동화는 영유아가 들으면서 집중하고, 내용을 이해하려는 능동적인 주의력이 작용하여 듣기 능력을 발달시키며, 영유아 스스로 책을 읽는 데 동기를 부여할 수 있다. 영유아들은 동화의 의미를 더 쉽게 파악할 수 있으며, 교사는 영유아와 최대한의 눈접촉을 시도할 수 있으므로 영유아의 반응을 통해 동화의 전달 효과를 즉시 파악할 수 있다.

넷째, 구연동화는 영유아에게 흥미 유발과 감동을 줄 수 있어 정서적 즐거움을 준다. 교사의 몸짓이나 움직임을 제한하는 동화에 비해 자유롭게 구연을 함으로써 영유아가 동화에 대해 흥미를 잃지 않도록 동화를 반복해서 들려줄 수 있고(Thomas & Mikesell, 1980), 동화를 들려줄 때 동화에 나오는 기쁨, 슬픔, 화남 등의 감정을 자연스런 목소리로 표현해 들려주므로 흥미를 유발하고 즐거움을 준다.

3) 구연동화 제시방법

첫째, 교사는 구연동화를 들려주기 전 동화의 내용을 충분히 이해한 후에 들려준다.

둘째, 이야기의 도입은 흥미와 호기심을 일으킬 수 있도록 자연스럽게 이루어져야 한다. 구연할 동화와 관련된 손 유희나 노래 부르기, 주인공을 그린 그림이나 사진, 인형, 등장하는 주인공의 언어, 행동, 태도 등 특정적인 암시에 의한 수수께끼 등의 방법을 사용한다.

셋째, 우선 교사가 동화의 내용 순서대로 이야기를 머릿속에 그려 보고 이야기의 인물과 사건을 마음속으로 그리면서 천천히 내용을 읽어 본다. 그 이후에 그림을 한 장면 한 장면 회상하면서 이야기를 생각해 본다.

넷째, 구연 시 이야기 속의 대화는 직접화법을 사용하고 불필요한 설명과 묘사는 피하는 것이 효과적이다. 또한 영유아들의 주의 집중을 위한 효과적인 도입방법을 계획하는 것이 바람직하다.

다섯째, 구연 시 목소리나 몸짓, 말의 빠르기, 표정, 시선 등에 주의한다. 목소리는 명쾌해야 하며 뒤쪽에 있는 영유아까지 잘 들을 수 있을 만큼 표현이 풍부하면 좋다. 이때 이야기의 상황이나 전개, 등장인물의 특성이나 감정에 따라 적절한 몸짓이나 표정을 사용하며 시선은 모든 영유아에게 골고루 주는 것이 좋다. 과다한 얼굴표정과 몸짓 등은 피하도록 한다. 또한 '그리고', '음', '또' 등의 용어 사용이나 불균형한 음색도 가급적 피하는 것이 좋다.

여섯째, 낮은 의자에 앉아서 이야기를 듣는 영유아들에게 골고루 시선을 보낸다.

일곱째, 구연의 빠르기를 적절히 조절하여 이야기의 분위기를 효과적으로 표현하고 영유아들의 주의 집중 한계를 고려하여 이야기의 길이를 7분~20분 내에 이루어지도록 한다.

여덟째, 이야기의 흥미를 저하시키는 질문이나 토의를 강요하지 않도록 한다. 단 영유아들이 이야기를 들으면서 의문점을 제기하면 짧게 설명해 준다. 도입 부분이 지루하지 않게 영유아의 관심과 흥미를 유발할 수 있도록 하고, 이야기를 끝맺음할 때에도 지나치게 교훈성을 강조하지 않는다(Leeper, 1979).

토론 및 토의

여러 가지 매체 중에서 한 가지를 선정하여 문학교육에서의 그 활용도에 대하여 논의하시오.

Chapter 13

아동문학 활용

이 장에서는 영아(0~만 2세)를 위한 동시, 동화와 유아(만 3~5세)를 위한 동시, 동화, 동극의 사례를 소개하였다.

활동명 1 소리 나는 자동차 그림책

0세

활동 목표

- 소리가 나는 그림책에 관심을 갖는다.
- 자동차 소리를 흉내 내는 말소리를 낸다.

내용범주

- 의사소통 〉 책과 이야기 즐기기 〉 책에 관심을 가진다.
- 의사소통 〉 듣기와 말하기 〉 표정, 몸짓, 말소리로 의사를 표현한다.

활동 자료

버튼을 누르면 소리가 나는 자동차 그림책

활동 방법

1. 영아가 소리 나는 그림책을 꺼내어 펼치면, 교사가 영아의 옆에 가서 함께 책을 살펴본다.
   - (교사가 버튼을 눌러 소방차 소리를 들려주며) 이게 무슨 소릴까? 불이 났나 봐.
   - (영아가 그림책의 소리버튼을 누르면) 어? 무슨 소리가 들리는데? 책에서 소리가 나네.
2. 영아에게 자동차 그림책의 소리 버튼을 눌러 보고 교사와 함께 소리를 따라해 본다.
   - (영아에게 자동차 그림책 버튼을 가리키며) 자동차다. 버튼 한 번 눌러 보자.
   - 어떤 소리가 나지? 애앵애앵~ 소리가 나네.
   - ○○도 애앵애앵 했구나~
3. 책을 넘기면서 다른 자동차 그림과 소리를 살펴보도록 한다.
   - (책을 넘겨 주면서) 여기도 자동차가 있네. 이건 무슨 소리가 날까?
   - 이번에는 ○○이가 책을 넘겨 보자.

출처: 보건복지부(2014).

활동명 2 헝겊 그림책을 보아요

0세

활동 목표

- 헝겊 그림책에 흥미를 가진다.
- 헝겊 그림책의 질감을 느껴 보며 눈과 손으로 탐색한다.

내용범주

- 의사소통 〉 책과 이야기 즐기기 〉 책에 관심을 가진다.
- 자연탐구 〉 탐구과정 즐기기 〉 사물과 자연 탐색하기를 즐기다.

활동 자료

헝겊 그림책

활동 방법

1. 영아가 헝겊 그림책에 관심을 가지면 교사는 영아와 함께 탐색하여 본다.
   - 헝겊 그림책이구나. 빵빵 자동차가 있고 슈웅~ 비행기도 있네.
   - 그림책이 보들보들하다.
   - 이 그림은 조금 느낌이 다른데? 까슬까슬하구나.
2. 영아가 헝겊 그림책에 관심을 갖고 만져 보는 행동을 보이면 격려해 준다.
   - ○○이가 그림책을 혼자 넘겼구나.
   - (소리 나는 부분을 누르도록 도와주며) 자동차를 꾸욱 눌러볼까?
   - 빠~앙 자동차 소리가 나네.
3. 영아 스스로 헝겊 그림책을 넘기며 살펴보도록 격려한다.
   - 여기엔 기차가 있네. 또 ○○이가 넘겨 볼까? 다음에는 어떤 그림이 있을까?
   - (비행기가 나는 흉내를 내며) 우와 이건 비행기다. 비행기처럼 날아 볼까?

출처: 보건복지부(2014).

활동명 1 음식 관련 그림책을 보아요

1세

활동 목표

- 그림책을 흥미롭게 본다.
- 그림책에 있는 다양한 음식을 탐색한다.

표준보육과정

- 의사소통 〉 책과 이야기 즐기기 〉 책에 관심을 가진다.
- 자연탐구 〉 탐구과정 즐기기 〉 사물과 자연 탐색하기를 즐긴다.

활동 자료

음식 관련 그림책

활동 방법

1. 음식 관련 그림책을 탐색해 본다.
   - 음, 어디선가 맛있는 냄새가 나는 것 같아요.
   - 어디에서 나는 냄새일까요?
   - 책 속에서 나는 냄새였구나.

2. 책 속에 있는 음식을 보며 대화를 나눈다.
   - 책 속에 맛있는 음식이 많이 있구나.
   - ○○이는 어떤 음식 먹고 싶어요?
   - ○○이는 포도를 먹고 싶구나.
   - 포도를 ○○ 입 속에 쏘옥~
   - (손으로 음식을 가리키며) 선생님은 국수를 먹고 싶어요.
   - (먹는 흉내를 내며) 냠냠냠 음~ 맛있다.

출처: 보건복지부(2014).

활동명 2 물에 뜨는 그림책

1세

활동 목표

- 그림책을 보며 흥미를 갖는다.
- 물에 뜨는 그림책을 탐색한다.

표준보육과정

- 의사소통 〉 책과 이야기 즐기기 〉 책에 관심을 가진다.
- 자연탐구 〉 탐구과정 즐기기 〉 사물과 자연 탐색하기를 즐긴다.

활동 자료

물에 뜨는 그림책, 수조, 매트

활동 방법

1. 물에 들어가도 젖지 않는 재질의 그림책을 탐색한다.
   - ㅇㅇ아, 그림책을 만져 볼까요?
   - 이불처럼 푹신푹신하네요.
   - 비닐처럼 미끌미끌하기도 하구나.
2. 교사가 수조에 담긴 물에 그림책을 띄운다.
   - 그림책이 물에 동동 떠서 뜨네요.
   - 물에서 그림책을 한 장 한 장 넘겨 볼까요?
   - 젖지 않아서 물에서도 그림책을 볼 수 있구나.
   - (그림책을 보며) 물을 만지면서 책을 보니깐 정말 차갑네요.
   - 물 안에서도 ㅁㅁ그림이 보인다!

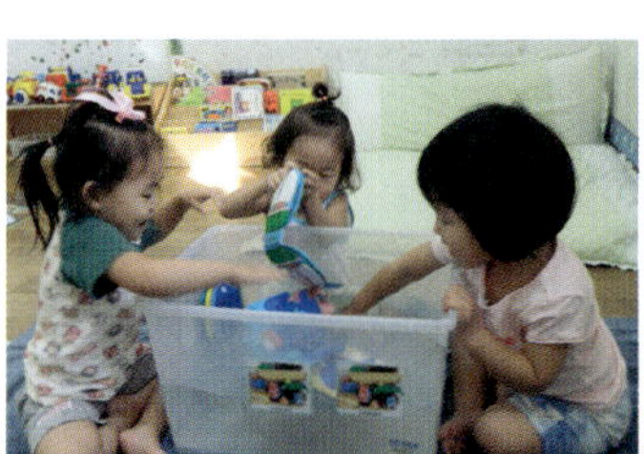

출처: 보건복지부(2014).

활동명 3 배변 그림책을 보아요

1세

활동 목표

- 배변 그림책에 관심을 갖는다.
- 그림책을 보면서 배변과 관련된 활동에 관심을 갖는다.

표준보육과정

- 의사소통 〉 책과 이야기 즐기기 〉 이야기에 관심을 가진다.
- 의사소통 〉 읽기와 쓰기에 관심 가지기 〉 주변의 그림과 상징에 관심을 가진다.
- 기본생활 〉 건강하게 생활하기 〉 배변의사를 표현한다.

활동 자료

배변 그림책

활동 방법

1. 준비한 그림책을 제시하며 영아와 편안하게 앉아 그림책을 본다.
   - ㅇㅇ야, 선생님과 함께 볼까요?
   - 여기 이 친구는 무엇을 하고 있나요?
   - ㅁㅁ이가 변기에 앉아 있는 그림이 있네요.

2. 영아와 배변 그림책을 보며 배변과 관련된 경험을 대화로 나누거나 손으로 가리켜 보도록 한다.
   - 그림책을 넘기며 볼까요?
   - ㅁㅁ이가 변기에서 무엇을 하는 걸까요?
   - 아~ 응가를 하고 있구나~
   - ㅁㅁ이가 응가를 잘할 수 있도록 '응~가 끙끙~' 말해 주자.
   - 우리 반 아기 인형은 어디에서 응가를 했나요?
   - ㅇㅇ이는 어디에서 쉬를 했나요?

3. 아기 변기에 앉아 배변 그림책을 본다.
   - ㅇㅇ이도 아기 변기에 앉아 볼까요?
   - 의자처럼 편안하게 앉아 그림책을 보자.

출처: 보건복지부(2014).

활동명 4 동물그림책 보고 흉내 내요

1세

활동 목표

- 동물처럼 흉내 내 본다.
- 그림책 보는 것을 즐긴다.

표준보육과정

- 자연탐구 〉 탐구과정 즐기기 〉 주변 세계와 자연에 대해 호기심을 갖는다.
- 의사소통 〉 책과 이야기 즐기기 〉 책에 관심을 가진다.

활동 자료

동물그림책

활동 방법

1. 영아와 그림책을 보며 영아가 관심 있어 하는 것에 대하여 이야기를 나눈다.
   - 토끼가 뛰어가네요.
   - 강아지가 코 자고 있네요. 어떻게 하고 자고 있어요?
2. 그림책에 나온 소리나 움직임을 흉내 내 본다.
   - 토끼가 깡충깡충 뛰어가네요.
   - 돼지가 꿀꿀 했어요?
   - 돼지가 음식을 먹고 있어요. 냠냠.
   - 여기 있는 과일도 먹어 볼까요?

3. 그림책에 나온 것처럼 흉내 놀이를 해 본다.
   - 책에 있는 사자처럼 기어가네요.
   - (교사가 영아의 움직임을 따라 하며) 어흥! 나는 사자다!
   - 우리도 강아지처럼 코 자 보자.

출처: 보건복지부(2014).

활동명 1 재미있는 놀잇감

2세 | 동시

활동 목표

- 교사가 읽어 주는 동시를 들으며 말소리의 재미를 느낀다.
- 내가 좋아하는 놀잇감을 말할 수 있다.

표준보육과정

- 의사소통 〉 책과 이야기 즐기기 〉 책에 관심을 가지고 상상한다.
- 의사소통 〉 듣기와 말하기 〉 표정, 몸짓, 단어로 의사를 표현한다.

활동 자료

동시판

활동 방법

1. 영아들이 알아듣기 쉽도록 동시를 정확한 발음으로 또박또박 운율을 살려 읽어 준다.

「재미있는 놀잇감」
-글 손승희-

나는 나는 자동차가 정말 좋아요
부릉부릉 어디든지 달려가지요

나는 나는 아기 인형
정말 좋아요
자장 자장 우리 아가
잘도 자지요

나는 나는 블록놀이 정말 좋아요
뚝딱 뚝딱 멋진 집이 생겨나지요

2. 영아들이 좋아하는 놀잇감에 대해 간단히 이야기해 본다.
   - ○○이는 어떤 놀잇감을 좋아하나요?
   - ○○이는 종이벽돌로 집 짓는 놀이를 좋아하는구나.

출처: 보건복지부(2014).

활동명 2 많이 컸어요

2세 | 동시

활동 목표

- 간단한 동시를 관심 있게 듣는다.
- 동시 속 일상 언어에 관심을 갖고 말하기를 시도한다.

표준보육과정

- 의사소통 〉 책과 이야기 즐기기 〉 책에 관심을 가지고 상상한다.
- 의사소통 〉 책과 이야기 즐기기 〉 말놀이와 이야기에 재미를 느낀다.

활동 자료

동시 「많이 컸어요」

「많이 컸어요」
–글 강경란–

많이 컸어요. 이만큼 키가 컸어요.
많이 컸어요. 이만큼 몸이 컸어요.
많이 컸어요. 마음도 이만큼 컸어요.
엄마 고맙습니다. 아빠 고맙습니다.
선생님 고맙습니다.

활동 방법

1. 교사가 들려주는 동시를 관심을 갖고 듣는다.
   - 얼만큼 컸대요?
   - 이만큼?
   - 누구한테 인사했나요?
   - 어떻게 인사했지요?
   - 그래, '고맙습니다' 했구나.

2. 성장과 변화된 모습에 대해 이야기를 나눈다.
   - ○○이도 많이 컸어요?
   - 어디 어디가 많이 컸을까?
   - 그래, 키도 많이 컸구나.
   - △△는 발이 많이 자라서 신발이 작아졌구나.

3. 다섯 살이 되면서 형님 반으로 가는 것에 대해 안다.
   - 설날이 지나면 우리 이제 몇 살이에요?
   - 그래, 다섯 살이 되는구나.
   - 다섯 살 형님이 되면 이젠 형님 반에 가셨네.

4. 동시를 따라서 읽어 보는 흉내를 낸다.
   ('고맙습니다' 인사 부분의 대상을 바꾸어 가며 이야기해 주고, 영아는 '고맙습니다' 후렴부분을 말하며 주변의 사람에게 고마운 감정을 표현한다.)
   - 할아버지 할머니! "고맙습니다."
   - 조리사 선생님! "고맙습니다."

출처: 보건복지부(2014).

활동명 3 테이블동화「봄을 찾으러 간 아기토끼」

2세 | 동화

활동 목표

• 동화를 주의 깊게 듣는다.
• 동화를 듣고 등장인물과 내용에 관심을 가진다.

표준보육과정

• 의사소통 〉 듣기와 말하기 〉 표정, 몸짓, 말에 관심을 갖고 듣는다.
• 의사소통 〉 읽기와 쓰기에 관심 가지기 〉 주변의 그림과 상징, 글자에 관심을 가진다.
• 의사소통 〉 책과 이야기 즐기기 〉 말놀이와 이야기에 재미를 느낀다.

활동 자료

테이블동화 자료(「봄을 찾으러 간 아기토끼」)

교구 제작방법:

〈재료〉 빈 요구르트통, 엄마토끼, 아기토끼, 지렁이, 두더지, 곰 그림자료, 코팅지, 초록색 과 황토색 펠트지, 본드, 찍찍이, 하드보드지 3장, 벨크로 테이프

① 등장인물의 그림 자료를 코팅하여 요구르트통에 붙인다.
② 지렁이 굴, 두더지 굴, 곰 굴은 등장인물의 크기에 맞게 펠트지로 오려 만든 후 뒤에 벨크로 테이프를 붙인다.
③ 하드보드지를 이용하여 배경판으로 사용할 삼각대를 만든다.
④ 초록색 펠트지를 하드보드지 삼각대의 앞쪽에 붙여 배경판을 만든다. 굴을 붙일 수 있는 벨크로 테이프를 알맞은 위치에 붙인다.

활동 방법

1. 「봄을 찾으러 간 아기토끼」 동화를 듣는다.
   - 우리 반에 엄마토끼와 아기토끼가 놀러 왔어요.
   - 우리 친구들에게 동화를 들려 준대요. 함께 들어 보자.

2. 교사가 들려 준 동화에 대해서 이야기를 나눈다.
   - 아기토끼가 무엇을 찾으러 나갔니?
   - 아기토끼가 어떤 동물들을 만났니?

3. 동화가 끝나면 언어영역에 테이블동화 자료를 제공하고 영아가 자유롭게 조작해 본다.
   - 선생님이 들려 준 봄을 찾으러 간 아기토끼 동화 이야기해 보고 싶은 친구는 언어영역에서 해 볼 수 있어요.

출처: 보건복지부(2014).

활동명 4 테이블동화 「코끼리 형님의 나들이」

2세 | 동화

활동 목표

• 동화를 듣는 즐거움을 느낀다.
• 동화를 듣고 등장인물과 내용에 관심을 가진다.

표준보육과정

• 의사소통 〉 듣기와 말하기 〉 표정, 몸짓, 말에 관심을 갖고 듣는다.
• 의사소통 〉 책과 이야기 즐기기 〉 책에 관심을 가지고 상상한다.
• 의사소통 〉 읽기와 쓰기에 관심 가지기 〉 주변의 그림과 상징, 글자에 관심을 가진다.

활동 자료

입체로 만든 등장인물(코끼리, 하마, 거북이, 악어)

교구 제작방법: 코끼리, 악어, 하마, 거북이

〈재료〉 하드보드지, 펠트지, 참치통조림캔, 자바라 모양 회색호스

① 코끼리, 하마, 악어는 하드보드지를 재단하고 거북이는 참치통조림캔을 이용하여 몸체를 만든다.

② 몸체 위에 펠트지를 씌우고, 세부 부분을 꾸민다.

③ 악어는 입모양(위, 아래)을 하드보드지로 재단하여 펠트지를 씌우고, 입이 벌어질 수 있도록 한쪽 끝만 붙인 후, 몸통과 연결한다.

④ 코끼리 코는 얼굴 면에 구멍을 뚫고 '자바라 모양'의 회색호스(진공청소기용)를 끼워 고정한다.

활동 방법

1. 영아가 동화자료에 관심을 보이면 함께 살펴본다.
   - ○○ 반에 여러 동물 친구들이 놀러 왔네요. 어떤 친구들이 왔는지 한번 볼까요?
   - 하마, 코끼리, 거북이, 악어 친구들이 있네요.

2. 교사는 자연스럽게 「코끼리 형님의 나들이」 동화를 들려준다.
   - 「코끼리 형님의 나들이」라는 동화를 한번 들어볼까요?

3. 동화를 듣고, 영아와 함께 동화의 내용에 대해 이야기를 나누어 본다.
   - 코끼리 형님이 어떤 동물들을 등에 태워 주었나요?
   - 코끼리 등에 탄 동물들 기분은 어땠을까요?
   - ○○는 코끼리 등에 타면 기분이 어떨 것 같아요?

출처: 「코끼리 형님의 나들이」(나카노 히로다카 글 · 그림/이영준 역, 한림출판사) 참고

출처: 보건복지부(2014).

활동명 1 자! 어서 타세요

3세 | 동극

활동 목표

- 동화 내용을 이해하고 동극으로 적절히 표현한다.
- 인사예절에 대해 관심을 가진다.

누리과정 관련요소

- 의사소통 〉 책과 이야기 즐기기 〉 동화, 동시에서 말의 재미를 느낀다.
- 예술경험 〉 창의적으로 표현하기 〉 극놀이로 경험이나 이야기를 표현한다.

활동 자료

동화「자! 어서 타세요」, 등장인물과 버스그림(융판동화 자료), 동극용 머리띠, 버스그림(큰 그림이나 사진을 벽에 붙이거나 PPT 화면으로 띄움)

활동 방법

1. 유치원/어린이집 오는 방법에 대해 이야기 나눈다.
   - 너희들은 유치원/어린이집에 올 때 어떻게 오니?
   - 유치원/어린이집 버스를 타고 오는 친구들도 있니?

2. 동화를 듣는다.
   - 오늘 선생님이 들려주실 동화는「자! 어서 타세요」라는 동화란다.
   - 이 동화 속에는 우리 친구들처럼 유치원/어린이집 버스를 타고 등원하는 동물친구들이 나온단다. 바르게 앉아서 잘 들어 보자.

3. 동화의 내용과 느낌에 대해 이야기 나눈다.
   - 동화에 어떤 동물 친구들이 나왔니?
   - 코끼리 기사님과 동물 친구들이 유치원/어린이집 버스를 탈 때마다 했던 말이 무엇이니? (등장인물의 말과 동작들을 상상하여 흉내 내면서 동화를 회상한다.)
   - 이 동물 친구들은 노란 유치원/어린이집 버스를 탈 때 어떻게 했니?
   - 유치원/어린이집 버스를 탈 때, 먼저 선생님과 기사님께 인사하고 안전하게 타야 한단다.

4. 동극을 계획하고 준비된 활동자료를 사용하여 동극을 한다.
   - 우리가 들은 동화를 동극으로 꾸며 보도록 하자.
   (동극이란 우리가 동화 속에 나오는 친구가 되어서 이야기를 하는 것이란다.)
   - 어떤 등장인물(동물 친구들)이 나왔니?
   - 역할을 어떻게 정하면 좋을까?
   - 역할을 맡은 친구는 어떤 준비가 필요할까?
   (동극에 사용한 물건 준비, 대기자리 정하기)
   - 관객이라는 말을 들어 본 적이 있니?
   (관객이란 운동경기, 공연, 영화를 보는 사람을 뜻한다.)
   - 관객이 해야 할 일은 무엇일까?
   - 동극을 하기 위해 우리가 지켜야 할 약속은 무엇일까?
   (자신이 맡은 등장인물에 대해 큰 소리로 말하며 몸동작으로 적절히 표현한다.)
   (자신감을 갖고 즐겁게 참여한다.)
   (소품을 소중히 다뤄야 한다.)
   (내 차례가 아니더라도 다른 친구의 연기를 감상한다.)
   (서로 친구들에게 격려 또는 칭찬을 해 준다.)
   (관객들은 바르게 앉아서 떠들지 않고, 친구들이 하는 동극에 귀 기울이며 박수로 격려한다.)
   - 동극을 한다.

5. 동극놀이를 회상한다.
   - 동극놀이를 해 보니 어떤 점이 가장 기억에 남니?
   - 다시 해 보고 싶다거나 아쉬운 점은 없니?
   - 함께 활동한 친구들에게 칭찬해 주고 싶은 점은 무엇이니?

출처: 보건복지부(2013).

활동명 2 숲속의 장갑

3세 | 동극

활동 목표

- 동화를 듣고 내용을 이해한다.
- 동화 내용을 문장으로 말하고, 극으로 표현하기를 즐긴다.
- 동화와 동극을 감상한다.
- 사물의 크기를 비교하고, 크고 작음을 안다.

누리과정 관련요소

- 의사소통 〉 책과 이야기 즐기기 〉 동화, 동시에서 말의 재미를 느낀다
- 의사소통 〉 듣기와 말하기 〉 상황에 적절한 단어를 사용하여 말한다.
- 예술경험 〉 창의적으로 표현하기 〉 극놀이로 경험이나 이야기를 표현한다.
- 예술경험 〉 예술 감상하기 〉 다양한 예술을 감상하며 상상하기를 즐긴다.
- 자연탐구 〉 생활 속 탐구하기 〉 일상에서 길이, 무게 등의 속성을 비교한다.

활동 자료

동화 「숲속의 장갑」(야오이타 요코, 아람, 2008), 동극 준비물(동물의 발 모양 · 크기대로 제작한 헝겊 장갑, 플라타너스 나뭇잎 1장, 등장하는 동물 그림, 동극용 머리띠)

「숲속의 장갑」
(야오이타 요코 저/박시룡 역/도서출판 아람, 2008)

동물들이 가을 숲속에 떨어진 노란 나뭇잎을 보고 자신들의 앞발을 대 보지만 너무 크거나 너무 작아 그냥 돌아간다. 엄마와 숲길을 걷던 어린아이가 손을 대 보았을 때 나뭇잎과 크기가 딱 맞아 나뭇잎을 주워 가져간다는 이야기이다.

활동 방법

1. 동화를 듣고 난 뒤 동극을 할 것임을 알려 준다.

2. 「숲속의 장갑」 동화를 들려 준다.

3. 동화 자료를 보여 주며 동화 내용을 회상한다.
   - 숲속에 무엇이 떨어져 있었니?
   - 가장 처음으로 나뭇잎을 발견한 동물은 누구였니?
   - 쥐/토끼/여우/곰/어린아이는 나뭇잎을 보고 어떻게 했을까?
   - 쥐/토끼/여우/곰/어린아이가 앞발/발을 나뭇잎에 대어 보았을 때 크기가 어땠니?

4. 준비한 동극 소품을 소개한다.
   - 이제 동극을 해 보자.
   - 무엇이 준비되어 있는지 살펴보자.

5. 동극의 역할을 정한다.
   - 동화에 누가 나왔니?
   - 어떤 역할을 맡고 싶은지 생각해 보자.

6. 배역을 맡은 유아들이 앞에 나와 자기소개와 인사를 한다.

7. 배역을 맡은 유아들이 동극을 준비한다.
   - 동극을 할 사람은 자기가 맡은 동물 그림이 붙어 있는 머리띠를 하자.
   - 준비가 되면 선생님 옆에서 기다리자.

8. 동극을 한다.
   - 지금부터 「숲속의 장갑」 동극을 시작하겠습니다.

9. 동극이 끝난 후 인사한다.

10. 동극을 평가한다.
    - 어떤 점이 재미있었니?
    - 어떻게 하면 더욱 재미있게 동극을 할 수 있을까?

11. 평가를 반영하여 2차 동극을 한다.

12. 동극이 끝난 뒤 무대를 정리한다.

출처: 보건복지부(2013).

활동명 3 비 오는 날

3세 | 동시

활동 목표

- 봄 날씨의 변화에 관심을 갖는다.
- 동시 듣기를 즐긴다.
- 가족의 기분에 관심을 갖는다.

누리과정 관련요소

- 의사소통 〉 책과 이야기 즐기기 〉 동화, 동시에서 말의 재미를 느낀다.
- 사회관계 〉 더불어 생활하기 〉 가족의 의미를 알고 화목하게 지낸다
- 자연탐구 〉 탐구과정 즐기기 〉 주변 세계와 자연에 대해 지속적으로 호기심을 가진다.

활동 자료

동시 「비 오는 날」(박진이) 플래시, 동시판

활동 방법

1. 오늘 날씨에 대해 유아들과 이야기를 나눈다.
   - 오늘 날씨가 어떠니?
2. 동시판의 그림을 보며 동시의 내용에 대해 이야기를 나눈다.
   - 비 오는 날 밖에 나가 본 적이 있니?
   - 비를 맞아 본 적이 있니? 어땠니? 얼굴 위에 비가 떨어질 때 느낌이 어땠니?
   - 우산을 쓰고 걸을 때 기분이 어땠니?
3. 동시 「비 오는 날」 플래시를 보며 천천히 읊어 준다.
4. 동시의 내용에 대해 이야기를 나눈다.
   - '보슬보슬'은 어떤 느낌이 나니?
   - 봄비 올 때 땅에서 보았던 것은 무엇이니?
   - '슬금슬금'은 어떻게 움직이는 걸까? 손이나 몸으로 움직여 보자.
   - 비에 젖은 내 신발을 보고 엄마는 어떤 마음이 들었을까?
   - 엄마에게 어떤 말을 하고 싶니?
5. 「비 오는 날」 플래시 동시를 보며 다시 한 번 동시를 들려 준다. 이때 한 부분이라도 유아와 함께 읊어 본다.
6. 동시를 듣고 난 느낌에 대해 이야기를 나눈다.
   - 동시를 들었는데 느낌이 어떠니?
   - 너희가 봄비라면 어디에 내리고 싶니? 왜 그곳에 내리고 싶니?

출처: 보건복지부(2013).

활동명 4 마음이 간질간질

3세 | 동시

활동 목표

- 나의 몸과 마음에 관심을 갖는다.
- 동시를 듣고 즐긴다.

누리과정 관련요소

- 의사소통 〉 책과 이야기 즐기기 〉 동화, 동시에서 말의 재미를 느낀다.
- 사회관계 〉 나를 알고 존중하기 〉 나를 알고 소중히 여긴다.

활동 자료

동시 「마음이 간질간질」(박현주) 삽화

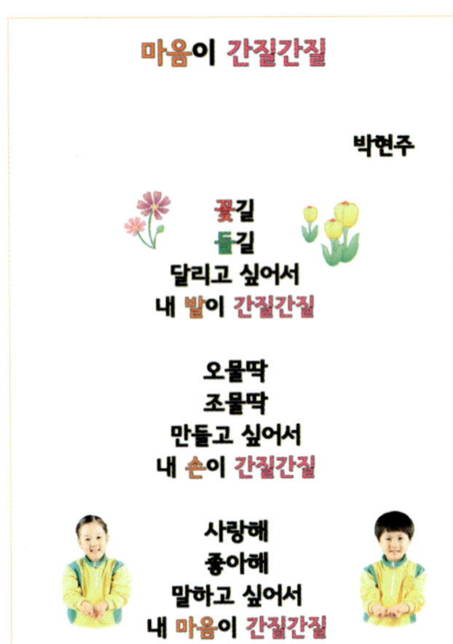

활동 방법

1. 친구들과 간지럼 태우기를 한다.
   - 친구를 간지럼 태우니까 어떠니?
   - 친구가 나를 간지럼 태우니까 어떠니?
   - 간지럼을 태우니까 어떤 느낌이 드니?

2. '간질간질'에 대한 느낌을 이야기 나눈다.
   - '간질간질'이란 말을 들어 본 적 있니?
   - 어디서 들어 보았니?
   - '간질간질'이란 말을 들으니 무슨 생각이 나니?
   - '간질간질'이란 말은 언제 쓰면 좋을까?

3. 동시를 소개한다.
   - '간질간질'이란 말로 지은 동시를 들어 볼까?

4. 동시에 대한 느낌을 이야기 나눈다.
   - 동시를 들으니까 무엇이 생각나니?
   - 내 발이 왜 간질간질했을까?

5. 동시를 읊어 본다.
   - '간질간질'이란 말에서 함께 읊어 볼까?
   - 동시를 함께 읊어 볼까?

6. 동시를 감상한 후 평가한다.
   - 동시에서 어느 부분이 재미있었니?

출처: 보건복지부(2013).

활동명 5 모래 동화

3세 | 동화

활동 목표

- 모래 동화를 듣고 이해한다.
- 모래를 움직이며 자신의 생각, 느낌을 이야기한다.

누리과정 관련요소

- 의사소통 〉 책과 이야기 즐기기 〉 동화, 동시에서 말의 재미를 느낀다.
- 의사소통 〉 듣기와 말하기 〉 자신의 경험, 느낌, 생각을 말한다.

활동 자료

컴퓨터, 프로젝터, 스크린, 라이트 테이블, 모래, 아스테이트지 모래 동화 동영상(빨간 모자: http://blog.naver.com/sandsarang/90149610168)

활동 방법

1. 모래 동화 「빨간 모자」 동영상을 본다.

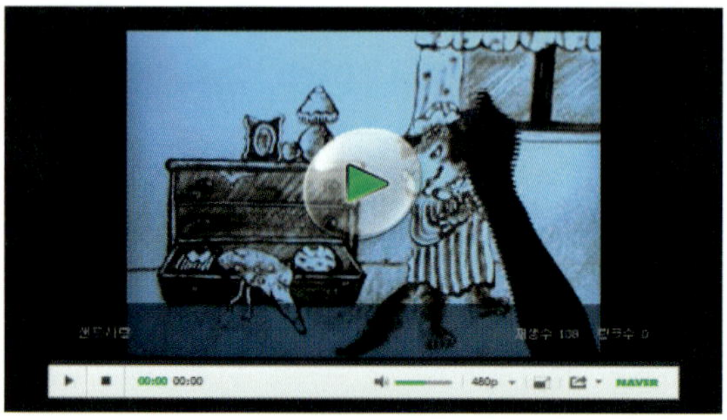

〈모래동화 '빨간 모자' 동영상〉

출처: 네이버 블로그

http://blog.naver.com/sandsarang/90149610168

2. 동화 내용을 회상한다.
   - 빨간 모자가 어디를 갔었니?
   - 빨간 모자는 할머니를 구하기 위해 어떻게 했지?

3. 동화 매체에 대해 이야기 나눈다.
   - 지금 본 동화는 무엇으로 장면을 그린 것 같니?
   - 그래, 모래구나! 모래를 이용하여 동화 장면을 보여 주었네.
   - 모래를 뿌리기도 하고 모래를 지우기도 하며 들려주네.

4. 라이트 테이블 위에서 모래로 그림을 그려 본다.
   - 우리도 모래 동화에서 본 것처럼 모래로 그려 볼까?
   - 모래를 뿌려서 그려 보자.
   - 모래 위에 손가락으로 그림을 그려 보자.

5. 라이트 테이블 위에서 모래를 이용해 그림을 그리며 이야기한다.
   - 모래로 그림을 그려 볼까?
   - 어떤 그림을 그렸니?
   - 모래로 그림을 그려 보니 어떤 느낌이 드니?

〈유아들이 라이트 테이블 위에서 모래 그림을 그려 보는 장면〉

출처: 보건복지부(2013).

활동명 6 그림자는 따라쟁이

3세 | 동화

활동 목표

- 햇빛이 있는 날은 그림자가 생긴다는 것을 안다.
- 그림자는 물체가 움직이는 대로 따라 움직인다는 것을 안다.
- 동화를 감상한다.

누리과정 관련요소

- 의사소통 〉 책과 이야기 즐기기 〉 동화, 동시에서 말의 재미를 느낀다.
- 자연탐구 〉 탐구하는 과정 즐기기 〉 주변 세계와 자연에 대해 지속적으로 호기심을 가진다.
- 자연탐구 〉 자연과 더불어 살기 〉 주변의 동식물에 관심을 가진다.

활동 자료

동화 「곰돌이의 그림자」

활동 방법

1. '곰돌이' 손 인형으로 주의를 집중한다.
   - 안녕. 얘들아~ 내가 어제 있었던 재미있는 이야기를 들려줄게.
2. 동화를 감상한다.

3. 동화의 내용을 회상하며 그림자에 대해 이야기 나눈다.
   - 곰돌이가 무엇을 보고 괴물이라고 했니?
   - 곰돌이가 움직이니 그림자는 어떻게 되었니?
   - 그림자는 어떻게 나타났니?
   - 그림자는 항상 우리를 따라다닐까?

출처: 보건복지부(2013).

활동명 7 그림자로 보는 커다란 무

3세 | 동화

활동 목표

- 빛과 그림자의 관계에 관심을 갖는다.
- 그림자극을 통하여 빛의 특성을 안다.
- 동화의 내용을 이해한다.

누리과정 관련요소

- 의사소통 〉 책과 이야기 즐기기 〉 동화, 동시에서 말의 재미를 느낀다.
- 자연탐구 〉 탐구과정 즐기기 〉 주변 세계와 자연에 대해 지속적으로 호기심을 가진다.
- 자연탐구 〉 자연과 더불어 살기 〉 주변의 동식물에 관심을 가진다.

활동 자료

OHP 기계, 이동식 스크린, 그림자동화 자료「커다란 무」

활동 방법

1. 그림자 막대 '무' 인형과 인사를 나누며 주의를 집중한다.
   - 안녕. 나는 커다란 무야. 나에게 일어났던 이야기를 잘 들어줘.
2. 그림자 인형극을 감상한다.

3. 그림자 인형극의 내용을 회상한다.
   - 커다란 무에게 어떤 일이 일어났었니?
   - 누가 무를 뽑으려고 했니?
   - 어떻게 해서 무가 뽑혔지?

4. 그림자 인형극을 감상한 느낌에 대해 이야기를 나눈다.
   - 그림자로 동화를 감상했는데 어땠어?

출처: 보건복지부(2013).

활동명 8 팥죽할멈과 호랑이

3세 | 동화

활동 목표

- 그림책의 내용을 들으며 즐거움을 느낀다.
- 몸에 좋은 전통음식에 관심을 가진다.

누리과정 관련요소

- 의사소통 〉 책과 이야기 즐기기 〉 동화, 동시에서 말의 재미를 느낀다.
- 신체운동 · 건강 〉 건강하게 생활하기 〉 몸에 좋은 음식에 관심을 가지고 바른 태도로 즐겁게 먹는다.

활동 자료

동화 「팥죽할멈과 호랑이」(서정오 글, 박경진 그림, 보림, 1997)

활동 방법

1. 동화의 표지를 보여 주며 어떤 내용일지 생각해 본다.
   - 표지 그림을 보고 어떤 내용인지 생각해 볼까요?
   - 어떤 내용이 있을 것 같나요?
2. 동화의 내용을 들려 준다.
3. 반복되는 단어들과 상황들을 살펴보며 다음에는 어떤 상황이 벌어질지 생각해 본다.
   - 이번에는 누가 할머니를 도와줄까요?
4. 동화를 다 읽은 후 유아들과 함께 동화의 내용을 회상해 본다.
   - 호랑이가 무엇을 먹겠다고 했나요?
   - 할머니를 도와주었던 친구들은 누가 있었나요?
   - 순서대로 말해 볼 수 있나요?
   - 어떤 상황이 제일 재미있었나요?
   - 나라면 할머니를 어떻게 도와드릴 수 있을까요?
   - 할머니가 어떤 음식을 했었나요?

5. 팥죽의 의미와 동지의 풍습에 관해 이야기 나눈다.
   - 동짓날이라는 날을 들어 보았나요?
   - 동지라는 날은 일 년 중에 밤이 가장 긴 날이랍니다.
   - 우리나라는 예전부터 동짓날 팥죽을 쑤어 먹었답니다.
   - 왜 동짓날 팥죽을 먹는지 알고 있나요?
   - 팥은 우리 몸의 피를 맑게 해 주고 건강하게 해 주는 음식이랍니다.
   - 우리 주변에서 팥이 들어간 음식은 어떤 것이 있을까요?

출처: 보건복지부(2013).

활동명 9 우리는 한가족이야

3세 | 동화

활동 목표

- 다양한 가족의 형태에 관심을 갖는다.
- 동화를 관심 있게 듣고 이해한다.

누리과정 관련요소

- 의사소통 〉 책과 이야기 즐기기 〉 동요, 동시에서 말에 재미를 느낀다.
- 사회관계 〉 더불어 생활하기 〉 가족의 의미를 알고 화목하게 지낸다.

활동 자료

플래시동화 「우리는 한가족이야」(핌 판 헤스트 글, 정낙선 역, 고인돌, 2011)

활동 방법

1. 『우리는 한가족이야』 동화의 첫 장면을 보며 이야기를 나눈다.
   - 이 사람들은 누구일까?
   - 이 사람들은 무엇을 하고 있는 것 같니?
2. 동화를 듣고 이야기를 나눈다.
   - 로지타의 가족은 누가 있었니?
   - 엄마가 로지타를 낳은 게 아니라고 했을 때 로지타의 기분은 어땠니?
   - 엄마, 아빠에게 한가족이 된 이야기를 듣고 나서 로지타의 기분은 어땠니?
3. 우리 가족에 대해 이야기를 나눈다.
   - 우리 가족은 누가 있을까?
   - 엄마, 아빠와 살지 않는 친구들은 누구와 살까?
   - 엄마, 아빠와 살지 않는다고 가족이 아닐까?

출처: 보건복지부(2013).

활동명 10 알에서 나온 사람, 주몽

3세 | 동화

활동 목표

• 고구려 건국신화에 대해 관심을 갖는다.
• 바른 자세로 동화를 듣는다.

누리과정 관련요소

• 의사소통 〉 책과 이야기 즐기기 〉 동화, 동시에서 말의 재미를 느낀다.
• 사회관계 〉 사회에 관심 가지기 〉 우리나라에 대해 자부심을 가진다.

활동 자료

「주몽이야기」 PPT 동화

출처: 알에서 나온 아이, 주몽(이남구, 한국톨스토이, 2008)

활동 방법

1. 유아들과 태어난 곳에 대해 이야기를 나눈다.
   - 너희들은 어디에서 태어났니?
   - 아기였을 때 어떤 모습이었을까?

2. 유아들과 「알에서 나온 사람, 주몽」 PPT 동화를 감상한다.

3. 「주몽이야기」 PPT 동화를 감상하고, '주몽'에 대해 이야기를 나눈다.
   - 가장 기억에 남는 장면은 무엇이었니?
   - 주몽은 어떻게 태어났니?
   - 주몽은 무엇을 잘했었지?
   - 주몽이 세운 나라의 이름은 무엇이었니?

출처: 보건복지부(2013)

활동명 1 내가 최고야

4세 | 극놀이

활동 목표

- 동화의 내용과 배역의 특징을 이해하고 동극으로 적절히 표현한다.
- 동극활동에 적극적으로 참여한다.

누리과정 관련요소

- 의사소통 〉 책과 이야기 즐기기 〉 동화, 동시에서 말의 재미를 느낀다.
- 의사소통 〉 듣기와 말하기 〉 상황에 적절한 단어를 사용하여 말한다.
- 예술경험 〉 창의적으로 표현하기 〉 극놀이로 경험이나 이야기를 표현한다.

활동 자료

우리나라를 나타내는 동물 사진(호랑이), 지역을 나타내는 동물 사진(풍산개, 진돗개), 동화 「내가 최고야」(안미희) 플래시, 동극용 역할 머리띠

〈동극용 역할 머리띠〉

활동 방법

1. '호랑이, 풍산개, 진돗개' 사진을 보며 이야기 나눈다.
   - 이 동물들의 공통점은 무엇일까?
   - '내가 최고야' 동화에는 누가 나왔니?
   - 이 동물들은 우리나라를 나타내거나, 동네를 나타내는 동물이란다.

- 동화에 나오는 유치원/어린이집을 나타내는 동물은 어떤 동물인지 잘 들어 보자.

2. 「내가 최고야」 동화를 감상한 후, 동화 내용을 회상하며 이야기해 본다.
   - 동물들(사자, 토끼, 곰, 여우)은 왜 자기들이 숲속 유치원/어린이집을 나타낼 수 있는 최고의 동물이라고 이야기했니?
   - 동물들이 뭐라고 했는지 다 같이 말해 볼까?
   - 동물들은 자기를 뽐내면서 어떤 표정을 지었을까?
   - 개를 본 아이는 맹인안내견이 어떤 개라고 했니?
   - 아이들은 숲속 유치원/어린이집을 나타내는 동물로 어떤 동물을 선택했니?
   - 왜 그 동물을 선택했니?
   - 아이들은 유치원/어린이집을 대표하는 맹인안내견에게 어떤 이름을 지어 주었니?
   - 맹인안내견이 숲속 유치원/어린이집을 대표하는 동물이 되었을 때 어떤 표정을 지었겠니?

3. 동극을 할 때 준비해야 할 것들에 대해 알아본다.
   - 동극을 할 때 어떤 배역이 필요할까?
   - 동극에 어떤 자료가 필요할까?
   - 숲속 유치원/어린이집 배경은 어떻게 준비하면 좋을까?

4. 동극에 필요한 배역을 정해 본다.
   - 동극에 나오는 역할은 어떻게 정하면 좋을까?
   - 동극을 할 무대는 누가 꾸며 주면 좋을까?

5. 동극을 할 때 지켜야 할 약속에 대해 이야기해 본다.
   - 역할을 맡은 친구들은 말을 할 때 목소리를 어떻게 내야 관객인 친구들이 잘 들을 수 있을까?
   - 역할을 맡은 친구는 자기 순서가 아닐 때 어떻게 기다리고 있어야 할까?
   - 관객들은 동극을 볼 때 어떻게 보면 좋을까?

6. 배역을 맡은 유아들이 나와서 자신을 소개한다.
   - '저는 ○○을 맡은 ○○○'입니다.

7. 동극을 한다.

8. 동극을 회상해 본다.
   - 동극을 해 보니 어떤 점이 재미있었니?
   - 동극을 조금 더 재미있게 하려면 어떻게 하면 좋겠니?
   - 동극을 관람한 친구들은 어떤 점이 좋았니?

출처: 보건복지부(2013).

활동명 2 쌀 한 톨로 장가 든 총각 공연

4세 | 극놀이

활동 목표

- 동화를 동극으로 표현한다.
- 동극 공연에서 맡은 역할에 적절하게 행동한다.

누리과정 관련요소

- 의사소통 〉 책과 이야기 즐기기 〉 동화, 동시에서 말의 재미를 느낀다.
- 예술경험 〉 창의적으로 표현하기 〉 극놀이로 경험이나 이야기를 표현한다.
- 사회관계 〉 더불어 생활하기 〉 약속과 규칙의 필요성을 알고 지킨다.

활동 자료

유아들이 만든 동극 소품, 공연 제목 간판

활동 방법

1. 「쌀 한 톨로 장가든 총각」 동화에 대해 회상해 본다.
   - '쌀 한 톨로 장가든 총각' 동화를 선생님과 함께 보았지요. 어떤 이야기였는지 생각해 볼까요?
   - 어떤 사람들이 나왔나요?
2. 동화에 나오는 인물들에 대해 이야기를 나누고, 역할을 정해 본다.
   - 총각은 어떤 모습일까요? 어떤 옷을 입고 있을까요?
   - 총각에게 필요한 물건은 어떤 것이 있을까요?
3. 동극 소품을 사용하여 역할에 맞는 동화 내용을 표현한다.
   - 미리 준비된 물건들을 이용해 볼까요?
   - 머리띠를 하니까 누구인지 금방 알 수 있겠네요.
4. 교사는 동극 중간에 유아가 동화의 내용을 기억하고 표현하도록 돕는다.
   - 총각이 쌀 한 톨을 무엇으로 바꾸었었나요?
   - 다음에는 소가 나올 차례네요.
   - 아침에 일어난 총각은 아주머니에게 무엇이라고 말했나요?

5. 공연에 다른 반 친구들을 초대한 경우 맡은 역할에 대한 소개를 한다.
   - 공연을 보여 준 친구들이 소개를 할게요.
   - 공연한 친구들에게 다 같이 박수 쳐 줄까요?

출처: 보건복지부(2013).

활동명 3

나뭇잎의 여행

4세 | 극놀이

활동 목표

- 동극을 통해 역할에 맞는 말과 행동을 표현해 본다.
- 친구들과 즐거운 마음으로 동극에 참여해 본다.

누리과정 관련요소

- 의사소통 〉 책과 이야기 즐기기 〉 동화, 동시에서 말의 재미를 느낀다.
- 예술경험 〉 창의적으로 표현하기 〉 극놀이로 경험이나 이야기를 표현한다.

활동 자료

동극 머리띠, 동극 배경 천

〈나뭇잎 머리띠 만들기〉

① 실제 나뭇잎을 코팅하여 준비하고 펠트를 덧붙여 자른다.
② 펠트 위에 바느질로 마감 처리를 한 후 코팅된 나뭇잎을 붙인다.
③ 고무 밴드를 달아 머리띠를 완성한다.

〈동극 배경 천 만들기〉

① 천을 길게 잘라 준비한다.
② 실제 나뭇잎에 물감을 묻힌 후 천 위에 찍어 낸다.

활동 방법

1. 「나뭇잎의 여행」 동화를 회상하며 이야기해 본다.
   - 가을 바람에 떨어진 나뭇잎들이 어떤 여행을 했었나요?
   - 나뭇잎들은 여행하는 동안 어떤 모양을 만들었나요?
   - 동화 속에서 여러 가지 색깔과 모양의 나뭇잎이 나왔지요? 헤어지기 싫은 나뭇잎들은 어떻게 되었을까요?
   - 마지막에 나뭇잎은 무엇으로 변했나요?

- 나뭇잎이 되어 여행을 한다면 기분이 어떨까요?

2. 동극 활동에 대해 이야기 나누고 역할을 정한다.
   - 동화 「나뭇잎의 여행」을 이용해 동극을 해 볼 거예요. 어떤 역할이 필요할까요?
   - 나뭇잎 역할에는 몇 명이 필요할까요?
   - 사자, 독수리, 상어 역할이 필요하네요.

3. 동극용 머리띠를 쓰고 역할에 맞게 동극을 한다.
   - ㅇㅇ는 어떤 역할을 맡았나요?
   - ㅇㅇ는 길쭉한 누런색 잎이 되었네요.

4. 동극이 끝난 후 동극을 하고 난 느낌에 대해 이야기 나눈다.
   - 나뭇잎이 되어 보니 기분이 어땠나요?
   - 동극을 할 때 어떤 부분이 재미있었나요?

출처: 보건복지부(2013).

활동명 4

함께하는 건 재미있어

4세 | 동시

활동 목표

- 동시를 통해 집단 활동에 즐겁게 참여하기 위한 적절한 행동은 무엇인지 이해한다.
- 의태어를 바꾸어 동시 내용을 재구성한다.
- 동시를 즐겁게 감상하고 읊는다.

누리과정 관련요소

- 의사소통 〉 책과 이야기 즐기기 〉 동화, 동시에서 말의 재미를 느낀다.
- 의사소통 〉 듣기와 말하기 〉 자신의 경험, 느낌, 생각을 말한다.
- 의사소통 〉 읽기와 쓰기에 관심 가지기 〉 주변의 상징, 글자 등의 읽기에 관심을 가진다.
- 사회관계 〉 더불어 생활하기 〉 서로 다른 감정, 생각, 행동을 존중한다.

활동 자료

친구들과 함께 활동하는 사진, 동시 「함께하는 건 재미있어」(곽현주) 플래시

「함께하는 건 재미있어」

–곽현주–

몸이 근질근질
옆 친구와 장난치고 싶어도
조금만 꾹 참아볼까?

얼굴이 화끈화끈
앞에 나가기 부끄러운데
한번 손들고 발표해볼까?

엉덩이가 들썩들썩
일어나서 돌아다니고 싶지만
바르게 앉아서 해볼까?

친구들과 이야기하고 노래 부르고
동극하고 게임하고…
와~ 함께하는 건 재미있어.

활동 방법

1. 친구들과 함께 활동하는 대 · 소집단 활동사진을 보며 이야기 나눈다.
   - (게임하는 활동사진을 보며) 이 친구들은 무슨 활동을 하고 있니?
   - 게임을 하면서 어떤 점이 즐거웠니?
   - (이야기 나누기 하는 사진을 보며) 친구들이 무슨 활동을 하고 있니?
   - 다른 친구들의 이야기를 들으며 앉아 있을 때 어떤 점이 힘들었니?
   - 이 사진들의 비슷한 점은 무엇일까?

2. 동시를 감상한다.

3. 동시를 감상한 느낌 및 내용에 대해 이야기 나눈다.
   - 동시를 듣고 어떤 느낌이 들었니?
   - 너희도 선생님의 이야기를 들으며 장난치고 싶은 적이 있었니?
   - 하지만 왜 꾹 참았을까?
   - 손을 들고 이야기하고 싶지만 부끄러울 때는 어떻게 하면 좋을까?
   - 너희들은 친구들과 함께하는 활동 중 어떤 활동이 즐겁니?
   - 집단 활동에 즐겁게 참여하기 위해서는 어떻게 행동하면 좋을까?
   - 왜 그렇게 행동하면 좋을까?

4. 교사와 유아가 다양한 방법으로 나누어 읊어 본다.
   - 어떤 방법으로 시를 읊어 볼까?

(유형 1)
유아와 교사가 4행 중 1행씩 읊어 보기
(유형 2)
교사가 첫 번째와 두 번째 절을 읊으면 유아들은 물음표가 있는 절을 읊어 보기
(유형 3)
교사가 의태어를 빼고 남은 절을 읊으면 유아들은 의태어만 읊어 보기

5. 의태어를 바꾸어 동시를 재구성해 본다.
   - 친구와 장난을 치고 싶을 때의 '근질근질'을 어떻게 바꾸어 볼까?
   - 앞에 나가기 부끄러워 얼굴이 '화끈화끈'은 어떻게 바꾸어 볼까?
   - 돌아다니고 싶을 때의 '들썩들썩'은 어떤 단어로 바꾸어 보고 싶니?

6. 동시를 재구성한 것을 감상한다.

「함께하는 건 재미있어」
–곽현주–

몸이 __________
옆 친구와 장난치고 싶어도
조금만 꾹 참아볼까?

얼굴이 __________
앞에 나가기 부끄러운데
한번 손들고 발표해볼까?

엉덩이가 __________
일어나서 돌아다니고 싶지만
바르게 앉아서 해볼까?

친구들과 이야기하고 노래 부르고
동극하고 게임하고…
와~ 함께 하는 건 재미있어.

출처: 보건복지부(2013).

활동명 5 내 마음

4세 | 동시

활동 목표

- 동시를 즐겨 감상한다.
- 다양한 감정이 있음을 알고 표현한다.

누리과정 관련요소

- 의사소통 〉 책과 이야기 즐기기 〉 동화, 동시에서 말의 재미를 느낀다.
- 사회관계 〉 더불어 생활하기 〉 서로 다른 감정, 생각, 행동을 존중한다.

활동 자료

감정(기쁨, 슬픔, 화남, 놀람) 삽화, 「내 마음」 동시판 삽화

〈기쁨〉

〈슬픔〉

〈화남〉

〈놀람〉

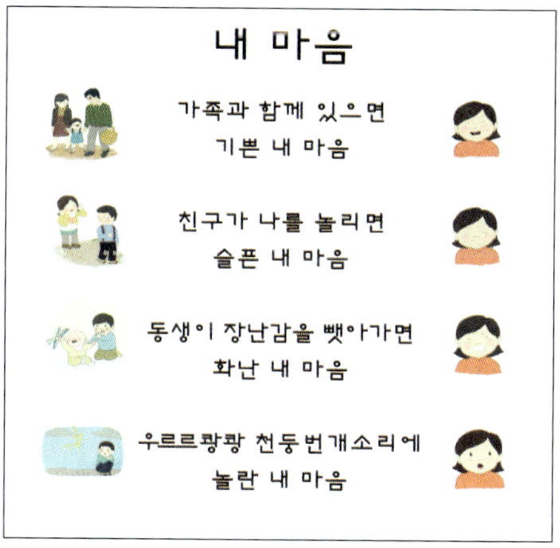

〈동시 「내 마음」〉

활동 방법

1. 감정에 대해 이야기를 나눈다.
   - 가장 기뻤을 때는 언제니?
   - 가장 슬프다고 느꼈을 때는 언제니?
   - 가장 화가 날 때는 언제니?
   - 깜짝 놀란 적이 있니?
2. 동시 「내 마음」을 들려 준다.
3. 동시를 듣고 난 후 느낌에 대해 이야기를 나눈다.
   - 동시를 들으니 어떤 느낌이 드니?
   - 기쁨을 느낄 때는 언제였니?
   - 슬픔을 느낄 때는 언제였니?
   - 화가 났을 때는 언제였니?
   - 놀랐을 때는 언제였니?
4. 동시를 다양한 방법으로 읊어 본다.
   - 어떤 방법으로 동시를 읊어 볼 수 있겠니?
5. 동시를 재구성해 본다.

출처: 보건복지부(2013).

활동명 6 나 이제 기차에서 내릴래

4세 | 동화

활동 목표

- 멸종위기에 처한 동물에 관심을 가진다.
- 동화의 내용을 재구성해 본다.

누리과정 관련요소

- 의사소통 〉 책과 이야기 즐기기 〉 동화, 동시에서 말의 재미를 느낀다.
- 자연탐구 〉 자연과 더불어 살기 〉 생명과 자연환경을 소중히 여긴다.

활동 자료

동화 「야, 우리 기차에서 내려!」(존 버닝햄 글 · 그림, 비룡소, 1995), 멸종위기 동물 그림 5장(코끼리, 물개, 두루미, 호랑이, 북극곰)

활동 방법

1. 「야, 우리 기차에서 내려!」(존 버닝햄 글 · 그림, 비룡소, 1995) 동화를 듣는다.
2. 동화의 내용을 회상하며 이야기를 나눈다.
   - 아이는 기차를 타고 가다가 어떤 동물을 만났었니?
   - 코끼리는 왜 기차를 태워 달라고 했니?
   - 호랑이는 왜 숲에서 살 수 없다고 했었니?
3. 동화 속 동물들이 멸종되지 않게 하기 위해서 우리들이 할 수 있는 일에 대해 이야기를 나눈다.
   - 물개는 왜 바닷가에서 살 수가 없다고 했니?
   - 바닷가를 더럽히지 않는 방법에는 무엇이 있을까?
4. 3.에서 나눈 이야기를 바탕으로, 잘못을 깨닫고 생각과 행동을 고치려는 노력을 하는 사람들을 보고 기차에 탄 동물들이 각각 자기가 살던 곳에서 내리는 이야기로 바꾸어, 교사와 유아들이 번갈아 대화해 본다.
5. 기차에서 동물들이 다 내리고 난 후, 주인공은 집에 돌아와 편안하게 잠을 자게 되었다는 이야기를 들려주고 활동을 마무리한다.

출처: 보건복지부(2013).

활동명 7 목에 가시가 걸린 고양이 바이올렛

4세 | 동화

활동 목표

- 음식의 종류와 특성에 관심을 가진다.
- 음식의 특성에 따라 조심해서 먹어야 함을 안다.

누리과정 관련요소

- 신체운동 · 건강 〉 건강하게 생활하기 〉 몸에 좋은 음식에 관심을 가지고 바른 태도로 즐겁게 먹는다.
- 의사소통 〉 책과 이야기 즐기기 〉 동화, 동시에서 말의 재미를 느낀다.
- 의사소통 〉 듣기와 말하기 〉 자신의 경험, 느낌, 생각을 말한다.

활동 자료

플래시동화 「목에 가시가 걸린 고양이 바이올렛」(캐서린 르그웬, 블루앤트리, 2013)

〈「목에 가시가 걸린 고양이 바이올렛」 플래시동화〉

활동 방법

1. 평소에 자주 먹는 음식 중 생선을 먹어 본 경험에 대해 이야기 나눈다.
   - 생선을 먹어 본 적이 있니?
   - 무슨 생선을 먹어 보았니?
   - 생선을 먹어 본 느낌이 어땠니?
   - 생선을 먹을 때 어떤 점이 불편했니?
2. '목에 가시가 걸린 고양이 바이올렛' 동화를 들려 준다.
3. 동화를 들은 후, 내용을 회상해 본다.
   - 동물 친구들이 어떤 음식을 먹었니?

- 동물 친구들이 음식을 먹을 때 어떤 일이 생겼니?

4. 생선을 먹을 때 조심해서 먹어야 함을 이야기 나눈다.
   - 생선은 왜 조심해서 먹어야 할까?

5. 조심해서 먹어야 하는 음식에는 또 어떤 것이 있는지 이야기 나눈다.
   - 뜨거운 음식은 어떻게 먹으면 좋을까?
   - 딱딱한 음식은 어떻게 먹으면 좋을까?
   - 매운 음식은 어떻게 먹으면 좋을까?

출처: 보건복지부(2013).

활동명 8 생강빵 아이

4세 | 동화

활동 목표

- 다른 나라의 옛이야기에 관심을 갖는다.
- 동화의 내용을 이해하며 즐겁게 듣는다.

누리과정 관련요소

- 의사소통 〉 책과 이야기 즐기기 〉 동화, 동시에서 말의 재미를 느낀다.
- 사회관계 〉 사회에 관심 갖기 〉 다양한 문화에 관심을 가진다.

활동 자료

「생강빵 아이」(이기경 글, 전인강 그림, 영국 민담 원작, 여원미디어, 2009) 플래시동화자료

생강빵 아이가 자신을 만든 할머니와 할아버지에게 도망쳐 여러 동물을 만나는 영국의 옛이야기입니다. 생강빵 아이가 도망치면서 부르는 노래는 장면이 바뀌면서 노랫말이 추가되어 즐겁게 들을 수 있는 동화입니다.

활동 방법

1. 「생강빵 아이」가 다른 나라의 옛이야기임을 알려 준다.
   -「생강빵 아이」는 영국이란 나라의 옛이야기란다.
2. 동화 자료를 이용하여 동화를 들려 준다.
3. 「생강빵 아이」 동화를 듣고 난 후 이야기를 회상해 본다.
   - 할머니에게서 도망친 생강빵 아이는 달리다가 누구를 만났니?
   - 생강빵 아이는 왜 여우의 꼬리에 올라탔을까?
   - 어떻게 우리나라에서도 「생강빵 아이」 동화를 들을 수 있게 되었을까?
   (유아 반응의 예: 이야기가 재미있어서요, 아이들이 좋아해서요.)
   - 그래, 다른 나라 동화지만 아주 재미있는 이야기라서 세계 여러 나라에 전해져 우리나라 어린이들도 듣게 되었단다.

출처: 보건복지부(2013).

활동명 9 발명왕 세종대왕

4세 | 동화

활동 목표

- 한글은 세종대왕이 발명하였음을 안다.
- 세종대왕에 대하여 고마운 마음을 갖는다.
- 동화를 잘 듣고 내용을 이해한다.

누리과정 관련요소

- 의사소통 〉 책과 이야기 즐기기 〉동화, 동시에서 말의 재미를 느낀다.
- 사회관계 〉 사회에 관심 갖기 〉 우리나라에 대해 자부심을 가진다.

활동 자료

동화 「발명왕 세종대왕」 플래시

활동 방법

1. 발명의 의미에 대해 이야기 나눈다.
   - 발명이라는 말을 들어 본 적이 있니?
   - 발명이란 무엇일까?
   - 발명이란 아직까지 없던 기술이나 물건을 새로 생각하여 만들어 내는 것을 말한단다.
   - 어떤 발명가에 대해 알고 있니?
   - 그 발명가는 무엇을 발명했니?
2. 수수께끼를 통해 세종대왕에 대하여 알아본다.
   - 우리나라의 임금님이자 발명가였던 분은 누구일까?
   - 우리가 지금 사용하고 있는 한글을 발명하신 분은 누구일까?
   - 만 원짜리 지폐에도 이 분의 모습이 있는데 누구인지 알겠니?
3. 세종대왕 동화를 감상하고 이야기 나눈다.
   - 세종대왕은 왜 여러 가지 물건을 발명해야겠다고 생각하셨을까?
   - 세종대왕은 한글을 만들기 위해서 어떠한 노력을 하셨니?
   - 세종대왕 동화를 통해서 새롭게 알게 된 점이 있니?
   - 한글이 만들어져서 좋은 점은 무엇이었니?
   - 나라를 사랑하는 마음으로 만드신 한글을 우리는 어떻게 사용해야 할까?

출처: 보건복지부(2013).

활동명 10 동화 뒷이야기 만들기

4세 | 동화

활동 목표

- 청개구리 이야기에 관심을 갖는다.
- 청개구리 이야기를 즐겁게 듣는다.
- 청개구리 이야기를 듣고 상상하며 뒷이야기를 짓는다.

누리과정 관련요소

- 의사소통 〉 듣기와 말하기 〉 말이나 이야기를 관심 있게 듣는다.
- 의사소통 〉 읽기와 쓰기에 관심 가지기 〉 자신의 생각을 글자와 비슷한 형태로 표현한다.
- 사회관계 〉 사회에 관심 갖기 〉 우리나라에 대해 자부심을 가진다.

활동 자료

청개구리 이야기 동화책, 개구리 소리, 종이, 다양한 그림 도구 등

청개구리(한은선, 아람 요술항아리. 2012)

활동 방법

1. 사전에 녹음한 개구리 소리를 들려주고, 무슨 소리인지 유아들이 맞추어 본다.
   - 지금 들리는 이 소리는 무슨 소리일까?
   - 너희들 "개골" "개골" 소리 들으니까 어떤 생각이 나니?
2. 교사는 준비한 청개구리 이야기의 그림을 보여 주며 동화를 들려 준다.
   - 청개구리는 엄마가 말씀하시면 어떻게 행동했니?
   - 재미있었던 장면은 무엇이었니?
3. 청개구리 이야기의 마지막 장면을 읽지 않고 유아들에게 질문한다.
   - 엄마가 청개구리에게 엄마가 죽으면 냇가에 묻어 달라고 부탁했는데 청개구리는 어떻게 했을까?
   - 너희들이 상상하여 뒷이야기를 더 만들어 보자.
4. 뒷이야기를 글씨로 쓰거나 그림으로 표현하여 이야기책을 만들어 본다.
5. 이야기를 완성한 후 친구들에게 소개하며 발표한다.

출처: 보건복지부(2013).

활동명 1 삐약 삐약! 우리 엄마세요?

5세 | 극놀이

활동 목표

- 내 가족의 의미를 이해한다.
- 친구들 앞에서 자신 있게 이야기를 극놀이로 표현하는 기회를 가진다.

누리과정 관련요소

- 사회관계 〉 더불어 생활하기 〉 가족의 의미를 알고 화목하게 지낸다.
- 예술경험 〉 창의적으로 표현하기 〉 극놀이로 경험이나 이야기를 표현한다.

활동 자료

막대동화 자료, 동극 머리띠

활동 방법

1. 우리는 각각 어떻게 태어나게 되었는지 이야기 나눈다.
   - 우리는 어떻게 태어났을까요?
2. 동물들은 어떻게 태어나는지에 대해 이야기를 나눈다.
   - 동물들은 어떻게 태어날까요?
3. 『삐약,삐약! 우리 엄마세요?』 동화를 듣는다.
4. 동화 내용을 회상한다.
   - 동화에 누가 나왔지요?
   - 삐약이는 누구를 찾으러 다녔나요?
   - 삐약이는 뭐라고 물어봤나요?
   - 고양이는 뭐라고 대답했어요?
5. 동극을 할 것을 이야기하고, 배역을 정한다.
   - 이 동화를 가지고 동극을 할 거예요.
   - 삐약이는 누가 해 볼까요?
6. 동극을 할 때의 주의해야 할 점을 이야기 나눈다.
   - 동극을 하는 사람은 어떻게 해야 할까요?

- 관객들은 어떻게 해야 할까요?

7. 동극을 한다.

삐약 삐약! 우리 엄마세요?

어느 동물농장 마당에 알이 놓여 있었습니다. 알이 움직이더니, 알 속에서 병아리가 알을 깨고 나왔어요. 알에서 막 깨어난 병아리는 엄마를 찾기 시작했습니다.
(병아리는 고양이에게 가서 물었어요.)
병아리: 삐약, 삐약! 우리 엄마세요?
고양이: 야옹! 나는 아니야! 내 아기는 이렇게 발톱이 뾰족해.
(고양이는 고양이의 발톱을 보여 주었어요.)
병아리: 어? 그럼, 난 아니네. 나에겐 뾰족한 발톱이 없잖아.
(그래서 병아리는 고양이 옆에 있는 개에게 가서 물었어요.)
병아리: 삐약, 삐약! 우리 엄마세요?
개: 멍멍! 나는 아니야! 내 아기는 냄새를 잘 맡는 코를 가지고 있어.
(개는 개의 코를 보여 주었어요.)
병아리: 어? 그럼, 난 아니네. 나에겐 냄새를 잘 맡는 코가 없잖아.
(그래서 병아리는 개 옆에 있는 젖소에게 가서 물었어요.)
병아리: 삐약, 삐약! 우리 엄마세요?
젖소: 음메~! 나는 아니야! 내 아기는 몸에 얼룩무늬가 있단다.
(젖소는 몸에 있는 얼룩을 보여 주었어요.)
병아리: 어? 그럼, 난 아니네. 나의 몸엔 얼룩무늬가 없잖아.
(그래서 병아리는 옆에서 지켜보고 있던 꼬꼬닭에게 가서 물었어요.)
병아리: 삐약, 삐약! 우리 엄마세요?
닭: 꼬꼬댁 꼬꼬!~~ 아가야! 맞아, 내가 너의 엄마란다. 내 아기는 이렇게 예쁜 부리를 가지고 있고 세상에서 가장 예쁜 마음을 가지고 있단다. 꼬꼬댁 꼬꼬꼬.

8. 평가를 한다.
   - 동극을 보니 어떤 느낌이 들었나요?
   - 어느 부분이 제일 재미있었나요?

9. 역할을 바꾸어 동극을 다시 해 본다.

참고사항: 기존의 『삐약! 우리 엄마세요?』 동화를 만 5세 유아의 수준에 맞추어 동극을 할 수 있도록 내용을 수정하여 『삐약, 삐약! 우리 엄마세요?』라는 동화로 만들었다.

출처: 보건복지부(2013).

활동명 2 『구리와 구라의 헤엄치기』 막대인형 놀이

5세 | 극놀이

활동 목표

- 동화책 읽어 주는 것을 즐겁게 듣는다.
- 이야기의 내용을 극으로 표현한다.

누리과정 관련요소

- 의사소통 〉 책과 이야기 즐기기 〉 동화, 동시에서 말의 재미를 느낀다.
- 의사소통 〉 듣기와 말하기 〉 자신의 경험, 느낌, 생각을 말한다.
- 예술경험 〉 창의적으로 표현하기 〉 극놀이로 경험이나 이야기를 표현한다.

활동 자료

『구리와 구라의 헤엄치기』(나카가와 리에코 글, 야마와키 유리코 그림)
종이, 나무젓가락, 재활용품, 미술활동 자료

활동 방법

1. 언어영역에서 『구리와 구라의 헤엄치기』 그림책을 본다. 처음에는 그림만 넘겨보면서 어떤 이야기일지 상상해 본다.
2. 유아들이 다양한 상상을 펼친 후 교사가 『구리와 구라의 헤엄치기』를 읽어 준다.
3. 유아와 함께 그림책을 보면서 그림의 장면이 어떤 이야기일지 이야기가 어떻게 전개될지 상상할 수 있도록 질문을 하면서 읽어 준다.
   - 파도 위에 반짝이는 것이 무엇일까요?
   - 병 속에서는 뭐가 나올까요?
   - 구리와 구라는 어떻게 진주 등대에 갈 수 있을까요?
4. 그림책을 보고 난 후 그림책에 나오는 등장인물과 물건 등을 그려 막대 인형을 만든다.
5. 막대 인형을 가지고 그림책의 장면이나 줄거리를 재연하는 극놀이를 한다.
6. 그림책의 장면을 재연하는 극놀이를 한 후, 유아들이 자유롭게 이야기를 꾸며서 막대 인형 놀이를 한다.

출처: 보건복지부(2013).

활동명 3 세계의 어린이 인형극 놀이

5세 | 극놀이

활동 목표

- 창의적으로 이야기를 짓는다.
- 지은 이야기를 인형극으로 표현한다.

누리과정 관련요소

- 의사소통 〉 책과 이야기 즐기기 〉 말놀이와 이야기 짓기를 즐긴다.
- 예술경험 〉 창의적으로 표현하기 〉 극놀이로 경험이나 이야기를 표현한다.

활동 자료

유아가 만든 세계의 어린이 인형, 인형극 틀, 종이, 필기도구

활동 방법

1. 유아가 만든 세계의 어린이 인형이 등장하도록 이야기를 함께 짓는다.
   - 어떤 이야기를 만들어 볼까요?
   - 어떤 친구가 처음 이야기를 시작해 볼래요?
2. 교사는 유아들이 이야기의 흐름을 생각하며 지을 수 있도록 도우며, 유아들이 하는 이야기를 종이에 받아 적어 준다. 교사는 이야기에 대화체가 많이 나올 수 있도록 돕는다.
   - 그다음은 어떤 일이 벌어졌다고 할까요?
   - 그럼 **가 뭐라고 말했을까?
   - 지금까지 너희들이 지은 이야기를 다시 들려줄게요.
   - 들어 보고 다음에는 어떻게 되었을지 생각해 보자.
   - 마지막으로 어떻게 이야기가 끝나는 것으로 하면 좋을까요?
3. 함께 지은 이야기의 제목을 유아가 정해 보도록 한다.
   - 그럼, 우리 이야기의 제목을 무엇이라고 하면 좋을까요?

4. 지은 이야기대로 인형극 놀이를 한다. 이때, 유아가 지은 이야기를 읽기 어려우면, 교사가 읽어 주고 대화는 유아가 따라 말할 수 있도록 돕는다.

5. 친구들을 초대하여 인형극 공연을 한다.

출처: 보건복지부(2013).

활동명 4 엄마는 대번 아세요

5세 | 동시

활동 목표

- 부모님의 사랑을 느끼고 감사하는 마음을 가진다.
- 교사가 읊어 준 동시를 듣고 따라 읊어 본다.

누리과정 관련요소

- 사회관계 〉 더불어 생활하기 〉 가족의 의미를 알고 화목하게 지낸다.
- 의사소통 〉 책과 이야기 즐기기 〉 동화, 동시에서 말의 재미를 느낀다.

활동 자료

「엄마는 대번 아세요」(윤석중) 동시판

활동 방법

1. 동시 제목을 읽어 주고 어떤 내용일지 이야기 나눈다.
   - 오늘은 동시를 듣고 읊어 볼 거예요.
   - 동시의 제목은 「엄마는 대번 아세요」이예요.
   - 친구들은 언제 부모님의 사랑을 느끼나요?
   - 나를 사랑하시는 부모님은 어떤 내용을 담고 있는지 한 번 들어 볼까요?
2. 동시판을 보면서 교사가 먼저 읊어 본다.
3. 동시를 회상해 보고, 느낌에 대해 이야기 나눈다.
   - 동시를 들어 보니 어땠나요?
4. 유아와 함께 동시를 읊어 본다.
   - 선생님과 함께 동시를 읊어 볼까요?
5. 동시를 읊어 본 후 느낌에 대해 이야기 나눈다.
   - 동시를 읊어 보았는데 어떤 부분이 가장 기억에 남나요?
   - 동시처럼 엄마가 우리에 대해서 대번 알 때는 언제인가요?
   - 엄마가 우리를 사랑하신다는 것을 언제 또 알 수 있나요?
6. 유아와 함께 동시를 반복적으로 읊어 본다.

출처: 보건복지부(2013).

활동명 5 즐거운 우리집

5세 | 동시

활동 목표

- 가족과의 즐거웠던 경험의 소중함을 안다.
- 가족과 함께하였던 즐거웠던 경험을 동시로 지어 본다.

누리과정 관련요소

- 사회관계 〉 더불어 생활하기 〉 가족의 의미를 알고 화목하게 지낸다.
- 의사소통 〉 책과 이야기 즐기기 〉 말놀이와 이야기 짓기를 즐긴다.

활동 자료

종이, 필기구

활동 방법

1. 집에서 가족과 함께하였던 즐거웠던 일에 대해서 이야기해 본다.
   - 우리 반 친구들은 집에서 가족과 무엇을 할 때 즐거웠어요?
2. 유아들과 동시로 지어 본다.
   - 처음에 어떻게 시작을 하면 좋을까요?
   - '우리 가족은 밥을 함께 먹어요.' 이렇게 지을까요? 그럼 밥을 함께 먹으면 기분이 어떠한가요?
3. 동시로 지은 내용을 글자로 적어 본다.

출처: 보건복지부(2013).

활동명 6 콜럼버스 이야기

5세 | 동화

활동 목표

- 여러 나라 탐험에 대해 관심을 가진다
- 동화를 듣고 내용을 이해한다.

누리과정 관련요소

- 자연탐구 〉 탐구과정 즐기기 〉 주변 세계와 자연에 대해 지속적으로 호기심을 가진다.
- 의사소통 〉 책과 이야기 즐기기 〉 동화, 동시에서 말의 재미를 느낀다.

활동 자료

동화 「꿈을 찾아 떠나는 여행: 신대륙을 발견한 콜럼버스 이야기」(피터시스 글) PPT자료

활동 방법

교사는 동화 「꿈을 찾아 떠나는 여행: 신대륙을 발견한 콜럼버스 이야기」를 PPT로 제작하여 들려 준다.

1. 교사는 동화 「꿈을 찾아 떠나는 여행: 신대륙을 발견한 콜럼버스 이야기」를 PPT로 제작하여 들려 준다.
   - 사람들은 자기가 살고 있는 곳이 아닌, 바다 멀리에 다른 나라들이 있다는 것을 어떻게 알 수 있었을까요?
   - 여기 바다 멀리에 있는 새로운 땅을 처음 발견한 사람의 이야기를 들려줄게요.
   - 어떻게 해서 발견하게 되었는지 들어 보세요.
2. 유아는 동화의 그림만 보며 동화 내용을 회상한다.
3. 콜럼버스의 항해에 대해 이야기를 나눈다.
   - 콜럼버스 이야기를 듣고 나니 어떤 생각이 드나요?
   - 콜럼버스는 처음에 어떻게 탐험을 시작하게 되었나요?
   - 콜럼버스가 발견한 곳은 어디였나요?
4. 유아가 탐험하고 싶은 곳, 탐험할 때 필요한 것 등에 대해 이야기 나눈다.

- 우리들이 콜럼버스처럼 탐험을 한다면 어떤 곳을 탐험하고 싶나요?
- 탐험을 떠날 때 어떤 것들이 필요할까요?
- 탐험을 떠날 때 어떤 마음을 가져야 할까요?

5. 세계지도에서 탐험하고 싶은 곳을 찾아본다.

출처: 보건복지부(2013).

활동명 7 동화 「숲 속에서」 뒷이야기 꾸미기

5세 | 동화

활동 목표

- 동화의 뒷이야기를 상상하여 글자 또는 글자와 비슷한 형태로 표현한다.
- 동화를 듣고 즐긴다.

누리과정 관련요소

- 의사소통 〉 읽기와 쓰기에 관심 가지기 〉 자신의 생각을 글자와 비슷한 형태로 표현한다.
- 의사소통 〉 책과 이야기 즐기기 〉 동화, 동시에서 말의 재미를 느낀다.

활동 자료

「숲 속에서」(마리홀 에츠 글 · 그림) 동화책, 활동지, 사인펜, 색연필, 크레파스, 연필, 지우개

활동 방법

1. 「숲 속에서」 동화를 회상해 본다.
   - 「숲 속에서」 동화를 읽어 보았지요?
   - 소년은 누구를 만났나요?
   - 소년은 동물들과 무엇을 했나요?
2. 「숲 속에서」 동화 뒷이야기를 상상해 본다.
   - 소년과 동물들은 숲 속에서 놀이하고 음식을 먹은 후 무엇을 했을까요?
   - 숲 속을 돌아다니며 노래를 불렀을 것 같군요!
   - 다른 숲 속 친구를 찾으러 숲 속을 돌아다녔을 것 같군요!
   - 책 속에 나오지 않은 뒷이야기를 상상해 볼까요?
3. 유아는 자신이 생각한 뒷이야기를 글자, 글자 비슷한 형태, 그림으로 표현한다.
4. 완성한 뒷이야기를 언어영역 게시판에 전시한다.
5. 다른 유아가 상상한 뒷이야기와 비교해 본다.

출처: 보건복지부(2013).

참고문헌

강문희, 이혜상(2008). 아동문학교육. 서울: 학지사.

강민정, 한선아(2013). 이야기나누기 수업의 운영 실태와 좋은 이야기나누기 수업에 영향을 미치는 요인. 어린이문학교육연구, 14(2), 423-439.

강정구, 김종회(2016). 1930년대의 황순원 동요 · 동시와 그 영향 - 순수문학의 기원과 형성을 중심으로. 한국아동문학연구, 31. 69-91.

강현식(2010). 꼭 알고 싶은 심리학의 모든 것. 서울: 소울메이트.

고문숙, 김수향, 임영심, 손혜숙(2015). 아동문학교육. 경기: 양서원.

공인숙 김영주, 최나야, 한유진(2018). 아동문학(개정판). 경기: 양서원.

곽향림(1997). 아동 문학에서의 패러디 (Parody) 의 교육적 활용. 유아교육학논집, 1(2), 71-90.

교육과학기술부, 보건복지부(2013). 유아 교사 지도서 만 3세 프로그램.

교육과학기술부, 보건복지부(2013). 유아 교사 지도서 만 4세 프로그램.

교육과학기술부, 보건복지부(2013). 유아 교사 지도서 만 5세 프로그램.

교육부, 보건복지부(2019). 누리과정 해설서.

권나무(2019). 이원수 아동문학의 계몽주의 내재성 연구. 인하대학교 대학원 박사학위논문.

권영민(2004). 한국현대문학대사전. 서울: 서울대학교출판부.

김대희(2019). 디지털 인터랙티브 영상의 서사 특성 연구: 서술하는 '나'와 서술 에이전트를 중심으로. 중앙대학교 첨단영상대학원 박사학위논문.

김미숙, 김은경, 박명화, 이영규, 장명익, 황재옥(2010). 초등국어개념사전. 경기: 아울북.

김미향(2015). 내러티브 접근법에 의한 유아문학 교수 · 학습과정 개발 및 적용. 대구카톨릭대학교 대학원 석사학위논문.

김선화(2009). 반응 중심 문학교육 프로그램이 유아의 창의성에 미치는 영향. 성균관대학교 대학원 석사학위논문.

김세희(2000). 유아를 위한 그림책 비디오에 대한 분석. 어린이문학교육연구, 1(1), 83-99.

김세희, 현은자(1995). 어린이의 세계와 그림 이야기책. 서울: 양서원.

김소양, 이경화, 채종옥(2001). 그림 이야기책을 통한 유아문학활동. 서울: 양서원.

김숙이, 신애선, 강혜경(2017). 그림이야기책에 기초한 이야기꾸미기 활동에서 유아의 창의성 및 언어표현력에 대한 차이 분석. 아동교육, 26(1), 5-27.

김애경(1999). 동화의 원작과 패러디에 대한 유아의 반응. 이화여자대학교 대학원 석사학위논문.

김영래(2020). 원형 이론의 연극학적 고찰을 통한 미하일 체홉의 심리제스처 연구. 한국엔터테인먼트산업학회논문지, 14(7), 373-387.

김예연(2002). 교사와 유아의 그림책 함께 읽기 상황에서 나타난 유아의 언어적 반응과 이야기 이해 전략. 한국교원대학교 대학원 석사학위논문.

김은하(2003). 1990년대 한국 아동문학 장의 지배구조 형성에 관한 연구. 이화여자대학교 대학원 박사학위논문.

김재홍(2000). 동강의 아이들. 서울: 길벗어린이.

김정화(2008). 어린이와 유아 문학 교육. 우리말교육현장연구, 2(1), 229-253.

김지연(2017). 그림책 선정과 그림책 읽어주기 활동에 관한 교사와 부모의 인식 및 실태 비교 연구. 중앙대학교 사회개발대학원 석사학위논문.

김진숙(2006). 교육과정의 연계성 탐구: 유치원-초등학교 교육과정을 중심으로. 교육과정연구, 24(4), 83-108.

김현희, 박상희(1999). 유아 문학 교육. 서울: 학지사.

김현희, 박상희(2008). 유아문학 이론과 적용. 서울: 학지사.

김현희, 박상희(2008). 전래 동화에 나타난 원형적 상상력과 유아교육의 미학. 한국생태유아교육학회, 13(4), 234-241.

김현희, 박상희(2010). 유아문학 이론과 적용. 서울: 학지사.

김혜정(2010). 전래동요의 음악적 특성에 따른 교육 방향. 국악교육연구, 4(1), 55-79.

노상경(2016). 한국 창작 그림책 읽기 상호작용에서 나타나는 만 3세 유아의 반응. 성신여자대학교 대학원 박사학위논문.

문승연(2008). 찾았다! 경기: 길벗어린이.

문은희(2001). 장애이해 증진을 위한 반편견(Anti Bias)교육활동이 장애유아에 대한 비장애유아의 태도변화에 미치는 영향. 이화여자대학교 특수교육대학원 석사학위논문.

박문영(2017). 존 버닝햄의 그림책에 나타난 부모상에 대한 유아 인식 연구 - Rosenblatt의 독자반응이론에 기초하여 -. 동국대학교 교육대학원 석사학위논문.

박상재(2014). 학문명백과. 서울: 형설출판사.

박영기(2008). 한국 근대 아동문학교육의 형성과 전개과정 연구. 한국외국어대학교 대학원 박사학위논문.

박은영(2014). 그림책의 문학성과 놀이 양상 연구. 강릉원주대학교 대학원 박사학위논문.

박인경(2021). 1930년대 유년문학의 형성과 전개에 관한 연구. 인하대학교 대학원 박사학위논문.

박현수(2009). 문학교육의 정의적(情意的) 영역 교수학습 및 평가방법 연구. 서강대학교 교육대학원 석사학위논문.

박혜인(2020). 만 4세 영유아의 상상력 발달을 위한환상동화 그림책 읽기 실행연구. 중앙대학교 석사학위논문.

백승화, 강기수(2012). 어린이 그림책의 교육인간학적 의의. 어린이문학교육연구, 13(3), 135-155.

변윤희, 현은자(2004). 그림책을 활용한 유아 예술교육 프로그램이 유아의 창의성에 미치는 효과. 유아교육연구, 24(5), 311-335.

보건복지부(2014). 영아 교사 지도서 만 0세 프로그램.

보건복지부(2014). 영아 교사 지도서 만 1세 프로그램.

보건복지부(2014). 영아 교사 지도서 만 2세 프로그램.

서남희(2005). 옛날이야기 입맛대로 버무려 먹기: 이상교 글 한병호 그림 [도깨비와 범벅 장수] 국민서관 2005, 전래동요 인강 그림 [길로 길로 가다가] 창비 2005. 창비어린이, 3(3), 256-260.

서정숙, 남규(2010). 유아문학교육. 서울: 창지사.

손정선(2015). 권정생 아동소설에 관한 정신분석학적 연구- 초가집이 있던 마을, 몽실언니, 점득이네를 중심으로-. 경희사이버대학교 문화창조대학원 석사학위논문.

송남순(2002). 동극활동이 유아의 정서지능에 미치는 영향에 관한 연구. 경기대학교 교육대학원 석사학위논문.

송순옥, 최미숙, 강은영, 윤수인(2012). 다문화적 접근에 의한 전통놀이 활동이 유아의 다문화 인식과 사회적 유능감에 미치는 영향. 유아교육연구, 32(3), 29-50.

신봉준(2006). 지하철은 달려온다. 서울: 초방.

신애선, 안경숙(2018). 마음이론 내용이 포함된 그림책을 활용한 이야기나누기 활동이 유아의 마음이론 발달과 조망수용능력에 미치는 효과. 한국보육학회지, 18(2), 17-32.

신애선, 임경례(2020). 영유아언어교육. 경기: 양서원.

심은희, 김정원(2002). 우리나라 전래동화에 나타난 부모의 자녀 양육 행동. 열린유아교육연구, 7(2), 107-128.

안우철(2020). 영유아기 자녀와 어머니의 놀이 상호작용에서의 스마트폰간섭 척도 개발: 자유놀이 상황을 중심으로. 덕성여자대학교 대학원 박사학위논문.

안효정(2001). 유아를 위한 정보그림책의 현황 분석. 이화여자대학교 석사학위논문.

안효주(2017). 인터넷 기반 복합 양식 글쓰기 교수 · 학습 방안 연구: - 정보 전달 텍스트를 중심으로. 서울교육대학교 교육전문대학원 석사학위논문.

양혜원 글, 박현자 그림(2000). 꼴찌로 태어난 토마토. 서울: 문학동네.

유아교육학회(1999). 유아교육사전. 서울: 한국사전연구사.

유제상(2013). 원형이론을 활용한 콘텐츠 구성요소 분석틀에 관한 연구. 한국외국어대학교 대학원 박사학위논문.

윤민아(2020). 나눔반 유아들의 그림책 의미구성 과정 탐색. 학습자중심교과교육연구, 20(4), 1051-1077.

윤진주(2009). 그림책 관련 논문의 경향 분석: 한국학술진흥재단 등재 학회지를 중심으로.

열린유아교육연구, 14(2), 47-66.

이경우, 장영희, 이차숙, 노영희, 현은자(1997). 유아에게 적절한 그림책. 서울: 양서원.

이대균, 백경순, 김현수(2006). 『열린유아교육연구』의 연구동향 분석: 1996-2005. 열린유아교육연구, 11(3), 169-188.

이동건(2020). 유아교육 각론(2판). 경기: 정민사.

이상금, 장영희(1986). 유아문학론. 서울: 교문사.

이상금, 장영희(2001). 유아문학론. 서울: 교문사.

이상섭(2000). 문학비평용어사전. 서울: 민음사.

이선경, 김경의(2013). 3-5세 누리과정 교사용 지도서에 수록된 동화 · 동시 분석. 어린이문학교육연구, 14(3), 185-205.

이송은(2013). 유아 문학교육의 이론과 실제. 서울: 창지사.

이슬(2020). 한국 아동문학상 제도의 실태와 개선 방향 - 해외 6개국 아동문학상 제도와의 비교를 통해. 공주교육대학교 교육대학원 석사학위논문.

이인선(2005). 교사와 유아의 심미적 그림책 읽기 상호작용이 유아의 언어 · 사고 능력에 미치는 영향. 한국교원대학교 대학원 석사학위논문. 석사학위논문.

이재철(1996). 아동문학개론. 서울: 서문당.

이진형(2014). 학문명백과. 서울: 형설출판사.

이충일(2015). 1950~1960년대 아동문학장의 형성과정 연구. 단국대학교 대학원 박사학위논문.

이현주(2002). 소학독본에서 해리포터 시리즈까지- 한국 어린이 출판의 작은 역사. 북페뎀 1, 어린이책, 138-149. 한국출판마케팅연구소.

임은희(2016). 황순원 단편소설 연구 - 원형이론을 통해 본 동물이미지 분석을 중심으로. 경희대학교 교육대학원 석사학위논문.

전금자(2017). 사소한 소원만 들어주는 두꺼비. 서울: 비룡소.

전진영(2021). 그림책 읽기에서 나타나는 유아 반응 탐색. 공주대학교 대학원 박사학위논문.

정선영, 김영연(2008). 유아교육기관에서 활용하는 창작동요제 입상곡 악곡분석. 열린유아교육연구, 13(6), 195-218.

정설희(2020). 인성동화에 기초한 문학활동이 3-4세 혼합연령학급 유아의 인성, 이야기 내용 이해도, 친사회적행동에 미치는 영향. 원광대학교 대학원 박사학위논문.

정수지, 박형신(2016). 지역 전래동요에 기초한 문화체험활동이 유아의 지역공동체의식과 국악능력 및 국악흥미도에 미치는 영향. 음악교육연구, 45(4), 137-164.

정혜원(2012). 1930년대 아동문예지『동화』에 구현된 아동서사의 특징 -동화와 아동소설을 중심으로. 한국아동문학연구, 23. 257-314.

조은숙(2009). 한국아동문학의 형성. 서울: 소명출판.

차금선(2003). 동화를 활용한 극화활동이 유아의 언어표현력 및 언어이해력에 미치는 영향.

인천대학교 교육대학원 석사학위논문.
채인선(2004). 그림책은 이야기로 시작해서 이야기로 끝난다. 북페뎀 6. 한국출판마케팅연구소.
천영주(2000). 우리나라 전래동요가 유아의 리듬감 증진에 미치는 영향. 부산대학교 교육대학원 석사학위논문.
최경숙(2009). 플롯 중심 아동문학 읽기가 5학년 영어 읽기 능력에 미치는 영향 : Charlotte's Web을 중심으로. 한국교원대학교 대학원 석사학위논문.
최민수(2011). 유아교육현장에서의 영유아 인성교육 방안 모색. 유아교육 · 보육복지연구, 15(4), 141-168.
최아림(2017). 패러디 그림책 읽기에서 나타난 유아의 상호텍스트적 반응과 의미구성. 건국대학교 대학원 석사학위논문.
최유리(2020). 한국 전래동화를 활용한 문학교육에 대한 유아 교사의 인식: 중요도와 실행도 분석을 중심으로. 순천향대학교 교육대학원 석사학위논문.
최은주, 현은자(2002). 책읽기 활동에서 나타나는 어머니와 1세 영아의 상호작용: 월령과 책의 종류에 따른 비교. 어린이문학교육연구, 3(1), 127-154.
한국출판문화산업진흥원(2016). 출판월보. 724.
한용희(1994). 동요 70 년사 한국의 동요. 서울: 세광출판사.
허현(2021). 낭독극을 활용한 그림책 지도 방안 연구. 한국외국어대학교 교육대학원 석사학위논문.
현은자, 김소연, 장시경(2008). 지능형 로봇을 활용한 그림책 읽기 활동이 유아의 언어능력에 미치는 효과. 유아교육연구, 28(5), 175-196.
홍은숙(2008). 어린이집에서의 유아문학 활동 분석. 아주대학교 교육대학원 석사학위논문.
황인미(2014). 동시를 활용한 말놀이 활동이 만5세 유아의 음운인식에 미치는 영향. 건국대학교 교육대학원 석사학위논문.

松居直(まつい ただし)(1990). 어린이와 그림책. (이상금 역). 서울: 샘터사.
Bailey, W. F., Nurmi, T. T., Patricia, J. J., & Wang, W. (1987). Preparation and regiospecific cyclization of alkenyllithiums. *Journal of the American Chemical Society, 109*(8), 2442-2448.
Bellemin-Noël, J. (2001). 문학 텍스트의 정신분석. [Psychanalyse du texte littéraire : introduction aux lectures critiques inspirées de Freud] (최애영, 심재중 역). 서울: 동문선(원저출판: 1999).
Berner, R. S. (2007). 수잔네의 봄. [Rotraut Susanne Berners Frühlings-Wimmelbuch](윤혜정 역). 서울: 보림(원저출판: 20004).
Bettelheim, B. (1998). 옛이야기의 매력. 1. [Uses of encbantment] (김옥순, 주옥 역). 서울:

시공주니어(원저출판: 1976).

Burke, K. C., Burke, J. D., Regier, D. A., & Rae, D. S. (1990). Age at onset of selected mental disorders in five community populations. *Archives of general psychiatry, 47*(6), 511-518.

Carter, R. & Long, M. N. (1991). *Teaching Literature.* NY: Longman.

Coats, K. (2008). 라캉의 정신분석학과 페미니즘 이론을 통한 아동문학 작품 읽기. [Looking glasses and neverland: Lacan, desire, and subjectivity in children's literature] (이미선 역). 서울: 작은 씨앗(원저출판: 2004).

Collie, J., & Slater, S. (1987). *Literature in the language classroom: A resource book of ideas and activities.* Stuttgart: Ernst Klett Sprachen.

David, W. (2002). 이상한 화요일. [Tuesday]. 서울: 비룡소(원저출판: 1991).

D'Angelo, K. (1981). Wordless picture books and the young language-disabled child. *Teaching Exceptional Children, 14*(1), 34-37.

Ellis, C. (2017). 훌라훌라 추추추. [Du iz tak?] (김지은 역). 경기: 웅진주니어(원저출판: 2016).

Freeman, E. A. (1997). Concept paper: Community based rehabilitation of the person with a severe brain injury. *Brain injury, 11*(2), 143-154.

Freud, S. (1996). 늑대인간. [The Wolfman(Aus der Geschichte einer infantilen Neurose)] (김명희 역). 서울: 열린책들(원저출판: 1918).

Freud, S. (1996). 새로운 정신분석 강의. [Neue Folge der Vorlesungen zur Einführung in die Psychoanalyse] (임홍빈, 홍혜경 역). 서울: 열린책들(원저출판: 1933).

Freud, S. (1997). 정신분석학의 근본 개념. [Sigmund Freud Gesammelte Werke(Standard edition of the complete psychological works of Sigmund Freud)] (윤희기, 박찬부 역). 서울: 열린책들(원저출판: 1953).

Graeme Base, G. (2007). 물웅덩이. [The Water Hole] (고수산나 역). 서울: 킨더랜드(원저출판: 2001).

Handford, M. (2016). 월리를 찾아라! [Where's Wally?] (노은정 역). 서울: 북메카(원저출판: 1987).

Haughton, C. (2009). 엄마를 잠깐 잃어버렸어요. [A Bit lost] (김상미 역). 서울: 보림(원저출판: 2007).

Heidelbach, N. (2003). 브루노를 위한 책. [Ein Buch für Bruno] (김경연 역). 서울: 풀빛(원저출판: 1997).

Hillman, A., & Keim, G. (1995). International variation in the business-government interface: Institutional and organizational considerations. *Academy of management review, 20*(1), 193-214.

Jalongo, M. R. (1992). Teachers' Stories: Our Ways of Knowing. *Educational Leadership, 49*(7),

68-73.

Jalongo, M. R. (1995). Promoting active listening in the classroom. *Childhood Education, 72*(1), 13-18.

Jung, C. G. (2002). 원형과 무의식. [Archetyp und Unbewusstes] (한국융연구원 C.G. 융 저작 번역위원회 역). 서울: 솔출판사(원저출판: 1959).

Jung, C. G. (2016). 인간과 상징. [Man and his symbols] (김양순 역). 서울: 동서문화사(원저출판: 1964).

Katz, L. G., & Chard, S. D. (1992). The project approach.(ERIC Document Reproduction Service. No. ED340518).

Krall, C. M., & Jalongo, M. R. (1998). Creating a Caring Community in Classrooms Advice from an Intervention Specialist. *Childhood education, 75*(2), 83-89.

Lee, A., Bishop, G., Hillman, K. M., & Daffurn, K. (1995). The medical emergency team. *Anaesthesia and intensive care, 23*(2), 183-186.

Martens, J., Günther, K., & Schickedanz, M. (1986). Resolution of Optical Isomers Thin-Layer Chromatography: Enantiomeric Purity of Methyldopa. *Dünnschichtchromatographische Enantiomerentrennung: Enantiomere Reinheit von Methyldopa. Archiv der Pharmazie, 319*(6), 572-574.

McCaslin, P. T., McDonald, P. A., & Szoke, E. J. (2000). 3D visualization development at NOAA forecast systems laboratory. *ACM SIGGRAPH Computer Graphics, 34*(1), 41-44.

McGee, L. (1992). An exploration of meaning construction in first graders' grand conversations. In Kinzer, C. K., Leu, D. J. (Eds.), *Literacy research, theory, and practice: Views from many perspectives*(41st Yearbook of the National Reading Conference, pp. 177-186). Chicago, IL: National Reading Conference.

Nikolajeva, M. (2009). 아동문학의 미학적 접근. [Aesthetic approaches to children's literature: an introduction] (조희숙 역). 경기: 교문사(원저출판: 2005).

Nodelman, P. (2011). 그림책론: 어린이 그림책의 서사 방법. [Words about pictures: (The) narrative art of children's picture books] (김상욱 역). 서울: 보림(원저출판: 1990).

Philippe, A. (2003). 아동의 탄생. [Enfant e la vie familiale sous l'ancien r'egime] (문지영 역). 서울: 새물결(원저출판: 1960).

Roe, E. A., & Jones, R. J. (1978). An index for estimating resistance to infection in patients with burns. *Burns, 4*(4), 240-245.

Rosenblatt, L. M. (1978). *The reader, the test & the poem: The transactional theory of the literary work.* Carbondale, IL: Southern ILLinois University Press.

Rosenblatt, L. M. (1982). The literary transaction: Evocation and response. *Theory into*

Practice, 21(4), 268-277.

Salina Yoon(2018). 찾았다! [Found] (이상희 역). 서울: 비룡소(원저출판: 2014).

Schickedanz, J. A. (1999). *Much more than the ABCs: the early stages of reading and writing.* Washington, DC: National Association for the Education of Young Children.

Sendak, M. (2002). 괴물이 사는 나라. [Where the wild things are] (강무홍 역). 서울: 시공주니어(원저출판: 1963).

Siks, G. B. (1977). *Drama with Children.* New York: Harper & Row.

Stott, F. M. (1989). *What children can tell us: Eliciting, interpreting, and evaluating information from children*. San Francisco: Jossey-Bass.

Stott, J. C. (1990). "Will the real dragon please stand up?" : Convention and parody in children's stories. *Children's Literature in Education, 21,* 219-228.

Stott, R. B. (1990). *Workers in the Metropolis: Class, Ethnicity, and Youth in Antebellum New York City.* Ithaca: Cornell University Press.

Young, R. M. (2002). 오이디푸스 콤플렉스. [The Oedipus Complex] (이정은 역). 서울: 이제이북스(원저출판: 2001).

Zarrillo, J. & Cox, C. (1992). Efferent and aesthetic teaching. In J. Many & C. Cox(eds). *Reader stance and literary understanding: Exploring the theories, research, and practice.* Norwood, New Jersey: Ablex.

찾아보기

저 / 자 / 소 / 개

■ 신애선

원광대학교 대학원 유아교육학 전공(교육학 박사)

유원대학교 유아교육과 교수

〈저서(공동)〉 영유아 언어교육, 영유아 발달, 영유아 미술교육, 영유아 음악교육, 아동 안전관리 등

■ 임경례

원광대학교 대학원 유아교육학 전공(문학박사)

창의교육연구원 원장

〈저서(공동)〉 부모자녀관계론, 유아교직실무, 아동과학교육, 놀이지도, 부모교육, 보육학개론, 영유아 언어교육, 보육교사(인성)론, 영유아 교수-학습방법 등

■ 신애란

원광대학교 대학원 유아교육학 전공(박사 과정)

아이빛 유치원 교사

〈저서(공동)〉 보육교사(인성)론, 아동 안전관리 등

아동문학교육

1판 1쇄 인쇄 — 2021년 8월 30일
1판 1쇄 발행 — 2021년 9월 3일

저 자 - 신애선 임경례 신애란
발 행 인 - 간철원
발 행 처 - 양성원
주 소 - 경기도 파주시 검산로 173번길 29-20
전 화 - 031-946-3861(代)
팩 스 - 031-946-3864
이 메 일 - tnwpub@naver.com
홈페이지 - tnwpub.co.kr
출판등록 - 2015년 8월 31일 제 2015-000211 호

ISBN 979-11-6126-398-4

정가 20,000원